鸿鹄少年蒙难记：
1972 年上海中学生反革命集团案始末

The Misfortune of a Group of Ambitious Teenagers:
*The Case of the Counter-Revolutionary Group of
Middle School Students in Shanghai in 1972*

陈江岚

Chen Jianglan

华 忆 出 版 社
Remembering Publishing, LLC

Copyright © 2023 by Remembering Publishing, LLC. USA

ISBN: 　978-1-68560-072-3　(Paperback)
　　　　978-1-68560-073-0　(eBook)
Remembering Publishing, LLC
RememPub@gmail.com

The Misfortune of a Group of Ambitious Teenagers:
The Case of the Counter-Revolutionary Group of Middle School Students in Shanghai in 1972

Chen Jianglan

鸿鹄少年蒙难记：1972 年上海中学生反革命集团案始末

陈江岚

出　版：美国华忆出版社
版　次：2023 年 7 月　第一版，第一次印刷
字　数：227 千字

All rights reserved.
No part of this book may be reproduced in any form or by any electronic or mechanical means including information storage and retrieval systems, without permission in writing from the publisher. The only exception is by a reviewer, who may quote short excerpts in review.

作品内容受国际知识产权公约保护，版权所有，侵权必究

前　言

在文革的各个阶段，数以千万计的人们因各种罪名，形式不同、程度不同地受到迫害，我与我的几个同学也有幸成为其中的一分子。

从 1972 年 3 月开始，我和另 4 个同学先是被所在学校的工宣队、军宣队等非法关押，更多的同学被圈入不完全剥夺自由的"学习班"，交代并互相揭发。不久以后，这个案件经由徐汇区"革委会"上报到上海市"革委会"，成为一个省市级的政治专案。那时，我们还只是 15—16 岁的少年，初中三年级学生。经过两年八个月多的隔离"审查"后，此案被定性为"现行反革命集团"案，我和另两个同学被定性为"现行反革命罪行"，但被"恩赐""按人民内部矛盾处理"，分别被收容劳动教养三年、两年和一年。这个处理意见，出自时任中共中央副主席的王洪文的亲笔批示。被宣判后，三名"反革命"案犯就被押往农场劳改。"粉碎四人帮"和十一届三中全会后，我们的案件分两阶段平反，最终定性为"纯属反对四人帮"，我们因此成为具有"革命精神"又有勇气，"应该得到赞扬"的人物。我在这里写的主要是这个过程。

我们这个案件发生时，正是文革潮水最低的时期。1971 年"九一三"事件后，周恩来借批"林彪的极左"，试图尽可能挽回一些文革造成的损失。这一时期，文革以来受到冲击、迫害的一些老干部陆续被"解放"，恢复工作；下乡知青回城或按其他方式安排的工作逐步展开；大学准备招收"工农兵学员"，其他领域也开始"落实政策"——尽管"政策"是一种最不稳定的非制度性安排，但在当时语境中，这句话的含义基本就是给文革时期受到冲击的人群部分或全部地挽回损失、恢复名誉，或给不同群体提高待遇等等。生产和教育开始得到重视，经济和社会的其他领域也有了正常化的迹象。所有这些，都让人以为社会将恢复常态，甚至给一些人以文革即将结束的错觉。

正是这种环境让我们这些幼稚的中学生对文革、对主导文革的大人物们产生了怀疑，进而试图通过学习和观察证实这些怀疑，同时希望对未来中国社会的进程发挥一些积极作用。当然，这种愿望当时肯定会用英雄主义的豪言壮语包装起来。虽然我们并没有质疑文革的理论基础即"无产阶级专政下继续革命理论"，甚至还就是从这种理论出发来讨论问题，但我们的矛头所指，恰好就是王、张、江、姚及主掌上海的那批文革新贵。我和个别同学的初衷是成立一个组织，以准备将来与那些人的斗争——按伟大领袖的话就是"七、八年来一次"，也就是说那一天肯定会到来，且不会太迟——但第一步做的就是成立一个马列学习小组，目标是提高自己的政治素质和理论水平。我们的张扬和幼稚，决定了我们必然的命运；于是就有了前面说过的那个过程。后来我们知道，对我们进行的长达两年八个月多的隔离"审查"，首先是希望通过我们查到身后"长胡子、戴眼镜"的幕后"黑手"，这是张春桥等准备对刚恢复工作不久的老干部发起新的攻击的一个环节——这方面他们没有取得成功。

我们的"反革命活动"持续时间并不长，过程也不复杂。这个回忆录自然需要介绍这个事件本身及其来龙去脉，以及相关的背景和环境，但本书的重点不在这里。真正的重点是这个"反革命集团案"立案后的过程——在监禁式的"学习班"、在非法的"群众专政"监狱、在以后整整两年不见天日的日子、以及最后在劳改农场期间的心路历程、所思所想、所见所闻，由此得到的历练和自我提升。我，我们都感到特别幸运的是：所有这些都没有推垮我们的意志，没有让我们虚度光阴，也没有留下阴暗心理。这个过程，我们从来视为自己的人生财富。经过这一切，我们才从幼稚的少年成长为自主、独立的个人。当然，如果能从更大的历史背景回头审视这个事件和事件中的自己，应该更有价值。

2016年是文革发动50周年、结束40周年的年份。这年10月我参加了美国华人人文社会科学教授协会（ACPSS）的年会，我关于文革的一篇论文在会前和会上都引起了不同意见之间的讨论。一个焦点就是，在今天的中国和世界，我们该不该、能不能、有没有权利和责任讨论文革，记录、撰写和研究文革历史。在我看来这根本不能算作一个问题，但我确实听到了不少否定的意见，有些还比较强烈，让我多少有些吃惊。

另一个稍有不同但在那个语境下指向十分接近的问题，就是当代人能不能、该不该、有没有权利和义务记录和撰写当代历史——虽然这是历史研究领域一个"古老"的命题。对前一个问题取否定意见的人们，这时对这个问题自然也持否定态度，论据非常多且论证非常严密。但我一直认为，每一代人都有权利和责任研究历史也确实在研究，不管这属于什么时代，无论当代、现代或近代，或古代或远古。每一代人特别有责任记录自己亲历的历史，也有资格对自己亲历的历史作出评价；生活在一个大时代、一个重要转折关头人们更有这个责任和这个资格。自然，历史事件的亲历者都有自己的情感、利益因而会有独特的立场，从个体视角所作的记录和研究可能会有一些局限；但这不是亲历者不能记录、评价和研究自己的时代的理由，也不能得出历史应该甚至必须由后人来写的结论。经过多少世代对过往的研究才没有局限呢？最近70年来对秦始皇的研究，对农民起义的研究，对中国"历史分期"的研究，对太平天国的研究，对夏商西周春秋战国秦汉魏晋南北隋唐五代宋辽金元明清民国等等的研究就没有局限吗？虽然后人会不断地回头审视过去的历史，他们获得的信息可能与亲历者、特别是某一个、某几个甚至那整整一代人相比更多一些，更全面一些，也有可能从"后果"反观"前因"，因而关注和评价与当时代的人会有不同，但他们都仍然可能受到各自所处时代的局限。认为不应、不能记录和研究当代历史的人们，是不是认为当年汉武帝将司马迁的"今上本纪""尽削之"削得对、削得好，应当成为后世楷模呢？当然我们知道，这种野蛮行径的示范效应两千多年来绵延不绝，在今天尤其显著。

有一个历史学家说过，所有的历史都是残缺不全的。这不仅是说关于历史事件、历史人物等等的记载都是有限的，也很难避免错漏散失；更重要的是我们现在能得到的历史资料中尤其缺失历史上的具体的经济、社会等等资料，特别是过去历史中普通人的生活经历、生活环境和生活方式等等的记述。借用伟大领袖的用语，我们今天看到的历史很大程度上还是"帝王将相、才子佳人"等的历史；复原这些人物及相关事件的细节，并不就是历史研究的全部任务，甚至还未必能算是主要工作。什么叫客观历史？不就是古往今来的广义社会变迁吗？没有社会层面大量资料的支持，有关研究必定是残缺的。逝者已矣，来者可追。过去世代已经缺失的我们无法补足；但今天，一代人的记忆还没有完全消逝，我们就没有责任做好记录并根据自己的理解做一些评价和研究吗？这是我要写这本作为亲历者回忆的历史记录最重要的理由。同时我也认为，我和我的同伴的文革经历具有相当程度的不可替代性。

克罗齐有句名言："一切历史都是当代史"。历史正是以当前的现实生活作为其参照系，也就是说，过去只有和当前的视域相重合的时候，才为人所理解；我们所谓的历史也只存在于我们的当前。在某种意义上，有时候较近的历史离开我们更远，较远的世代反而更具有"当代性"。按我个人的感受，在过去的40多年中，有一段时期文革的历史曾与我们渐行渐远，其中的原因当然见智见仁，也不是每个人都能赞成。但是，最近六、七年来，文革历史的"当代性"愈来愈鲜明。那么多反对记录文革、反对研究文革历史的声音，就是这种"当代性"的一个佐证。

正因为如此，我更有责任记录这段历史。这也是为了让文革远离中国，远离中国人民。

目　　录

前　言 ... I

第一章　少年时代 ... 1
　　第一节　早年记忆 ... 2
　　第二节　走进大院 ... 9
　　第三节　"贵族"学校 ... 16
　　第四节　文革风起 ... 23
　　第五节　最初的参与 ... 28
　　第六节　闻到了血腥 ... 33

第二章　荣任"团长" ... 40
　　第一节　"逍遥"时光 ... 41
　　第二节　"红小兵""团长" ... 57
　　第三节　又任"团长" ... 70
　　第四节　纷繁世事 ... 82

第三章　短暂的春天 ... 90
　　第一节　团圆年 ... 91
　　第二节　大院子弟的集结 ... 98
　　第三节　男生女生 ... 112
　　第四节　刚有开端的结局 ... 116

第四章　走进囚室 ... 122
　　第一节　走出课堂 ... 123

第二节　"专案"审查　　　　　　　　128
　　第三节　"学习班"的学习　　　　　　135

第五章　"民办"监狱　　　　　　　　147
　　第一节　洋房里的监室　　　　　　　148
　　第二节　狱友　　　　　　　　　　　152
　　第三节　看守和监狱故事　　　　　　166
　　第四节　告别狱友　　　　　　　　　174

第六章　"书斋"的日日夜夜　　　　　178
　　第一节　单身监室　　　　　　　　　179
　　第二节　走进"书斋"　　　　　　　188
　　第三节　愉悦的心路旅程　　　　　　194
　　第四节　囚室内外　　　　　　　　　202
　　第五节　读书、读书　　　　　　　　206
　　第六节　再见天日　　　　　　　　　214

第七章　劳改岁月　　　　　　　　　221
　　第一节　朋友重聚　　　　　　　　　222
　　第二节　学做劳改犯　　　　　　　　231
　　第三节　有价值的劳动　　　　　　　242
　　第四节　劳改时期的生活　　　　　　252
　　第五节　"探家"　　　　　　　　　259

第八章　天地翻覆　　　　　　　　　264
　　第一节　时移世异　　　　　　　　　265
　　第二节　"那一天"　　　　　　　　272
　　第三节　申诉和等待　　　　　　　　280

第四节 还是有美好的记忆和体会 289
第五节 平反；平反？……平反！ 295
第六节 再多说几句 302

后　记 305

第一章

少年时代

我出生在 1950 年代中期，当时父亲是上海市委外事办公室的处长，母亲是烟草公司的普通工人。

对我们这些 1950 年代出生的那一代人，一直有一个说法，叫"生在新社会，长在红旗下"，一个意思是幸福的一代，没吃过"旧社会"的苦，以后应该也不会吃苦；另一个意思似乎是纯洁的一代，从小沐浴在"党的阳光下"，没有也不会受到腐朽没落思想的污染。在稍懂些事的时候起，我一直是不假思索地接受这种说法的。从前一个意思说，因为出身在干部家庭，即使经济并不宽裕，家里也从不缺吃穿，且理所当然地能进入最好的学校，接受最好的教育，可以说从小过着无忧无虑的日子。从后一个意思说，那时无论从报纸、广播还是从学校，听到的都是"正确"的东西，家里也没有负面的言论。

进小学前我家就迁进了市委家属大院。那是一个有一定封闭性的环境，那里的孩子很难对那句话和那种感觉产生质疑。我们不知道的是，即使在中国经济最发达的上海，普通群众中生活窘迫的比比皆是；更不知道在我们出生前后，中国已经经历了镇反、三反、五反、社会主义改造、肃反、反右、反右倾等一系列运动，不少普通人因各种原因被打入"另册"。他们家里也有"生在新社会长在红旗下"的孩子，这些孩子的感受与我们会有很大不同，甚至会有天壤之别。直到"伟大的无产阶级文化大革命"的风暴刮进机关大院，我们对"新社会"和"红旗"才有了别样的认识。

第一节　早年记忆

　　我的老家在浙江舟山群岛的金塘岛，我的爷爷年轻时就走出海岛到了上海，在著名民族资本家叶澄衷的企业当店员。我父亲在上海出生，至少从中学起吧，就在叶澄衷办的学校里读书，因从来名列前茅总能得到奖学金，直到高中；据说是到高三没能得到全额奖学金因而辍学。爷爷近 70 岁时被辞退，父亲就要挑起养家的担子。父亲考取了上海市邮政局的"邮差"，据说入职还要通过英语考试。虽说职位低，却也是当年的"铁饭碗"，家里的生活还是稳定的。以后我问起在"万恶的旧社会"我们家的日子，父母能记得起所遭的最大的罪就是日占时期要吃"六谷粉"（大约是一种包含各种粗粮，也可能包含一些替代品混杂的粮食吧），父亲到郊区买"黑市"大米，曾被日本鬼子殴打。

　　还在学生时代，我父亲就有一个重要的经历。日本侵华战争前，我家住在租界外的杨浦地界。1937 年"八一三"当天，祖父祖母带领全家人进入租界避难；那里有一个我祖父以前从金塘岛带到上海的同乡，到上海开了木器厂，发达了有能力安置亲友。有一两家邻居对形势的严重性估计不足，犹豫着没有逃难。第二天战事全面展开，祖母让我父亲去接邻居。那天，一架中国战机因受创准备飞回机场迫降，想将机载的剩余炸弹丢到黄浦江中，不慎误丢到上海"大世界"前的马路中央，炸死了一名印度巡捕即"红头阿三"。当时，我父亲带着邻居，距那个地点只有百米之遥。

"解放"前，我父亲参加了共产党。据我父亲说，在当年"地下党"的引导下，读了汉译的苏联"政治经济学"，认识了共产主义，一定程度上是"自觉"的革命者。上海"解放"前夕，国民党对中共"地下党"侦破力度很大，上海邮政系统共产党组织被多次破坏；父亲的入党介绍人，上海邮政系统的共产党负责人之一也被捕入狱，我父亲被增补为"解放"前最后一届的上海邮政系统共产党总支委员。我家当时住在一个石库门房子里，据说一段时期内天窗下总放着一个椅子，准备着国民党来抓捕时随时可以从屋顶天窗逃生；那把椅子以后很长时间还在家里。在恶性通货膨胀时期，共产党会组织职工用罢工等方式，维护职工的基本生活保障。

1949年5月25日，解放军就攻占了我家所在的苏州河以南地区，但我父亲供职的邮政局在苏州河北岸，且那个地方（苏州河四川路桥）正是争夺的焦点之一；另一个争夺最激烈的地方就是向东几百米，外白渡桥附近的百老汇大厦。我父亲和其他职工都被关在邮政大楼的地下室中。我母亲怀了第四个孩子已有六月，挺着大肚子拉着我哥哥出门去找父亲，被解放军劝了回来；据说当时街上不时有流弹飞过。

在那个关头，我父亲那一届党总支至少有两个重要的贡献。当苏州河战线胶着时，地下党派出同志，到楼顶劝说国民党守军投降最终成功，地下党的同志和国民党守军一起举着白旗迎接解放军过河。第二个贡献是，5月28日即全上海解放的第二天，党组织即接手业务工作，上海邮政当天恢复，所有邮件无一错失。父亲去世时安排我去市委组织部看父亲的档案；在父亲的自传中，这是他非常自豪的成就。

解放初期，我父亲在上海邮政工会担任组织工作。1953年，父亲参加了全国总工会代表大会，全部与会代表和毛泽东等党和国家领导人合影。很难想到的是，我母亲不久后也曾得到这些领导人的接见。我母亲以前是家庭妇女，用现在的话说就是"全职太太"，解放后积极要求参加工作，那时刚到上海卷烟厂工作不久。全国食品行业工会成立时，我母亲被选为食品行业工会的代表，参加了会议并同时受到毛泽东等国家领导人的接见。我的祖母非常反对我母亲出去工作。我们家当时年幼的孩子多，母亲出去工作了就要雇保姆。祖母说这是"斫柴卖买柴烧"，意思是说一手进一手出，做无用功。我母亲顶住压力，毅然走出家门。现在看真的是太明智了；这也说明了我母亲的性格。

一两年后，父亲被调入上海市委外事办公室。据说调职时邮政系统还不愿意放，最终是柯庆施说了话才走成。我父亲酒量很大，酒德也好。当年一次可以连续走60多桌敬白酒（这是他告诉他的儿媳妇也就是我的媳妇的，没跟我说过）。我想，1950年代外交的重点是苏联；与苏联人打交道，喝酒就非常重要。这可能是柯庆施亲自出面说话调我父亲的一个重要原因。到外事办公室以后，就有机会参加更多更重要的活动。以前家里有一张照片，是1950年代在机场送伏洛希罗夫，我父亲前面半步，站的就是林彪。

我父母结婚很早，1949年即父亲28岁前就有了两子一女，最后共有七个子女：我是家里的老么，上面有两个哥哥，四个姐姐。大哥、大姐在我3岁、5岁时就去外地上大学了，当时他们都仅17岁，有点现今"少年班"的意思。大哥是绝对的学霸，高考成绩可以进任何一所大学，最后他选择了当年成立、在当时就声名远播的中国科技大学；大姐则被保送进了军队院校。二哥在那个时候也在寄宿制的上海中学读书。父亲工作很忙，几乎总是在"加班"，每天都要在我入睡后才回家，周末也很少在家休息。母亲在工厂里要倒三班，也常常不能与我们一起吃饭。从我记事起，经常在家的就是三个姐姐和祖母。

我出生后最初的 7 年多，我们住在上海思南路、复兴中路拐角的一栋带花园的洋房内，距抗日战争结束后周恩来在上海设立的中共中央代表团办事处就 100-200 米；上海人都知道那是个什么地方。过去，这样的洋房是只供一家人居住的，但当时，里面住了至少六、七家人，其中有父亲单位的几个同事。我们家住在二楼中间三间正房，是全楼中最好的房间（据说最初我家有四间房，为照顾父亲的一个同事，让出了一间）。窗外就是一棵高大的广玉兰树，树下还有一口水井。夏天买了西瓜，经常用篮子吊着放到井里，过几个小时似乎就是"冰镇"西瓜。我家楼下，也就是一层的正房住着外办的另一个处长。在二楼的公共部位装着电话，本来是给楼上楼下两名处长工作使用的，在那时的邻里气氛下，有需要时邻居也会用。

幼年的记忆是零碎的。记得那个时候街上不像现在这样熙熙攘攘，汽车不多，行人也不多。那时距"解放"不远，有时可以看到一些过去时代的"遗老"。例如可以看到一两个梳着辫子的老头；附近的菜场上，经常可以看到一个"红头阿三"即头上缠着红布的印度老人，应该是过去被公共租界当局从印度招来当巡捕的；这些低级巡捕见了上司就大声说："Yes, Sir!"；也有说是与人说话的开头语"I say"，都与上海话"阿三"相近，所以上海人都这么称呼他们。还有一些其他奇奇怪怪的人，例如烂掉鼻子的人，还有穿着奇异（那时候花格子衬衫等就算奇异了）的"阿飞"。人们经常将"流氓阿飞"连起来说，其实上海语境中"流氓"和"阿飞"是相去很远的两类人："阿飞"一词出自上海，阿飞应该也是上海独有的；近似的称呼还有"小开"等。上海语境中，流氓多出于底层，以逞凶霸道、好勇斗狠、为害街坊等为主要特征；阿飞多出身资产家庭，至少是富足之家，喜欢打扮奇异，吃喝玩乐；或许会有些绯闻，对周围人倒基本无害。但在当时，阿飞也被认为是对社会有害无益，是社会的蠹虫。我所在的那个街区，流氓应该很罕见，阿飞倒不时可见。虽然那里是高级住宅区，但还是有一些没人管的野孩子。有一天，在一个大我好几岁的男孩子带领下，奔跑到100-200米外，亲眼目睹了一个车祸的现场。被车撞了的是一个7-8岁的男孩，正坐在地上大声哭泣，赤裸的上身血淋淋的，据说是爬在树上抓知了，看到车子过来一紧张摔下来，被正常行驶的汽车撞个正着。后来想起来，虽然看起来可怕，但伤势并不非常重。

人们往往理所当然地认为，远去的岁月应当是美好的甚至浪漫的，现在的一首歌怎么唱来着？"……那时候天是蓝的，水是清的，人是纯洁的"云云。在我看来，这样的说法很大程度上还来自一种过往记忆容易钝化的心理现象（也就是传说中"时间是最好的心理医生"要表达的意思）。天和水以后再说，说那个时候"人是纯洁的"，依据应该非常不充分。

在整个1950年代，几乎每年都有一到两次大规模的运动。在我出生时，已经经过了"镇反""三反""五反""知识分子改造"等一系列运动，在我出生后的最初三四年里，又有"社会主义改造运动"，"肃反"、特别是"反右"这样涉及面极广的运动，以及主要发生在高层的"反右倾"运动。这些运动各针对不同的阶层或群体，如"镇反"即镇压反革命运动，按官方的说法，"打击的重点是土匪、特务、恶霸、反动会道头子和反动党团骨干分子"，对象主要在社会基层；"五反"即反行贿、反偷税漏税、反盗骗国家财产、反偷工减料、反盗窃国家经济情报，对象主要是私营工商业者即大大小小的资本家；"知识分子改造运动"的对象则是"旧社会"过来的知识分子特别是大知识分子；"三反"运动即反贪污、反浪费、反官僚主义运动，主要在政府机关中进行；"肃反"主要在共产党的核心部门进行；"反右"的对象不仅有"民主党派"人士和"旧"知识分子，还有不少大中学生，也有共产党的干部；"反右倾"则从彭德怀以下，打击了一大批领导干部。

经过这一系列运动,过去时代有些社会地位,以及有知识或有些家财,总而言之,在过去时代多少有些社会资源的人遭受打击甚至镇压,至少也或多或少受到压制。共产党内和"解放"后才获得社会地位的人群中,不少人也难逃冲击和打压。在我成年以后,见过不少在那些运动中受到打击并被关押、管制几十年的人。即使没有被直接打击的人,很多已经失去了对社会、对周围人基本的信心和信任,更不用说什么"纯洁"。

我家并没有受到这些运动的冲击;父亲有时还在运动中参与一些工作。"三反""五反"时期,到处"打老虎""抓黄牛",上面都有派发的指标。父亲当时在邮政部门工作,据说有两个领导因不能完成指标几天内就先后被撤职;父亲被推上第一线,承诺三天打出"老虎"或抓出"黄牛",巨大压力之下,据说经过两天两夜就抓出了一个"黄牛"从而让自己也过了关。几十年后说起此事,我问父亲那个"黄牛"究竟怎么个情况?父亲有点不好意思地说,"后来甄别了"——也就是说至少是部分恢复名誉了。"社会主义改造运动"时期,上海曾发起"万人大检查",父亲是一个检查大队的副大队长。几十年后父亲说,刚开始检查时街上小商小贩很多,半夜结束工作总可到路边吃一碗馄饨半碗汤圆之类,到结束时街上的小贩一个不见;说的时候有点遗憾的意思。我说:还不是让你们给搞掉的?

那些年里较少受到那些运动冲击,或一定意义上因"解放"获益的人群,如工人、农民,很多人其实生活压力极为巨大。特别是1959年以后的饥荒时期,虽然全国保上海,因而还不至于出现饿殍,但即使是兄弟姐妹之间因食物的争斗也很常见。这些当然是以后知道的。我也保留了一些断片的特别记忆。我刚能记事时,恰逢"三年自然灾害"(其实就是饥荒)。我们家因为女孩子多,配给的粮食还够吃,所以没有什么饥饿的记忆,只记得有时食物很不好吃。我家曾经雇过一个保姆，后来辞退了，原因是在我家大人不在时，邻居发现她煮饭时经常将干的偷吃了，给我们几个孩子喝稀的。

人们总以为毛时代，特别是文革前社会秩序非常好，至少比现在好。但我的记忆里还保存着一些非常可怕的故事（孩子间相互传的）。例如某人挤公交车，回到家感觉疼痛了才发现手上的戒指连同戴戒指的手指都不见了；又如深夜两个人架着另一人上了公交车，到了终点站，售票员发现只剩下一人坐在末排，上前一推，那人的头颅一下子跌落了下来；类似的传闻还很多。当然，肯定是愈传愈神，远离原始事实了。但我直接知道的，就是我们邻家的一个小女孩，在一个温暖的春日独自出门，毛衣就被一个甜言蜜语的"爷叔"剥走了（在那个年代，毛衣绝对算得上是一件"财产"）。在当时幼小的心灵中，下意识里其实安全感并不充分，相反还有一定程度的恐惧。

另一个恐惧的来源是所谓的"美蒋特务"。据说那几年在台湾的国民党政权想乘着大陆因饥荒造成的危机"反攻大陆"，派遣了许多穷凶极恶的特务，就会搞破坏、暗杀等等，也流传着许多可怕的故事。有一次，父亲带回几个公安人员，安排他们在我家住了一段日子，他们的任务是监视街对面的某一所房子。虽说我们坚信公安有能力抓获"特务"，但特务就近在咫尺，总还是一件令人紧张的事。几年后我家搬到另一住处即东庙二村，有一次在马路对面的草丛中竟然发现一具尸体。我和许多小伙伴都亲眼看到公安用草绳拉起警戒线，最后抬着盖着白布的担架装进汽车离开。事后听说破获了一个特务集团，据说头目就是每天在东庙二村大门前磨剪刀的老头（那以后也确实不见了）；被杀的那个人就是因为想要脱离该集团而被灭口。是真是假，谁也不知道。当时的电影里也有不少类似的故事。在那个时候，即使有大人带着，晚上经过某些黑暗的角落还是非常害怕，生怕蹿出一个"特务"把自己杀了。

那个时候还不时地能听到小孩病死的消息，有的还是自己认识的孩子。就说那个住在我家楼下的处长，有一个与我同岁的小儿子，4岁时就因医疗事故死了。据说孩子的母亲见到我就会掉眼泪。

总起来说，虽然我幼年的生活环境和生活条件与多数人比可以说是相当的好，也没有机会看到民间的困苦，留下的基本是美好的记忆——当然，幸福的生活都是一样的幸福，就不具体描述了。需要特别提一提的是，在全民饥饿的时代完全没有挨饿的记忆，真的非常幸运。但是我并没有生活在一个完美社会的感觉，虽然从媒体、从教育场所（幼儿园）和其他一些公共场合听到的，都是我们应该有这样的感觉。

第二节　走进大院

在我上小学之前半年，就是1963年春节后，我家搬到了著名的东庙二村（文革初期很短一段时间内更名为东风二村，后改名为东安二村至今），当年的市委机关家属大院。这是一个靠近郊县的工人新村，与1950年代其他一些工人新村如曹杨新村、日晖新村、江南新村等同期建设，1958年左右建成，以后又陆续扩建。"东庙二村"名称来源于距此一公里多的地方的一个"东庙"（自然肯定有东庙一村，也有东庙三村）。因为北面两公里处有一条东西向的小河名肇家浜（类似北京的龙须沟，1950年代填埋，建成林荫大道），过这个"浜"有一系列的桥，因而附近南北走向的道路都有个"桥"字。东庙二村与一村之间的马路是东庙桥路，其西面和东面的则是天钥桥路、谨记桥路、枫林桥路、小木桥路、大木桥路、打浦桥路等。枫林桥是现代上海史上一个重要的地方，1927年以后有好几年，上海市政府就在这里。东庙二村南面就是中山南二路。中山东、南、西、北路，当时是上海市区的环路，中山＊路外，就是郊县；中山南路和中山东路沿着黄浦江，隔江也是郊区。按当时的区划，东庙二村南面，过了马路就是上海县；村子西面，虽然没过中山＊路，但也有大片农田，也有河流，周围住着不少种菜的农民，隶属于龙华公社天钥大队，但据说居住在中山南二路以北的就是城市户口，可以吃商品粮。

从外表看，东庙二村与同期建设的其他工人新村没什么区别。说它"著名"，是因为这里是曾经的市委家属大院。1958年，时任中央政治局委员、上海市委书记的柯庆施高调提出"干部住工人新村"，自己带头，上海绝大多数领导都搬到这里。新村分三个板块：作为市委大院的南半部有篱笆围起，大门前有门房，还有军队战士站岗（新村的一座公共建筑中驻扎着部队），因而被俗称为"里二村"；北面的一半则被称为"外二村"。"里二村"内部虽没有分隔，但按住户又分为两个部分：西面是干部区即真正的市委大院，东面住的是工人或工厂等基层的干部。说领导干部住的是"工人新村"，所言不虚。能住进这个新村的工人都是精挑细选，好像一般都必须是市级劳模或其他有证据认为特别可靠的人，也有一些基层干部。干部区楼房的内部装饰标准比一般的工人新村高一些，例如有木质地板，有防蚊子的纱窗等；都是成套的单元，卫生间还有浴缸——这在现在不算什么，但在当时普通市民眼中是很高级的；当然排除那些住在洋房公寓里的富裕市民。

柯庆施和多数市级领导在东庙二村只住了半年左右，很快搬回原先法租界的爱棠别墅，外院就是市委办公厅（今天还是这样）；有些就住进了市中心的其他洋房或公寓。眼下有不少人在研究或回忆东庙／东安二村的历史，他们提供了关于领导撤离原因的不同版本；其中一个版本与伟大领袖有间接的关系。据说当年伟大领袖来上海，听说领导干部住工人新村颇感兴趣，提出要前去看看，市委警卫处研究后认为保卫工作困难因而作罢。柯庆施等以此为由就迁出了。市委领导撤离后，还有不少厅局级干部留在那里，陆续也有不少处级干部及更下级的干部迁入。我的一个小伙伴唐曙光说，当年他父母选择继续住在东庙二村的主要原因，就是这个地方活动空间大，小伙伴多，有利于孩子的成长。我想这是一个非常正确的选择。我家是在好几年后搬到那里的，也就是说填补了领导撤离后的空缺。我家到东庙的时候，仍住在东庙的十级十一级干部还是不少，就我所知级别最高的是一个八级干部；这位领导原任中共华东局经济委员会副主任，因"反右倾"时"犯了错误"已被调离核心部门，后来的官职是上海市供销合作总社经理。我家住在四楼，二楼的邻居恰好是公、检、法三家：自左至右，家里的男主人分别是上海市公安局政治保卫处处长、上海市副检察长、上海市中级法院院长，官阶都不低，岗位也非常重要。顺便说一句：时任上海市委书记处书记的张春桥，住在二村时与我家只隔了一个楼号：我家住 75 号，张住 73 号。张离开后住进那个单元的那家也姓张，有一个女儿与我小学同班，中学同校，现在还是朋友。

　　虽说大领导不在了，但东庙二村仍没有丧失它的重要地位。篱笆还在，门岗还在，警卫部队还在；进村的陌生人会受到盘查，有时还需要叫来被访的人引领。那个时候，上海市机关事务管理局中，有一个名称很特别的部门，叫"东庙管理科"。一个副科长是我一个小伙伴的父亲，人称"老营长"，河南人，是个老红军。几乎每天都能看到他在村子里转悠，遇到阿姨妈妈就扯闲篇，有时在家推开窗户，就能听到老营长洪亮的声音："有一次啊，我们占了一个山头……"。小伙伴说，老营长还经常跟他们说起当年拼刺刀的经历；他身上有好多处伤疤，其中之一在头皮处。我们很多小伙伴平时都很少能见到自己的父亲（那时的干部加班是常态，休息是例外），所以我对老营长的悠闲感到非常奇怪。问了小伙伴，才知道老营长的职务，据说其职责就是到处转转，看看房屋有没有需要维修的。

在东庙二村，我家住在最南面的一排，新村的南大门边上，前面就是中山南二路。人人都知道住洋房公寓比住工人新村舒服（要不那些领导怎么会高调地住进来，半年就逃走了呢？），我父亲或许是担心我们有想法，闲聊时常说这里的好处，其中之一就是"海陆空（交通）俱全"。所谓"陆"直接的当然就是门前的中山南二路；东南方向约两、三公里处是铁路南站，是更重要的"陆"。那个"海"就是与南站联运、黄浦江边的北票码头（按当时的建制，是上海港务局第六装卸区，简称"上港六区"），是上海重要的水陆联运的煤运枢纽；在家里我们经常可以听到火车和轮船的汽笛声。我们的正南两、三公里处是龙华机场，当时还是重要的民用客运机场；降落的飞机恰好要经过我家房子上空——有太阳时可以清楚地看到飞机的影子从头顶过去。我们看不到远处的轮船和火车，天上的飞机也不知道谁坐在里面，但在前面的中山南二路，除了汽车以外，经常能看到人拉的板车，还不时能看到拉着棺材的车。常有一个戴孝的孩子坐在棺材头上，应该是死者的长孙或长子吧？后来想，这应该是拉到龙华港装船，叶落归根的，也算是"旧时代"的遗迹。

这里可以说说"天"和"水"的问题。住在市中心的洋房时见不到什么"水"，但感觉好像天蓝的时候还是较多的。到了近郊，仍然能看到蓝天。但是，从窗口向南望去，远处可见到不少烟囱；至少有一个粗大的烟囱，日夜冒着滚滚的白色浓烟。那里是上海水泥厂。窗口虽装有纱窗，但只要是东南风大一些且家里开着窗，随便哪里一抹手就是黑的；那是从水陆联运的北票码头吹来的煤灰。

再说"水"。村子周围有几条小河，其中一条就横亘在"里二村"和"外二村"之间。不得不说，没有一条河的水是清的；那些菜田里浇菜用的就是那些不干净的水。那条分隔里、外二村的界河尤其肮脏。村子边上有些农村的房子，好多户人家合用一个水喉，用水不方便且费用贵（按那时的标准），每天可以看到那里的居民在河里涮马桶。

我不得不说，认为毛时代比现在好，那时候"天是蓝的，水是清的，人是纯洁的"与我的记忆有很大的距离。还要补充一个情节：我家从洋房搬到工人新村有多种原因，其中之一就是与楼下的处长的家属邻里关系不和睦（与他们两个处长的工作没有任何关系）。这类矛盾很难分清责任，我家应负主责也未可知。但该处长夫人居然写信到我母亲的单位，举报我母亲是"地主婆"（我始终没搞清楚，按说我母亲是"地主婆"，那我父亲应该就是"地主"吧？但该举报又不是这么说的）。在那个年代，类似的事情应该不会少。那时候的人，能说是"纯洁"吗？

但那时的孩子还是纯洁的。

长大后体会，父亲当年经常说新住处的好处是怕我们对搬出洋房有想法，但他确实是过虑了。到了新的住处，我们很快融入了大院的生活。

我是从那个时候才刚刚开始接受正规的教育。在原先的住处我也上幼儿园，但那里的"老师"主要是"大跃进"时期就业的家庭妇女，没什么文化；这样的幼儿园，说是"学前教育"，其实主要功能只是"看孩子"；教育机构应有的帮助孩子社会化的功能好像也没有。我不记得在那里做过的任何游戏，也不记得任何小伙伴，虽然我已经过了7周岁生日。

到了东庙二村，我转入了市委机关幼儿园，后来听说正式名称叫"海格幼儿园"，是随着大批干部住进东庙从当年市委机关所在地海格公寓（就是今天的静安宾馆）搬过来的。海格幼儿园设在村子南面的一幢公共建筑的一楼；二楼是面向机关干部及家属的公共食堂，三楼是警卫部队的军营。在那里，我结识了以后与我关系密切的许多伙伴，大多以后小学、中学都是同学，还有不少人的哥哥姐姐与我的几个姐姐也是同学。不用说也知道，幼儿园的教师素质很高，有一整套正规的学前教育规范。记得幼儿园有一定的知识教育学时，做游戏也不是随随便便的，而是蕴含着知识或道德教育的意图，寓教于乐。虽说比起其他小伙伴我少受了两年半的学前教育，但到了正规的教育机构，却也没有任何的不适应，在学习上好像还能名列前茅，与小伙伴也关系融洽。楼上的战士有时会在前面的草坪上练习瞄准。到下午在草坪上等着家人接我们回去时，我们会趴在战士边上问东问西，当然少不了摸摸枪啥的。老营长的儿子个子大、力气大，只有他才能拉开枪栓，大家都很羡慕。

到东庙以前，我不记得有任何普通话的环境。我家是浙江人，家里说的是带宁波口音的上海话，邻居之间也都说带不同口音的上海话；幼儿园里的"老师"，说的也是上海话。我家那时还没有收音机，普通话的广播也听不到几句。但在东庙，小伙伴之间很少说上海话。正规教育就不说了，很多小伙伴的父母是北方来的干部，有的是部队转业下来如老营长，更多的是大军南下时随军前来接收的老根据地地方干部，以山东为多。这样家庭的孩子不自觉地向当地文化靠拢，操着一口略带上海腔的普通话；而我们南方孩子努力向北方孩子靠拢，这样就形成了上海特色的大院普通话。

由于这是个半封闭的大院，基本不会有什么治安问题，外面的不良习气也不容易进入；小伙伴之间打架甚至严重的吵嘴都很少听到。差不多每一个人都有几个关系极为密切的朋友。由于多数人的父母总是忙于工作，孩子们都有相当的自由度，一起玩的时间也很多，稍大一些常常会互相串门，经常会在小伙伴家泡上半天一天的。既为干部家庭，一般总是衣食无忧，很多家庭都住独立的单元，小伙伴在一起不会谈论柴米油盐、家长里短。虽说与父母交流的机会不多，但或多或少总能听到一些与父母工作有关的事务，家里经常还能看到一些文件，包括印有"机密""绝密"字样的文件。一些与日常生活无关的公共话题（也就是所谓"国家大事"）经常会成为交流的内容，特别是，也主要是在男孩子之间。小孩子理解能力有限，一知半解，说着说着就夹生了，以后想起当年自己表达过的"观点"，会觉得非常可笑。

大院文化的核心是优越感、责任感——这是一块硬币的两个面。即使大院中很多孩子如我一样只是普通干部的子女，但仍然比普通人家的孩子能获得更多的信息，有更多的参与社会活动的机会，因而有更多的见识。就我本人而言，由于父亲是外事部门的干部，同时父亲也非常顾家，有什么机会总是想着自己的孩子，这样的机会似乎比旁人更多一些。那时父亲经常需要去北京开会（现在想起来应该主要是在重要的外事接待前去北京领受任务），那种时候父亲总会带一两个孩子坐他的汽车去机场，能在现场看到飞机的起降——这在现在当然是稀松平常，但在当时，一万人中未必有一人能坐上飞机，进机场也算是难得的机会。我们也常有机会观看高水准的演出和体育比赛，特别是外国艺术团体的演出和一些国际比赛等。加上前面说的能看到的文件书籍等，都让我们有更宽阔的视野，从而显得与众不同。内化到自我认知，自然而然就有一种高人一头的感觉；其他大院子弟也多半如此。虽然我们确实住在工人新村，西半部的干部子女与东半部的工人子女在同一个学校读书，大家还是有说有笑的，但或多或少有一些隔阂。至于大院外的世界，例如一路之隔的东庙一村，那隔阂就大了去了，印象中，文革前大院的孩子与他们从不来往。至于责任感，往大了说或许就是使命感——我想当年在唱着"我们是共产主义接班人"等等的时候，感觉就是真的，从未产生过怀疑。说得具体一点，就是感觉国家大事、或其他公共事务，比起柴米油盐、家长里短，与自己的关系更加密切。不管能有多少理解能力，脑子里总有一个区域装着那些东西。

第三节 "贵族"学校

那时候的干部子女，比普通居民有更好的受教育机会；同时由于不需要关心油盐酱醋之类的，能更专注于学习，不少小伙伴家里都有哥哥姐姐在名校读中学，最集中的是上海中学。在很多人的心目中，进上海中学是惯例，进不了是很丢脸的。我的二哥1960年就进上海中学读初中，应该是1966年毕业。1965年，不知道出于什么考虑，有关领导要求擢拔若干高二学生提前参加当年的高考。我的学霸二哥顺理成章地脱颖而出。经过一个月突击高三课程，高考的成绩如我大哥一样，也是指哪打哪。他选择了"中国人民解放军军事工程学院"，上了大学又穿上了军装。第二年学校转为地方，改名"哈

1965年二哥去哈军工前的合影，摄于上海长风公园，后排左二是考进"哈军工"的二哥，前排右一是我。

尔滨军事工程学院"即大名鼎鼎的"哈军工",这是后话。二哥前往哈尔滨报到前,我们全家(大哥大姐在外地上学未能参加)组织了一次公园游,父亲利用职权请了外事摄影人员给我们拍了照。

那一年,我家还不止这一件好事。

搬进机关大院的半年后,也就是1963年9月,我进了小学学习。学校就叫"东庙二村小学",在我家西面二、三百米;学生主要是东庙二村的孩子,包括干部子女和工人子女,也有一些附近的孩子,有工人、职员的子女,也有农民子女。这个学校不是"重点"学校(当年徐汇区的重点小学是在市领导离开东庙后居住的地区),但也还是较好的学校之一;校长是一个抗日战争时期加入共产党的老革命,据说还是处级领导——由此可以看出学校的干部配置还是很高的。我所在的班级由学校教导主任亲任班主任,也是高配置的。

进小学后,学习上从未感觉有任何困难,只是字写得难看些,作业本不太整洁,体育也不太行。我不记得进小学前曾经认过字(如有最多也是最后半年在海格幼儿园认过几个最简单的字),但大约进小学半年左右,在家看到姐姐从学校借来的"包身工"(是夏衍写的吧),晚上在被窝里就读了起来,虽然还有好些字不认识,但连读带蒙,好像是一气看完了。记得老师来家访时,我妈妈向老师"告状",说我看书看得不要睡觉。数学(当时叫"算术")也完全没有问题。大约一年级第二学期时学校组织了一次速算比赛,众多高手中我第一个交卷离场。第二天我喜滋滋地等着领奖,没想到冠军不是我——因为我算错了一道题。那个时候我体质很弱,差不多每个月都会发一次烧,常需要在家休息三五天。病愈上课后从没感到需要补课啥的。期末考试对我来说又是快乐的日子,因为早晨到学校半个多小时做完考卷就能回家玩了。记得某次考试前有一个女生曾伤感地说,她不能不及格;如果不及格她家就不让她继续读书了。我感到非常奇怪,那么简单的考试还担什么心呢?

17

兼任班主任的教导主任对我总是特别关照，什么好机会都给我留着；例如推荐参加我市少年宫的小演员招考，虽然我并没有这方面的能耐；还多次写稿在学校的广播、墙报上表扬我——即使在当时，我也知道那都是些稀松平常的小事，不值一提。过去我一直以为，这些都是因为我实在是太优秀了；近年来才知道，班主任的先生当时是我父亲的部属，这至少是她照顾我的重要原因之一。

1965 年，我终于抓住了教导主任特意给我的大机遇：考上了上海外国语学院附属学校。这样的学校全国只有二到三所，北京有、上海有，广州是不是有不记得了；据说以培养外交人才为目标（几十年后前外交国务委员钱其琛确实给学校题字："外交家的摇篮"；一位杨姓校友成了中国外交部长，肯定是外交官，是不是"外交家"不清楚）。上海的这所学校成立于 1963 年，分中学部和小学部。小学部从三年级开始，1963、1964 两年都招三个班级，英法德语各一个班，每班 40 名学生；1965 年招五个班，每班同样是 40 名学生；其中英语两个班，法语、德语、西班牙语各一个班。学校招生办法是先推荐、再考试。我所在的东庙二村小学分配到了两个推荐名额。或许是为了增加我的成功概率，另一个名额给了村子东部的一个工人子女。在现场感觉参加考试的超过 200 人至少两三倍。不管怎样，我是脱颖而出了。这就是前面说的，1965 年我家的另一件大好事。当时的感觉，我的父母，特别是母亲比我还兴奋。

在这个学校的学习，对我们这些小学生来说，是一种全新的体验。

学校位于中山北一路，而我家住在中山南二路，从家里到学校要穿过整个市区，活动半径一下子扩大了好多。在那所学校，同学中干部子女的比例很高，包括一些市领导的子女，也有知识分子子女和工农子女，当时我们对此并不敏感。不少同学有哥哥或姐姐在初中部上学。这是一个寄宿制的学校。当时这样的小学极少；除了这个学校以外，仅有的可能就是极少数艺术学校，如上海舞蹈学校或音乐学院附属小学等，还有作为实验和示范的特殊学校，如盲童小学。对10来岁的孩子来说，寄宿学习当然是一种新鲜的体验，但一开始还是有不习惯的一面。记得我所在宿舍一个同学，家长回去时还哭了起来。在第一个周五的夜晚，想到第二天就可以回家，同学们兴奋得难以入眠，聊天的声音越来越大，引得生活老师不得不前来"弹压"。

那个时候的普通小学，都要求学生上课时手放在背后。但我们到那里的第一堂课，老师就告诉学生手可以随便放，坐得端正些就行。从学习安排看，学校甚至采取了大学的培养模式：除了小学生必须的普通课程外，外语专业教学采取小班制。全班40个学生分为3个小班，每班配一个教师，专门负责培养本班的13或14个学生；师生比肯定远高于普通学校。外语教学特别重视听、说的能力；好像在经历了最初的字母和最简单的词语学习后，课堂上就基本采用全外语的教学。上课时有相当的时间用于师生间的外语对话。记得在教了"GIRL"一词后，师生对话时一个同学问老师："ARE YOU A GIRL？"因为我们词汇量有限，老师回答提问不是那么容易。但那次老师的回应还是很机智的。她说："I AM A BIG GIRL."

学校安排了大量的节目，开拓学生的视野，至少每一个月就会安排一次报告会，请各个领域的重要人物给我们作专题报告。现在还记得的，一是大革命时期上海三次武装起义参与者讲述大革命及4.12政变的过程。记得那位老革命说，"上海其实解放了两次，第一次是1927年3月27日"。二是《铁道游击队》的作者讲述铁道游击队的史实和小说创作的经过。他说关于主人公刘洪与芳林嫂爱情的情节有些温情主义，不太合适；又说当年铁道游击队的领导其实有刘、洪两人，在小说所述游击队受到重大打击的那次战斗中，洪领导牺牲了。三是介绍上海某家医院（好像是瑞金医院吧？）成功救活一个心脏停跳一个多小时的病人的事迹（记忆中好像是病人本人给我们讲的）。还有严重烧伤被抢救过来的劳动英雄邱财康的报告（记忆不确切了），等等。

　　与普通学校的另一个区别，是晚上的时间也利用了起来；每天都有不同的安排。每周一晚是时事讲座，每周三晚看电影，其他几天，有的是兴趣活动，也有互动式的讨论等，好像仅有一个晚上是用于处理课余作业，记得不太确切了。时事讲座由一个老师主讲，选择一个当时的专题，然后引导学生参与讨论。那些专题都不是那个年龄的孩子会关心的（不少人一辈子都不会关心这些事）。例如有一次的专题是日本共产党当时组织的"春季罢工"。学生也不简单，例如还能知道日共总书记叫野坂参三，等等。周三是个快乐的日子。一是有电影看，二是过了周三就过了中线，离回家的日子就越来越近了。

　　在东庙二村小学时，我是典型的"五分加绵羊"式的乖孩子；进入外语学院附属学校后，开始了根本性的转变。

　　首先是自主性迅速提高。原先的学校距家只有二、三百米，课余活动也基本限于大院之内。现在每周要穿过整个市区。第一个学期学校给我们新生安排了校车，每人可选距家最近的站点下车。我的下车点离家里还有五、六站的车程。第一周回去我母亲到校车站点接我，第二周开始我就独立往返了。第二学期，学校或许是着眼于培养我们的自主性，取消了校车。家里给我设计了一条路线，我就独自换乘公交车，往返家校。后来又发现另一种换乘法，虽然需要多走些路，但每次可以节省几分钱，于是改走新路，省下钱买零食吃。其他生活能力也提高很快。每逢换季，都会自己背着好大的背包把被子等带到学校或带回家。记得有一次，一个老奶奶带着一个盲童学校的孩子在车站一同等车，我回答了老奶奶关于我的情况的问题；那个盲童虽说睁不开眼睛，但我能清楚地看到他流露出的极为羡慕的神色。到了后来，周六中午放学后常常不急着回家，经常会走好远的路到同学家去玩一阵，到天黑了才乘上回家的汽车。好像那时家人也并不会因此而着急。

其次，更为活跃，更愿意与同学交流。这是学校鼓励引导的结果，但我做得有些过。刚进学校时我被指定为寝室的"室长"，职责除安排好宿舍的整洁等等以外，更重要的是管住同学熄灯后不说话。但到后来，我经常在夜晚与邻床同学（那时两个床并排放）撩起蚊帐做彻夜之谈，谈的内容肯定很杂，一般不会是交流学习体会，但肯定会涉及所谓国家大事。不知道从什么时间开始，我跟我邻床的好友不时地清早起来去操场跑步：学校并没有这样的要求，但我们很积极主动。过去我有严重的支气管炎，每到冬天就咳嗽不止，吃什么药都没用，直到次年天气暖和了才缓解。这一年入冬时，我轻微地咳了一周就没事了；第二年夏天又学会了游泳，身体一天天强壮起来。

第三，开始出现叛逆的迹象。这与学校的引导（例如每周的时事讲座）有关，也与当时的大环境有密切的关系。进外院附校已经到了文革前夜。在"新中国"，政治口号肯定是少不了的。但在原先的小学，能看到的基本就是"好好学习天天向上"之类的。到外院附校后第一天进食堂（也是中学小学共用的会场）吃饭时就极为震撼：食堂／礼堂之大、之高自然是见所未见，墙上的标语则是"读毛主席的书、听毛主席的话、照毛主席的指示办事"；"坚定正确的政治方向，艰苦朴素的工作作风，灵活激动的战略战术"，"团结、紧张、严肃、活泼"等等，政治气氛非常浓厚。"阶级斗争""革命警惕"等概念也贯穿在学校时事和政治的教育之中。我的邻床是我父亲同事的儿子，我们很快成了很好的朋友。前面说过，我们经常做彻夜之谈。当然任何问题都会涉及，每一次都没有固定的话题。那时还谈不上任何意义上的学识，理解能力极为有限，说着说着就短路、夹生了。有一两次，我们两人"分析"出我们班主任很可能是"特务"，几天后好几个同学参加了我们的讨论，最后被校方找去谈话（当然只是告诉我们不要胡思乱想）。类似的情况好像还不止一次。住校的最后几个月，文革已经开始，我们会跟着传闻作自己的"分析"，和那位好友一起还写过几张大字报。内容不记得了，当然肯定都是胡说八道。

进入这个学校仅仅一年，我就从一个体质羸弱、只知服从，"听话"的"绵羊"，变成了健康、活跃、外向、会出格但有些想法的少年，虽然很多"思考"都很幼稚。

第一次走进外语学院附属学校的校门，迎面就能看到教学楼二楼正对校门的一个房间，那是学校的小会议室。透过窗户可以看到两边的墙上挂着不少画像，以后仔细看了，才知道一面是马、恩、列、斯的肖像，另一面是毛、刘、周、朱、陈、林的肖像（有没有邓不记得了），这与绝大多数单位的普通会议室完全不同。我们是从未有过进入这个会议室的机会，在我们看来，这是一个非常神秘的地方。那时我们这一级的同学们都不满10岁，也有不满9岁的。不少同学都出生于干部家庭，见得多，听得多，有一定的政治敏感性。据一个女同学说，当年第一次进教室，发现教室正面高处不仅挂着毛主席像，并排还挂着刘主席像，心里曾有过一两秒钟的疑惑。

在学校不到一年的时间里，我们都能感到"阶级斗争"的气氛越来越浓。每天早晚大喇叭的广播中，每周一次的时事讲座中，都能闻到这种气味。那个时候正是"学雷锋"的高潮时期，很多人都以为学雷锋主要是"做好事"。但那时官方对雷锋的包装，也越来越加入了阶级斗争的元素："对敌人像冬天一样的冷酷"是也；歌颂雷锋的歌曲中也有"爱憎分明不忘本，立场坚定斗志强"等等，虽说雷锋事迹中好像没什么与此有关的。学校的生活也发生了一些变化。例如原先预定要看电影的，临时突然取消了。我和我的邻床朋友特别能受政治环境的影响，特别能用"阶级斗争的眼光"看周围的事物，用现在的话来说就是特别"左"。例如我们经常会批评同学的某些习惯是"资产阶级"的（当然不是非常严肃的）。英语课上刚教了"Beautiful"一词，我和我的朋友出去问一个同学，是否喜欢"Beautiful"，得到肯定的回答，我们立即批评该同学有"资产阶级"的倾向。当时就感觉到，我们的这种敏感，老师是很不高兴的。为这类事还受到过老师的批评。

第四节　文革风起

后来我们知道，1960年代前期的中国政治史，就是一步步向文革迈进的进程。1962年1月11日到2月7日的中央扩大的工作会议即七千人大会，据说是"发扬了民主，开展了批评与自我批评，初步总结了1958年'大跃进'发生的经验教训，对纠正工作中发生的'左'的错误，起了积极的作用"。据说与会代表可以"白天出气，晚上看戏"。"出气"云云，就是说可以批评前几年领导、特别是领袖的错误。伟大领袖作了策略性让步。但在7个多月后的八届十中全会上，伟大领袖就明确提出了"千万不要忘记阶级斗争"的口号，推向极端地强调阶级斗争要"年年讲，月月讲，天天讲"；这个口号文革期间震耳欲聋。全会公报中已能看到"无产阶级专政下继续革命"理论的雏形："在无产阶级革命和无产阶级专政的整个历史时期，在由资本主义过渡到共产主义的整个历史时期（这个时期需要几十年，甚至更多的时间）存在着无产阶级和资产阶级之间的阶级斗争，存在着社会主义和资本主义这两条道路的斗争。被推翻的反动统治阶级不甘心于灭亡，他们总是企图复辟。同时，社会上还存在着资产阶级的影响和旧社会的习惯势力，存在着一部分小生产者的自发的资本主义倾向，因此，在人民中，还有一些没有受到社会主义改造的人，他们人数不多，只占人口的百分之几，但一有机会，就企图离开社会主义道路，走资本主义道路"；"这种阶级斗争是错综复杂的、曲折的、时起时伏的，有时甚至是很激烈的。这种阶级斗争，不可避免地要反映到党内来。国外帝国主义的压力和国内资产阶级影响的存在，是党内产生修正主义思想的社会根源。在对国内外阶级敌人进行斗争的同时，我们必须及时警惕和坚决反对党内各种机会主义的思想倾向"。与此同时，造神运动首先在军队启动，逐步推向全民。我进入外国语学院附属学校时感受到的气氛，那时已经开始渲染。

八届十中全会上，据说是康生给伟大领袖传了个纸条，经领袖一念即成为"圣旨"："利用小说进行反党，是一个发明"，文化领域成为"阶级斗争"的焦点。1965年11月10日，上海《文汇报》突然刊发了姚文元炮制的《评新编历史剧〈海瑞罢官〉》，成为发动"文化大革命"的导火索。同一时候，江青还组织了批判"三家村"的系列文章：《向反党反社会主义的黑线开火》《擦亮眼睛、辨别真假》（关锋）和《评"三家村"》（姚文元）等。由邓拓、吴晗、廖沫沙为主笔的北京市委机关刊物《前线》的"三家村"专栏遭到批判，被定性为"反党反社会主义的大毒草"，"有指挥、有组织、有计划、有目的地为复辟资本主义、推翻无产阶级专政作舆论准备的"。一般认为，批判者的真实动机意在指向这三人身后的北京市党政系统。从此之后"三家村"被认定为是"反党集团"。邓拓被认为是"黑店的掌柜和总管"，吴晗是"急先锋"。

1966年5月16日，中共中央政治局扩大会议通过了毛泽东主持起草的关于开展"无产阶级文化大革命"的《中国共产党中央委员会通知》即文革的纲领性文件。《通知》明确提出在上层建筑其中包括各个文化领域实行无产阶级。《通知》的核心思想是下面的160个字："混进党里、政府里、军队里和各种文化界的资产阶级代表人物，是一批反革命的修正主义分子，一旦时机成熟，他们就会要夺取政权，由无产阶级专政变为资产阶级专政。这些人物，有些已被我们识破了，有些则还没有被识破，有些正在受到我们信用，被培养为我们的接班人，例如赫鲁晓夫那样的人物，他们现正睡在我们的身旁，各级党委必须充分注意这一点"。

那个时候我们没有听说"五一六通知"，但"通知"里的某些话语从广播中还是能听到的。作为10来岁的孩子，再敏感最多也只能想象身边的"阶级斗争"，例如怀疑老师是特务啥的，无法设想上层发生的事。5月23日，政治局扩大会议决定停止彭真、陆定一、罗瑞卿的中央书记处书记职务，停止杨尚昆的中央书记处候补书记的职务（也就是"揪出彭罗陆杨反党集团"）。那时是不是第一时间知晓已经不记得了。还记得的第一次的震撼是"改组"北京市委，在彭真被停职后，由李雪峰、吴德担任北京市委第一、第二书记。此事发生在1966年6月3日，距"五一六"不远。这一系列事件，揭开了"文化大革命"的序幕。

可能不少同学不一定多想是怎么回事，但我和我那个与我一样"左"的朋友知道是出了大事。后面就发生了更多的事件，受到批判的人越来越多。不久后的一天，我们吃惊地看到，学校小会议室里除毛以外，其他中共领导人的肖像都被摘了下来。那天我和我的朋友是在校门前看着一幅幅肖像被逐一取下，周围还聚着不少学生，主要是中学部的，每个人的表情都极为紧张。

不久以后，学校里就出现了大字报，主要是中学部的学生写的，不清楚有没有老师写的。餐厅/礼堂里拉了一些绳子，专用于挂大字报。我和我的朋友会不时地去看那些大字报。那里都写了些什么，说的是国家层面的事还是学校层面的，现在都完全不记得了。到有关部门可以领到写大字报用的纸张和墨汁。我和我的朋友也写过几张大字报。我的朋友字比我好一些，所以由他执笔，好像其中的内容也主要由他组织，我凑在一旁出主意。写了些什么完全不记得了，但肯定完全是胡说八道，非常可笑。

没几天就到了期末考试的时候，考完就放假了；学校的事就淡出了我们的视线。本来暑假里应该有"返校日"，但因为学校中的"运动"愈演愈烈，同时也由于我班一个同学因车祸死亡，为我们的安全着想，老师专门到每个同学家通知，取消暑期的返校活动，学校的运动状况就更不知道了。

8月1日到12日，中共八届十一中全会召开。会议的第五天也就是8月5日，毛泽东写了"炮打司令部——我的一张大字报"，指责从中央到地方的某些领导同志，是站在反动的资产阶级立场上，实行资产阶级专政，将无产阶级轰轰烈烈的文化大革命运动打下去。全会立即转为集中揭发批判刘少奇和邓小平。

8月8日，全会通过了《关于无产阶级文化大革命的决议》，分十六节，故简称"十六条"。这个决议明确指明了文革的目的、方法，也预告了文革的某些重要环节。《决议》指出："我们的目的是斗垮走资本主义道路的当权派，批判资产阶级的反动学术"权威"，批判资产阶级和一切剥削阶级的意识形态，改革教育，改革文艺，改革一切不适应社会主义经济基础的上层建筑"（以后简称"斗、批、改"），提出了"放手发动群众"，"让群众在这个大革命运动中，自己教育自己，去识别哪些是对的，哪些是错的，哪些做法是正确的，哪些做法是不正确的"，并"充分运用大字报、大辩论这些形式，进行大鸣大放，以便群众阐明正确的观点，批判错误的意见，揭露一切牛鬼蛇神"，这就是所谓的"四大"，也就是文革的一个重要方式；同时用伟大领袖三十九年前说的（也可能是1949年以后改定的），革命"不能那样雅致，那样文质彬彬，那温良恭俭让"，鼓励群众性的激烈乃至暴烈的行动——伟大领袖上面那句话后面紧跟着的就是："革命是一个阶级推翻另一个阶级的暴烈的行动"；虽然《决议》中还没摘引最后一句。《决议》还指出，"资产阶级虽然已被推翻，但是，他们企图用剥削阶级的旧思想，旧文化，旧风俗，旧习惯，来腐蚀群众，征服人心，力求达到他们复辟的目的"，因此，无产阶级"必须迎头痛击资产阶级在意识形态领域里的一切挑战，用无产阶级自己的新思想，新文化，新风俗，新习惯，来改变整个社会的精神面貌"；等等。

此前的1966年6月1日，《人民日报》就发表社论，号召群众起来"横扫一切牛鬼蛇神"。但那个时候虽然在一些地方"运动"已有声势，例如一些著名高校已经出现了不少抨击"资产阶级反动路线"的大字报，也包括我所在的外国语学院附属学校。各级党组织下派的工作组力图将运动限制在一定范围之内，因而还没有形成"横扫"之势，也没有达到"暴烈"的程度；这正是引起伟大领袖愤怒因而在著名的"炮打司令部——我的一张大字报"中大力抨击的。八届十一中全会以后，文革运动轰轰烈烈地扑面而来。

第一个回合就是所谓"破四旧"（即破除剥削阶级的旧思想，旧文化，旧风俗，旧习惯）的浪潮。8月23日或24日，北京和上海等地，大量学生走上街头，以取缔"奇装异服"为重点，"破除"所谓的"四旧"。高跟鞋、"尖头皮鞋"、小裤管的裤子、旗袍等等，差不多当时爱打扮的人爱穿的服饰都被认为是所谓的"四旧"，当街予以毁损。街上到处是"破四旧"的红卫兵，看到行人有穿"奇装异服"例如小裤管、尖头皮鞋的就剪就烧；旗袍也不能被容忍。一些人赤着脚或穿着被剪破的裤子衣服在街上走，狼狈不堪。

那一天，父亲在北京参加完会议返沪；在北京时就不顺当：奔机场时车子撞到一个孩子导致轻伤。回到上海，父亲乘的公务小车也被拦了下来，有人认为脚上的皮鞋是尖头的，要强行剥下。好在"革命小将"中还有意见分歧，最终认定鞋头还不够尖，幸存下来。关上车门后，父亲连忙取出出差时总带着的布鞋穿上，以免麻烦和损失。

再往后，"横扫""牛鬼蛇神"的运动真正展开。首先是在各个大中学校，红卫兵们按自己的标准将教职工区分为"革命群众"和"阶级敌人"即"牛鬼蛇神",并立即按暴烈的方式对后者采取"革命行动",例如给剃"阴阳头"(即剪掉一半头发),"勒令"长时间待在单位随时接受批判甚至批斗等;打人致死致伤也时有所闻。所有这些,都源自始创"红卫兵"运动的北京高干子女云集的著名中学,如北师大女附中、清华附中等。伟大领袖在天安门城楼上对这些红卫兵的明确支持并鼓励"要武",极大、极快地推动这类暴力向全国各个角落扩展。开学的时候到了,学校并没有开学;我和同学就去学校询问。当然并没有问到明确的回音。到学校时看到有不少教师神情黯然。虽然天气还没有冷,有的女教师却戴着绒线帽,一看而知被剃了"阴阳头"。这个"贵族"学校,是文革初期的重灾区。干部子弟集聚,不知道算不算是一个重要原因。

第五节　最初的参与

轰轰烈烈的"红卫兵"运动中,我的两个哥哥都成为运动的积极分子,当然他们并没有参加针对教师等的暴力。大哥几年前从中国科技大学毕业,入了党,留校做了助教,还兼任学生辅导员。二哥正在已转为地方的哈尔滨军事工程学院学习。那时候的大学,无论师生都有很大的自由度,好像还能从学校领到参加运动的经费。虽说一个是教师,一个是学生,但两个哥哥都以"红卫兵"自诩;利用当时高校的自由,全身心地投入文革运动。那时已经开始了"大串联"。但最初的"串联"不是各地人到北京,而是北京红卫兵等到各地"点火"。我的两个哥哥都是南下串联的积极分子。暑期里,两个哥哥先后几次来到上海。他们肯定是在鼓动人们参与文革,具体做些什么就不清楚了。到 8 月中下旬,红卫兵运动席卷全国,两个读中学的姐姐都参加了红卫兵。

大哥的政治热情非常之高而且非常之纯,以至于还要煽动我们这些小学生也参加运动。有一天晚上,他要求我和我的一个当年小学毕业的姐姐把小伙伴召集起来,他要做动员。我们叫来了 20 来名同学朋友。大哥像模像样地给我们做政治动员,说是毛主席说了:"你们要关心国家大事,要把无产阶级文化大革命进行到底",也是对我们这些小学生说的,因而即使年幼也不应该置身事外云云。做完动员,他又去忙他的革命去了。我们这些小学生七嘴八舌议论起来,最终形成了一致意见:参与文革就要参加红卫兵。于是找来笔墨纸砚,写了一张大字报,标题是"我们也要参加红卫兵",其中肯定引用了上面那段"最高指示"。也不知道是谁引的路,20 多名孩子吵吵嚷嚷地簇拥着大字报到教育局请愿。至少走了 3,4 里吧,到了教育局,人家早就下班了;出来一个门房,和善地问明我们的情况后告诉我们,这里是高教局,专管高等院校的,与我们这些小学生无关。在他的指点下,我们又走了 3,4 里路,到了位于延安西路的市委为来上海串联的学生临时设立的接待站,找到了一两个工作人员。工作人员给我们说了些"普通话",大约就是要按中央的统一部署推进运动,我们的要求以后会考虑的之类;然后又带我们去领了面包(这在当时可不是随时可以吃到的)。当时已近午夜,我们这些孩子还感到很新鲜,在接待站里跑东跑西的,到了天明才一起回家——这是我有生以来第一次"熬夜"。回到家里,昨夜的"革命激情"早就烟消云散了。看到母亲从厂图书馆借来的几本连环画,钻进被窝就看了起来。

大哥那时还没有离开上海。知道我们的行动后又告诉我,参加运动有各种方式;例如北京就有小学生到公交车上宣传中央关于文化大革命的纲领性文件"十六条"(当时已开过八届十一中全会),或宣读毛主席语录，教唱革命歌曲等。我的"革命热情"又被激励起来，立即下楼找到当时每天一起玩的小伙伴，就是上海公安局政治保卫处处长的小儿子，商量着一起出去"宣传毛泽东思想"。我们请毛笔字好一些的人（忘了是谁）写了"红色宣传员（队？）"五个字，贴在家里找出来的硬板包装纸上，别上手臂就出发了。

　　我想我和我的朋友是上海最早在公交车上"宣传毛泽东思想"的小学生，至少是最早的之一。现在我也很难想象，一年前还是标准的"五分加绵羊"，一年后怎么能有那样的勇气和那么厚的脸皮。上了公交车，我们根本不顾售票员和乘客的诧异，开始高声朗读"十六条"、朗读"毛主席语录"，指挥车上的乘客唱文化大革命的歌曲。现在记不清是不是曾有售票员要求我们买票；如果有过的话，我们肯定理直气壮地说：我们是宣传毛泽东思想的！只记得有一次一位乘客把我们的臂章翻过来，看看是不是有公章。他看到的只是北京果脯包装上画的一个大苹果。即使这样，他也没再说什么。就这样，我们"宣传"着"毛泽东思想"，免费乘公交到了我那个邻床好友家，拉他一起出来"宣传"，以后又走到上海好几个区，拉了更多的同学出来"宣传"。在我们自己，当时确实认为是在做一件重要的事。大院的孩子很少会爆粗口，但"以革命的名义"就不同了，特别是来自"革命"的素材。当时有红卫兵歌曲："拿起笔做刀枪，集中火力打黑帮……"，中间有两句口号："谁要是不革命就滚他妈的蛋，就罢他娘的官！"在公交车上我们要求乘客跟我们唱，他们都非常勉强。也不知道为什么，过去和以后语言都非常清洁的我当时确实一点都不知道是什么原因。当时我们还经常读一段毛的语录："革命不是请客吃饭，不是做文章，不是绘画绣花，不能那样雅致，那样从容不迫，那样温良恭俭让。革命是暴动，是一个阶级推翻一个阶级暴烈的行动"。现在想起来，在那些市民乘客眼里，我们这样的"宣传员"暴力倾向十足，是非常可怕的。

再后来,这种"宣传"被变异为免费乘公交的一种手段,我和同学们出去"宣传"时常会有一个目标,例如去找哪一个同学:我们的同学分布在上海的东南西北。这样我和我最紧密的几个小伙伴就走遍了上海市区的各个角落。因为我们都有过寄宿学校的经历且已经变得有些"野"了,出来了并不急着回家。好几次我都邀请小伙伴住在我家。但我父亲回来后总会立即联系他们的父母(那时我家还有电话),再晚也会送他们回去。为这,我给我父亲添了不少麻烦。

我们的"宣传"活动肯定很快受到关注也引起模仿。过了不长的时间,这种"宣传"纳入了组织、有序的渠道。"宣传"由学校组织,估计也有培训;希望去"宣传"的学生要在学校报名,佩戴由学校发的盖有公章的"宣传证",不是我们这样的"红色宣传员",而是"毛泽东思想宣传员";"宣传"的路线也有限制,因为参加的人多了,还需要在公交站点排队等候"宣传"的机会。我和我的小伙伴这时就退出了这种活动。因为失去了免费乘车的便利,我和同学也改变了参与的方式。记得曾经和一个同学带着两个馒头,步行到外滩看大字报,单程距离至少应该有 10 公里吧?

与当时很多人一样,我的二哥还有勇气自我革命。"破四旧"时,他翻出家里珍藏多年的精美瓷器一一砸碎,因为上面的图案体现的是"封建文化"。他多年心血集的邮册好像也一把火烧掉了。我在一旁帮着二哥砸"四旧"。我父亲那时算是很淡定从容的,还拿来一把锤子给我二哥,说是不要伤了手,但事后经常谈及此事,感到惋惜。我的感觉好像就是在骂我。一怒之下,就写了一张大字报贴在父母的床头,标题是"反对自由主义",意思是事情是我二哥做的,父母不敢当面批评二哥,却把矛头指向我,犯了"当面不讲,背后乱讲"的"自由主义"错误。这张大字报,以后父母在亲戚朋友中又讲了多年;表面上好像是在夸我,真实想表达什么真不知道。

8 月以后伟大领袖连续接见红卫兵,给了全国,当然也给了上海的红卫兵以极大的鼓舞。越来越多的红卫兵暂时停止了他们"革命""暴动"的天职，涌向北京朝觐，当时的说法是"大串联"。大哥所在的中科大就在北京，当然见过伟大领袖（记得还说过曾经上过天安门侧面的观礼台），在哈尔滨的二哥也肯定也不会错过这样的机会。家里两个读中学的姐姐也都与同学一起去了北京，受到领袖的"接见"。但我的姐姐们比较老实，到了北京居然没有乘机游山玩水，天天呆在接待站里接受"军训"，其实就是不停地走队列。回来后我问起接受"接见"的情况，她们好像并没有特别的激动，当时感觉只是远远地看到一个很小的人影。军事院校毕业的大姐当时在北京的总参谋部机关工作，较后面的某一次"接见"时被派去维持秩序。那次"接见"的形式是领袖坐敞篷车到红卫兵中"检阅"，维持秩序的军人坐在第一排。当领袖的车过来时，后面的人群立马乱了起来；于是回过身去弹压，等再转过身，车子早已过去，就此失去了面圣的机会。我当然非常羡慕她们有这样的经历，更希望自己也能有这样的机会。有一次大哥回来时，提出要带我一起出去"串联"，我真是太高兴了。我母亲坚决地否定了大哥的要求。高兴之后又是失望。

朝觐结束后，又发起了"步行串联"的活动，这次主要是到一些"革命圣地"去朝拜，增强自己的革命精神。读高中的姐姐与同学一起组织了一支队伍，从上海步行去井冈山。我不记得她们走了多久，好像是走着去，坐车回来的，因为到达那里时中央已宣布结束"串联"。当时的说法是"暂停"，次年再进行。

有意思的是在哈军工的二哥。他和一批同学决定从头到底走完红军"长征"的整个路程。他们所在的军事院校提供了很多必要的军用品，例如军用地图、望远镜、水壶、锅碗瓢盆，还有匕首等。至今我还感到诧异的是，学校还能提供他们大量的经费；路过上海时我见过很厚的两沓大面额现金。路过北京时住在大姐工作的总参机关招待所，大姐发现二哥竟然带着管制刀具，让他上缴。但二哥上缴后被发现还有，这回是真的紧张了；与当时还未结婚的大姐夫商量后决定报告组织，原意是想请领导与他谈话，让他把非法的东西全部交出来。但机关的保卫部门感到事态严重，一副手铐把二哥铐进了看守所。大姐、准姐夫慌了神，马上找领导解释。这样二哥在看守所关了一夜半天，吃了两顿窝头，第二天下午总参机关派车把他接了回去。

二哥是从上海前往队伍集合地点的。临走前还写了一份类似遗书的东西，其中说"如果哥哥牺牲了"，要求我们继承他的遗志，继续走红军的路云云。他们的"长征"虎头蛇尾，高调启动，没几天就结束了。原因也是中央决定"暂停"串联，学校把大家都招了回去。

那时候我大哥二哥参与"革命"都极为投入，大哥在南下"点火"时，曾经被当地"跟不上形势"的群众组织当作反革命，捆绑起来头上套着麻袋走70多里山路押送出境。二哥在以后的派系"武斗"中曾被对立派抓获，刑讯逼供，据说头肿得像巴斗般大。1972年春节，在1958年大哥上大学后我家第一次大团圆时，母亲说，文革前期看到当时的乱象，已经有思想准备，我两个哥哥中总会死掉一个，因为他们太积极了。这是后话。

第六节　闻到了血腥

第一轮的红卫兵串联中，北京等地南下红卫兵当时好像冲击了上海市委，这方面上海红卫兵怎么响应不太清楚，大院子弟中没听说积极参加的。但在他们的点火发动下，上海的中学生也都动了起来。这一波冲击的对象是"资产阶级"。那时掀起了抄家活动。与此相比，

8月份上街"破四旧"只是小小的游戏而已。"资本家",也就是过去的企业主是主要被抄的对象。抄家的范围也会随意扩大,只要是被认为有某种劣迹或其他可疑的情况,如原国民党人员及其家属,都有可能被抄,但肯定都是体制外的;党员、干部还不可能受到冲击。

大院子弟是抄家的积极分子。记得有一天晚上,我家楼下集中了一、二十辆自行车(那时自行车的普及率远不及现在的汽车,那么多自行车集体出行,与现在驾着高级摩托招摇过市类似),领头的有我一个邻居。我也想跟着他们一起去长长见识,被坚定地拒绝了。后来想起感到庆幸,否则我也就成了暴徒中的一员。那时有人乘着抄家浑水摸鱼,但大院子弟一般不会。听说他们喜欢的是"毁灭性"抄家,即把被抄对象家里的财物全部毁坏。抄家揭开了资本家家庭生活状况的秘密,时不时地会有其奢华生活的惊人状况的传闻传出。就在乌鲁木齐中路的某一个资本家家里,发现了一个秘密的"水晶宫",还举办了展览以供参观,看到有人排队进去参观。因为小学生不得进入,所以我没见识过;或许就是一间全部摆放玻璃饰物的房间,当然也不排斥有些水晶饰品。

对那些可能成为抄家对象的家庭来说,那是一个极其恐怖的时期。不知道哪一个夜晚就会有一批人冲了进来,不仅抄走财物,还会大打出手;也有直接被打致死的。已经被抄过的还随时可能再次被抄。一个原因,就是一些人听说其他集团已经抄过某家但自己没有,感到吃了亏,非要补偿不可;一个夜晚连续被抄两三次也不稀罕。前面说过我们在公交车上经常读的关于"革命""暴动"等等的领袖语录,授予那些"革命小将"的"暴烈的行动"以"革命的名义",这些人出发抄家前往往也会高声诵读(据说1970年代初的恐怖组织如意大利"红色旅"等行动前也会诵读)。现在想来,那个什么什么"考察报告"为害之广、之烈,与某人的"奋斗"之类的出版物有得一比。从那个时候起,不时地可以听到这里那里有人自杀,也有被打死的。

大院子弟始料未及的是，文革的大火渐渐烧进大院，烧到自己的身边。最初到处去抄资本家的家时，那些大院子弟不知道有没有注意到，关于文革的纲领性文件中清楚地写着："这次运动的重点，是整党内走资本主义道路的当权派"；我在公交车上"宣传"时多次读过此话，但好像从来没往心里去过。

不知道从什么时候开始，厂矿企业、各级机关出现了"造反派"；整党内"走资派"的走向逐渐清晰。一些文化水平不太高的人搞不清什么叫"走资本主义道路的当权派"，但接下去要整"当权派"倒是知道的。有一段时期一些人会略带蔑视地指着某人说，"他们家是当权派"，意思差不多就是说是"坏人"肯定要挨"整"的。没过多长时间，我们所在的市委家属大院开始出现大字报和大标语，一些同学的父亲或母亲在单位受到批斗，弯腰90度并被从后面拽起双臂押着（俗称"坐喷气式飞机"），他们的名字被横过来倒过去，又用红墨水打上大叉。但是，那些名字被打叉的干部，罪名多半只是"走资派"之类，没听说有什么"叛徒""特务"等等，大家都不认为有什么不可饶恕的罪行，小伙伴之间没有因此产生任何隔阂和歧视。

父亲所在的外事办公室，造反派办了一张"外事造反报"。父亲每期都会带回家来。有一天，父亲把拿来的"造反报"上有一篇文章让我看，那是我所在的外院附校造反派写的，标题好像是"培养修正主义的温床"，里面将学校教育和生活上的种种安排都说成是搞特殊化，让我们这些学生远离工农，从而变质。又说学校领导对外是投降主义，例如有一个外籍教师家里的狗咬了人，按规定应该杀了肇事的狗；但学校反复做工作，说在西方，狗就是家庭成员云云，最后把狗保了下来。

渐渐地，"造反报"上出现了批判或责问父亲的文章。记得有一篇中说，有一次父亲修改宣传稿，涂掉了原稿中的"毛主席、党中央"，改成"党和政府"。我们受到的是个人崇拜文化熏陶，肯定认为前者对而后者错，于是问父亲为什么这么改；父亲告诉我们，"党和政府"就是当时的标准口径。那张报纸上虽然不时会提及我父亲，但一直没见什么原则的问题。无论我父亲还是我们，都没特别的紧张；但其他人并不这样认为。我家一个平时走动较多的亲戚，有一次来看望我们。他说自己一路上仔细看有没有"打倒"我父亲的标语、文字，一直没见到。但到我家楼下看到贴着一张"外事造反报"，看到一些不利的内容。但既然到了，犹豫一下还是上来了。

终于有一天，外事办公室的"当权派"都受了批斗。我父亲虽说没"当"什么了不起的"权"，也被揪上台陪斗，被"造反派"押着坐了"喷气式飞机"，弯腰90度，挂了大牌子，名字上被打了叉。父亲的牌子上写的是"冯国柱的黑心腹"。冯是外事办公室的主任，1949年进上海时是师长或师政委，以后任这个级别的干部十多年。父亲与他关系确实一直不错，说心腹也不为过，"黑"不"黑"就两说了。父亲好像也还不紧张，会后还让摄影师（不知道是不是给我们拍前面那张照的那位）送他一张照片留念。摄影师可能抹不开面子，说是底片坏了，没洗印出来。从那一期的"造反报"上，我们看到了批斗的照片：一群"当权派"低头弯腰挂着大牌子站在台上，"冯国柱的黑心腹"的大牌子也看到了，只是没有面部特写。

在"里二村"，不少领导干部家都装有电话，我家也有——当然我父亲的级别一般还轮不到有家庭电话，是因为工作岗位特别重要才享受了待遇。那个时期，不时看到电话局的工人前来拆电话。哪家的电话被拆了，说明那家的"当权派"大约就是"走资本主义道路"的，被"打倒"不当权了。看到别人家电话被拆，心里总惶惶然，不知道哪一天会轮到自己。这一天不久也来了。那天我正从外面回家，老远就看到两个工人在我家窗外剪电话线，心里还真咯噔了一下。路上三三两两还站着一些人，注视的眼光中透着紧张。住在二楼的三家也都不同程度地受到了冲击。那位公安局政治保卫处的处长家的电话稍前或稍后也被拆了。

在那以后，父亲脱离了业务工作，在单位处于受管制的地位，每天必须"9进9出"，即上午9点到单位报到，晚上9点后才能离开，在单位时受到看管。周日在家，总是在写"检讨"，一支接一支地抽烟，家里烟雾腾腾；买烟就是我的任务。1967年，有人倡议要过"革命化"的春节，于是各单位都不放假。除夕那天，母亲正好轮到中班，晚上还在厂里上班；父亲又要"9进9出"，在家吃"年夜饭"的，就我和三个姐姐。不管怎么说，吃年夜饭总该有点酒吧？于是每人都倒了一点冷黄酒。刚坐下，父亲笑眯眯地开门进来了。我们又兴奋又奇怪，怎么提早回家了呢？父亲说："造反派也要过年啊！"这是我在家里过得最冷清的一个年。

那个时候，母亲也没信心父亲是不是真的有什么"问题"。有一段时间"造反派"好像是要查父亲历史上是不是曾经有过变节，因为我父亲的入党介绍人曾被捕并"供认"过他知道敌人已经掌握的情况因而获释。有一次大哥回家，母亲跟大哥说，父亲从来没有被捕过，怎么可能"变节"呢？大哥说，有一种情况，就是被捕后立即变节，在答应为国民党工作后当天就被释放，装得像无事人一样；文革专案中发现有这样的情况。当时我也在边上听着。这么一来，我们也都没底气了。

虽然如此，市级机关里像我父亲这样的处长受冲击的时间并不很长。不久，很多政府部门逐步恢复了业务工作。机关里由"造反派"主导，将干部分为"小班子""大班子"两拨；"小班子"主要由"造反派"和他们信任的人组成，主持和参与业务工作；剩下的人进"大班子"，不参与工作，那时叫"靠边站"。父亲理所当然就在"大班子"那里靠边站着。

1960年代的冬天比现在寒冷得多，路上经常结着很厚的冰，下雪也是常事。1967年初一个下雪天的清晨，父亲去水房打开水，摔了一跤导致小腿骨折,以后在家休息了几个月。那几个月,是以前和以后几十年中与父亲相处时间最多的时期,但那段时间父亲心情特别不好。

　　文革初期的半年多,我与二楼公安局政治保卫处处长的小儿子玩得很好,每天有很多时间就在他家度过。去公交车"宣传毛泽东思想"时,他是我最初的铁杆。记得有一次我冲着过马路,被他一把拉住,一辆公交车就在眼前快速通过。也算是有"救命之恩"吧?我和他一起玩的时候,经常会有一些恶作剧,例如用医用针管把水喷别人家晒的棉被,打电话骂人之类。他年龄比我略大,我父母把这些劣迹归咎于他的误导,因而不允许我跟他多来往;1967年2月左右就不跟他一起玩了。他家是山东人,父亲是从军队转业到公安部门的。"解放"初期是上海铁路局公安处的领导,"潘扬案"后调任上海市公安局政治保卫处处长。虽说只是个处长,但所处地位非常重要,掌握很多核心机密。他和我父亲也有工作上的交集;一些重要的外事活动,外事办公室与公安局需要配合,他们不时会参加共同的工作。我父亲时常会坐他的车(市政府的处长没有专车,但公安局的处长有,大家都懂的)。公安局的司机比较野;有一次,父亲坐他的吉普车,路上颠了一下,没去上班就直接去医院了。

　　我父亲受冲击的时候,政保处长自然也受到了冲击。我父亲进入"大班子"靠边站着时,大家都认为算是过关了;但他仍然没有过关。有一次我那个小伙伴跟我说起,"都说处级干部都可以'解放'了,我爸怎么还没有解放呢?"我说你父亲虽说也是处长,但好像应该是少将级的,应该还要过些时日。他听了倒也释然。

　　那时政保处长已经没有了专车,与东庙的很多人一样坐49路公交车上下班。我母亲不时会在车上遇到他。有一次他们在车上遇到,我母亲关心地问他境遇怎样,他很爽朗地说,他没什么问题,什么也不怕。又说有人抓他把柄说他贪污,即在上海举办日本工业展览会时收受了礼物；他说老陈不也一样收了吗？（我家确实是收了，如袖珍手电，当时很稀奇；另外还有塑料脸盆，现在还在我的家里）。我们看他也像看自己的父亲一样，从没认为真的有什么"问题"。

就在一个星期后，突然听说他自杀身亡了，那是1967年4月底。那天夜里我正在北面的公共阳台／晒台（都不合适，见不到阳光晒不到太阳）上，看到一辆吉普车开到门前，我那个小伙伴的哥哥背着他们的妈妈出来，进了家门。他们是得到公安局的通知，说是该处长畏罪自杀，前去看现场并认尸回来。他们的妈妈受不了打击，晕厥了过去。政保处长性格开朗，从无抑郁之状，文革开始后虽受到冲击也没有特别的受罪，约三、四天前被限制自由不能回家；突然死于非命，大家都非常震惊。那是一个高空坠落的场景；他的家人始终认为，现场非常可疑，非常可能死于伤害或谋杀。

文革初期自杀的到处都有，打死人的事也时有耳闻；到外面经常听别人指指点点：什么什么地方昨天有一人自杀了……。近在眼前的命案，这是第一次，好像也是我们东庙大院的第一起。

这次，我们是直接闻到了血腥味。

第二章

荣任"团长"

尽管"红卫兵运动"来势猛、声势大，但从整个文革的过程看，还只是昙花一现。"大串联"结束后，文革的中坚力量已经转变为工人和各种机关事业单位中的造反派，特别是工人造反派，没红卫兵什么事了。1966年底到1967年初，"工人造反派"崛起，1967年上海发生"一月风暴"。在伟大领袖和中央文革小组的支持下，造反派在上海夺了权，各地相继跟进。文革进入了以"夺权"和政权重组为核心的新阶段。半年前红极一时的红卫兵首领先后被甩出政治浪潮的中心。在1967年2月5日成立了张春桥主导、以工人造反派为主体的新政权"上海人民公社"（伟大领袖得知后发表"最高指示"："还是叫革命委员会好"，18天后改称"上海市革命委员会"）。被边缘化的红卫兵发起了第一轮"炮打张春桥"，1968年4月又有第二次炮打；遭到镇压后红卫兵运动更趋于沉寂。文革早期的一些积极分子退出了争斗，自己过自己的日子。但造反派中间，围绕权力的争夺，分化出两派、三派或更多派。相对于激烈争斗的造反派别，那些退出积极的政治活动的人们成了另外一派："逍遥派"。

一段时期内，大中小学生成为最"自由"的群体，分散地自行寻找活动空间。虽然以后倡导"复课闹革命"，但学校教育并没有完全恢复，教学秩序也很松散。那时候的学生，包括中小学生，与以前和以后的学生最突出的特性，就是无人管束因而养成了不受管束、自行其是的性格，与教学组织、与教师形成了特殊的关系。在这样一个特殊的环境中，在以后的三年多时间内，我先后担任了小学"红小兵"的"团长"和中学"红卫兵"的"团长"，也就是所在学校学生自治组织的负责人。虽说用的还是文革初期的名称，但已经完全抽去了当年的精髓，基本就是正常的学生团体；但与以后的学生组织相比更具自治性，对学校事务也有一定程度的参与。

第一节 "逍遥"时光

夺权过程中各地都涌现出造反派，造反派内部又都出现了分裂，派系斗争愈演愈烈，全国范围内出现了造反派之间的"武斗"。在上海，第一次"炮打张春桥"很快被镇压下去，但工人造反派内部的争斗更错综复杂，街上不时可以看到头戴藤条编的安全帽，手持长矛的工人队伍，大小不等的"武斗"时有所闻。但那时上海的武斗并没有使用热兵器，打死人的事确实有，但不多见，特别是没有死伤较多的武斗。

在上海人民公社/革命委员会中，王洪文的"上海工人革命造反总司令部"（简称"工总司"）受到张春桥等的支持，成为"夺权"的最大受益者。但在造反派内部，对王洪文的挑战从未平息，我们都知道其中几个重要的组织。这些组织的"头头"都是1966年11月与王洪文等一起去北京"告状"（按现在的说法就是"上访"，当然他们要访的直接是伟大领袖），在安亭受阻后卧轨拦截火车的"勇士"。其中有一个名叫耿金章的，返回上海后就扩大了自己的组织并命名为"上海革命造反派北上返沪二兵团"，"夺权"后即成了王洪文等的挑战者（当年我在公交车等地方见过戴着"北上返沪二兵团"袖章的，还不太少）。由于王洪文受到张春桥等的支持也直接受到过伟大领袖的赞扬，其地位并未受到动摇，反王的派别倒一次次被打散。到1967年7月，工人造反派中反王的势力又一次吹响了集结号。这一次反王的核心是上海柴油机厂"革命造反联合司令部"（简称"上柴联司"），全市反王洪文的势力逐步集结到其周围，并筹备建立名为"支联站"的全市性反王的组织。在张春桥的支持下，王洪文抢先一步组织了镇压。经过周密部署，在8月4日，调动10万造反派武装人员，近千辆卡车、吊车等包围上海柴油机厂，还在黄浦江上调集炮艇、运输船等20余艘，实现水陆包围，用武力彻底消灭了"上柴联司"。这是上海文革中规模最大的武斗事件，死伤极为惨重。据说当年还有摄像跟进，极小一个圈子中可以看到当时的惨状。在这些行动中，当年的红卫兵似乎都作壁上观，没任何积极的参与。

　　全国各地的"武斗"也很激烈，不少地区还动用了热兵器。大哥在北京怎么个"继续革命"不太清楚，在哈军工上学的二哥还继续折腾了一阵。当时哈尔滨的某一派，下属组织中有很多以"山"命名的，如"井冈山造反队"之类，因而被称为"山上派"，对立的一派对应地被称为"山下派"。二哥是山下派的积极分子。不十分清楚两派争执的焦点在哪里，但在二哥的嘴里，山上派当然是非常地反动并且愚蠢。山上派和山下派的武斗比上海激烈得多，动用了枪炮甚至坦克等。据说当地的坦克厂是山下派的据点，有时会出动坦克到对方阵地上炮击一阵等等。当然当时听到的都是些碎片。二哥一度是哈军工山下派的一个虽说不太大但也算是人物的吧。有一次山上派开会，二哥自告奋勇前去"侦察"，被抓获后遭刑讯，经交涉第二天获释。二哥很快对这种争斗失去了兴趣,加入了逍遥派。

初中和高中的两个姐姐,串联结束后基本没关心过文革。文革一开始就取消了高考,文革高潮过去后,学校还没有恢复上课,也不知道以后的路在哪里。那些中学生说不上什么"派",但也过着"逍遥"的日子。我这个小学生就更"逍遥"了,学校家里都无管束,享受着极高的自由。做了逍遥派的二哥不久就从哈尔滨回到上海,在上海住一段时间被学校召回后,一有机会就又回来了,为此还让我们发电报说什么"母病危"之类的,帮助他请假。那两三年里,感觉他在上海的时间好像比在哈尔滨更多。在上海时,当然他有他的朋友,主要是上海中学的同学。他因为提前高考幸运地成了文革前最后一届大学生,同学们都是六六届毕业生,因文革失去了读大学的机会。这些同学、朋友中父母亲受到冲击的很多,但大多是"走资派"之类,我们都理解为只是有些路线错误(也就是"非对抗性矛盾"),所以虽然也有被限制人身自由甚至停发工资、冻结存款之类的,大家内心都还没有太大的精神负担,也不会因为什么人的父母"有问题"而相互歧视。我也跟着他们玩。有时候他们会出去郊游,也会有些小小的"探险"。我家东南面几公里处的黄浦江对岸有一座梯形的"山",大家都称其为"垃圾山",是那里附近的上钢三厂的炉渣堆成的,有好几十米高。跟着他们,我也攀爬过那座"山"。二哥无聊时随时会想起带我出门,无目标地走向郊区,乘兴而去,兴尽而归,一次经常会走上十几里路。有一次走到他们上海中学边上的上海苗圃。那是上海植物园的前身,当时并不向公众开放。我们先是在外面绕行,在背面的河边看到隔河有一扇门开着,自说自话就过桥走了进去,这下真是长见识了。最后走到盆景区,千姿百态的盆景真的很好看。苗圃的职工看到我们从容不迫地细细观赏,眼神中满是疑惑,不知道我们是什么来路。

那个时候姐姐的同学(男女都有)经常来家里玩,我也就跟他们混在一起，打扑克，聊闲天。有一种扑克游戏叫"二十四分"，就是将从四种花色的A—10共40张牌分到两人或多人手里，随机抽出4张，通过四则运算最终得到24，速度慢的为败。这种游戏中，我几乎总是能赢，尽管对手都是中学生。与高中生聊天，我也能参与话题，不会有人把我当不懂事的孩子看。自然有时也会出去与小学生朋友一起玩，但那时男孩子的游戏如打弹子、旋陀螺、斗蟋蟀、抓知了等等从未玩过。记得有一段时间在外面经常爬树，有时会与小伙伴在好几米高的树杈上坐好一阵。还有更危险的。有那么一阵子，我还会沿着室外的排水管，借助打开的窗户从一楼爬到二楼，二楼爬到三楼，三楼爬到四楼。我不记得有什么人跟我一起玩这个危险的游戏，好像也没什么人向我家里告过状，要不然我肯定会被父母痛骂，说不定还会挨打。

更多的时间是用来读书。

文革是伴随着造神运动展开的。文革前后就掀起了学习毛著的高潮；刚开始是军队编的《毛主席语录》人手一册，以后又越来越多地发行四卷本的《毛泽东选集》，至少在城市里普及率也非常之高，或许某些"出身不好"的人只能自己掏钱，多数应该是由单位下发的。大约到1966年8月，书店里突然几乎只剩下伟大领袖毛主席的著作，包括语录、选集，还有一种叫作《毛泽东著作选读》的，其中包含一些四卷本《选集》中没有选录的文章，也包括一些近年的文章。近年的文章中，不少明显是有关部门起草的工作性文件，例如1960年代一系列针对国外重大事件的"声明"等等，贯穿着令人乏味的官腔；另外可能还有一些毛的单行本。书店里还有小说，但在所有的书店，小说只有一种，就是金敬迈撰写的《欧阳海之歌》，最初的几天好像曾经还有曲波的《林海雪原》，以及浩然的《艳阳天》。

尽管那时是文化管制最严的时期，但我和周围人却都看了大量的书。邻居和朋友中有些家庭有大量的藏书，例如二楼的政保处长家就是。我经常从他家借书来看。阅读的书非常杂,如由建党各个时期的直接参与人撰写的革命历史回忆录丛书《星火燎原》、军队将领撰写的战争回忆录丛书《红旗飘飘》;还有大量的小说,最初读的最引人入胜的小说是《林海雪原》;当时听说小说作者曲波已被揪到北京批斗,这是这本小说下架的主要原因。《欧阳海之歌》当然也读了,但文革开始后有一个新的版本,加进了一些"文革元素",如批判刘少奇的内容。记得还有一本《中国民间故事选》。除类似"阿诗玛"之类的爱情故事以外,已经加入了革命和民族主义的成分。那本书很厚,第一个故事就是关于义和团的。据说某一个反帝英雄,练就了"刀枪不入"的神力去杀洋鬼子,势不可挡。那些洋鬼子借"汉奸"之力,用"符水"解除了那种神力杀了那个英雄;当然义和团也就是洋鬼子和汉奸用这类手段攻破的。以后小说越读越多,包括一些已经被定义为"毒草"的,例如《朝阳花》《苦菜花》《迎春花》《上海的早晨》等,古典名著中读过《水浒》和《西游记》;因为邻居中有公检法的领导,常能看到一些破案的小说,还能借到文革前内部发行的一些"灰皮书",如末代皇帝溥仪的《我的前半生》,军统头目连回忆带忏悔的书籍或文章等。1950年代中国与苏联的蜜月期翻译了大量苏联及更早的沙俄时期的小说,朋友家也有不少。感觉1950年代和1960年代国产的小说很多都很粗糙,简单,概念化;像《红岩》《林海雪原》《欧阳海之歌》那样的真的不多;而苏联小说的译本中译得好的也不很多,看那些小说常常是生吞活剥,留不下很深的印象。那时没有机会看到《福尔摩斯探案》和《基督山伯爵》等,但听过别人讲述这些故事,甚至有人还能说阿加莎克里斯蒂的侦探故事。据说那时这些书在公检法内部发行过,为的是激发公安人员等工作中的灵感。

恩格斯在其书信中曾引述某个古人的话:"书有它自己的命运";意思是说一本好书借出去以后就回不来了。我借回家的书常常被姐姐的同学借走，传着传着就下落不明了。就这样，政保处长家的书橱就被我搞得七零八落，彻底破坏了，也有姐姐借来的书经我的手被搞丢的。

　　经常的情况是，一个人刚搞到一本书，就被后面的人催着，所以常常没有足够的时间仔细阅读，好书更是如此。尽管我刚读完三年级，但识字量已经足够地多，也形成了阅读能力；即使有几个字不认识也会查字典。因为总是没有足够的时间，如同那些中学生一样，也养成了一目十行的习惯。都说阅读多、学识广的人叫"学富五车"，但我看到分析文章说，先秦的文字载体是竹简，体积大，五车的竹简用现在的纸张和装帧一两旅行袋就可装下。用这种标准，最迟到1967年中我也可以自称"学富五车"了。

　　那时读过的书，记得有一本叫《苏联是社会主义国家吗？》，作者是一批在苏联留学的日本人，原本应该是日共党员，回国途中在北京暂留，受中国文革的影响，成了毛主义分子。书中讲了苏联的一些社会状况，特别是官僚化的社会体系，以证明苏联已经偏离了"社会主义"道路。我想他们说的都是真的；如果以为社会主义＝好、＝平等、＝人民幸福等等，我想他们的结论也是对的。当然他们为何会认为中国当时正走在"社会主义"道路上，为什么一到中国就成了毛主义分子，现在想起来就不太明白。记得书中还提到留学苏联的学生中还有一批白色恐怖国家的共产党员，例如印尼共、缅甸共等等。据说这些人中的多数在苏联的环境下早已丧失了革命意志，不想回国继续革命了；被他们这些国内环境宽松的"共产党员"们讥讽为"莫斯科维奇"之类。

　　顺便说一件事。1968年9月底，一天我回到家里，从收音机里听到一个外国人正发表长篇讲话，有人做同声翻译。开始很大一段说的是缅甸革命的愿景，第一时间以为是缅甸革命成功了；听了十几分钟，才知道是缅共主席德钦丹东被暗杀身死，缅共中央因此发表声明并表达继续革命的决心。发表讲话的是德钦巴登顶,当时的缅共驻中国代表团团长。德钦丹东去世后,德钦辛继任缅共主席,德钦巴登顶任副主席(1975年德钦辛被杀后巴登顶同志继任主席)。

当时还看到过一篇很长的文章,说的是红卫兵与西方记者的辩论。记得当红卫兵长篇宣告了中国革命的理论,"宣传毛泽东思想"以后,说是西方记者回避了问题的实质,问了一个怪问题:中国公路铁路里程有多长?美国又有多少?红卫兵干净利落地说出了美国公路铁路的准确里程,好像分别是300万60万公里吧(没说中国的,但也让人立即钦佩中国红卫兵的知识水准),然后义正词严地说:决定一个国家性质的,不是公路铁路是否发达,而是政权掌握在谁的手里,等等等等。据说那些西方记者当即哑口无言,后来又赞不绝口云云。

再到后来,小说不容易借了,于是就翻家里的书。家里好像只有《红岩》,另有两本苏联小说,一本是《叶尔绍夫兄弟》,另一本是《州委书记》;这应当是1950年代推荐给干部阅读的。前一本的内容现在还有些印象,后一本现在完全不记得了,或许当年看的时候就不觉得有趣。但家里的书架上有许多与国际关系有关的书,那与父亲的工作有关;还有与中苏论战相关的。没小说看时,就把那些书一本一本拿来看;有些一知半解,有些能理解得多一些。例如两次中印战争的来龙去脉,就了解得比较详细。中苏论战涉及的问题当然不懂,但过程比较清楚了。家里还有《列宁选集》和《斯大林全集》,但一页也没有读过,好像摸也没有摸过。

家里还有很多文革初期的印刷品,那是两个哥哥串联时带回家的。有些很厚装帧也不错,信息量非常大。其中有文革初期好几次重要的批判大会的全记录,包括批斗王光美的那次;记得还有一篇叫"智擒王光美",说的是打电话说其女儿车祸进了医院,把王骗出来接受批斗(好像是得到了王的女儿的配合)。里面还有江青等中央文革成员公开讲话的全文，也有对"黑帮"的揭发批判。虽然其中不少应属诬陷诽谤，但也揭开了帷幕的一角，让人窥探到红墙内一些神秘内幕。当然从那里肯定看到了"群丑图"，看到了那时高级领导的一些生活习惯、工作习惯、家庭状况等。恰如《诗经》中"墙有茨"一诗中说的，"中冓之言，不可道也。所可道也，言之丑也。"内幕一旦揭开，原有的神圣感就大打折扣。有一本是1959年庐山会议主要人物的讲话记录，既能知道当年一些真实情况，也让我看到有些人的个性。伟大领袖的语言很不干净；即使在党的正式会议上，也总把屎尿屁挂在嘴边。这种粗鲁给我留下的印象非常深刻。关于彭罗陆杨"集团"的材料，也有一大本。

那时当然少不了"学习"毛泽东思想，但很大程度上是被动的。那时《毛主席语录》已经人手一册，我家所有人也都有一套《毛泽东选集》，应该不是来自自己的学校，而是父亲搞来的。家里还有英语版的《语录》和《毛选》，父亲专门拿来给我看的，希望我能继续英语的学习。有时我也会翻翻，但还不具备真正阅读的功力。二姐组织在家的四个孩子，每天学习《毛选》一小时；过了不太长的一段时间，就将"雄文四卷"通读了一遍，这是我的第一次通读，以后又有至少十几次通读吧。当时的感觉，这不是一件有趣的事。

那几年最重要、对以后影响很深远的另一件事，就是游泳。这不仅提高了我的体能，更重要的是锻炼了意志。

那时候伟大领袖的话就叫"最高指示"，关于游泳，"最高"也有指示。记得的，第一是"我国有七亿人口，能不能有三亿学会游泳？"据说是对江青说的；又号召人民"到江河湖海去锻炼"。另外领袖还说，"大风大浪并不可怕，人类社会就是在大风大浪中发展起来的"等等。伟大领袖早年的词中还有"到中流击水浪遏飞舟"，"自信人生三百年，会当击水两万里"等等。文革的发动与游泳也有关系：1966年7月16日，毛泽东在长江武汉段半公开地下水游泳， 1小时5

分，游程32华里也就是16公里，当然应该是顺流而下。从那以后，很多有条件的地方游泳活动蔚然成风。

我也从那时开始热衷游泳。在我，首先是少年的天性使然，至少最初与伟大领袖的号召关系间接；但家里的支持应该与上面那些"最高指示"有些关系。

第一次下水是在1966年6月，那时上外附校还没有放假，算是体育课程的一部分吧。那时完全不识水性，与邻床好友互相搀扶着从最浅的地方一步步向更深的地方挪过去，到了齐胸深的地方就觉得脚下不稳了，连忙回撤。有一个女同学已经学会了游泳且游得不错，那时真是既羡慕又嫉妒。于是下决心要学会。刚放假，就约了邻居孩子出去考察泳池，走了两三公里到了离家较近的一个泳池，了解游泳的手续等。那天天气很好，大家都非常高兴。一起去的有邻居家的一个小女孩（现在也是一个有名有姓的人物），因有严重的哮喘病很少有机会出去，跟着我们这些哥哥姐姐出去，真是高兴极了；没想到当晚哮喘发作，家里叫了救护车去医院抢救。第二天她妈妈挨家挨户上门，恳求我们以后千万不要带她出去玩了。

后来知道，市委家属都可以到市委机关的泳池游泳，那里设施优于普通泳池，人也相对少，于是父亲给我们都办了证。

家里7、8两个月每月给每个孩子5元钱，怎么用就看自己了。吃冷饮还是游泳，或乘公交，全由自己掌握。但我们都尽可能多地把钱用在游泳上。从家里到泳池全程乘公交的话往返需要0.18元。为了多游泳几次，我们常常乘半程，走半程；偶尔花4分钱吃一次冰棒，也有些"犯罪感"。

不知谁找到一本游泳的简易教材，在家里把教材看熟了，到了泳池就按步骤练习。一个半月过去了，只学会在水里平卧浮起。听说泳池里有游泳训练班，父亲给报了名。我的邻床朋友也参加了培训。参加了四次训练，就学会了游泳。第五次是考试，能连续蛙泳37米。

训练班结束，天也凉了，第一年游泳就此打住。当时跟朋友说，明年要在后面加一个零。

第二年的游泳的场所是在位于东湖路的国际俱乐部，那里设施更好人也更少，只有外事部门干部的家属能去。我的邻床好友也有这种待遇，我们经常在那里见面。如第一年说的，专门连续游了370米，达到了预期目标。于是又说，明年还要再加一个零。

到了第三年也就是1968年夏天，父亲早就被逐出权力部门，大院子女可以享受的特权荡然无存，不能到市委游泳池，更不能去国际俱乐部，只能与周围如东安一村（原先的东庙一村）的孩子等一起，去附近的"少年游泳池"等泳池游泳，有一次还与新的小伙伴一起去卫生条件极差的"煤站"游泳池，即面向上港六区煤炭装卸工人的泳池，那里票价更便宜。只去过一次，但印象极深：池水非常之浑，差不多5厘米的能见度都没有。

那时掀起了"到江河湖海中去锻炼"的风气，不时有横渡黄浦江的活动；或许前一年就开始了，那时我还没那个能力和胆量。学校组织了若干次横渡黄浦江的活动，我一听说就积极参加了。不记得是不是有什么选拔测试，反正我没遇到任何障碍，很容易就参加了。我参加的渡江游泳活动还都是正式组织的，一般在黄浦江中游的"划船俱乐部"也就是一个市级的体育场所，那里有很好的设施，也有很好的更衣室等。渡江的人从那里乘坐小艇到对岸，在成年运动员的带领下游回浦江西岸，途中也有小艇跟着，谁体力不支了或心理承受不了了，举一举手就可上船。

对没有到过"江河湖海"的人看来，渡黄浦江或许还算是一个壮举，第一次下水时也会有这样的感觉：在岸上看江面并不太宽，到了水里，视线与水面齐平，就觉得水面伸展得那么远，对岸好像遥不可及。真的游起来其实稀松平常，顺流的时候15-20分钟就能到达登陆点。在我们有了经验后，还组织过若干次稍有挑战的任务，如从正对岸的地点开始渡江，需要逆着潮水才能到达划船俱乐部的登陆点。我记得耗时最长的，大约花了40分钟，比顺风顺水时多一倍时间。不久又参加了五公里游，从划船俱乐部到龙华港沿黄浦江顺流而下，大约需要一个多小时吧。实现了前一年说过的"再加一个零"的壮志，当然因为水流的力量，有一点水分。记忆中，那一年好像隔三、五天就会有一次浦江游泳的活动，或者横渡，或者五公里游。

　　1969年的夏天，游泳就更加疯狂。在原先的横渡和五公里游之外，又推出了十二公里游的新项目：从浦江更上游的吴泾镇到划船俱乐部，大约需要两个多小时。1966年7月16日毛泽东在长江武汉段游了32华里即16公里，以后几年，凡有条件的地方在那一天都要组织长距离游泳活动以示纪念，长江沿岸的城市就更重视了。那年上海当然也组织了。那时我正读小学六年级，不能肯定我是学校最优秀的游泳选手，但肯定是游泳积极分子中参与公共事务最多的；在我的胁迫下学校推荐我参加了当年的纪念性游泳活动。在正式的活动之前进行了有计划的训练（应该在6月上旬就开始了吧？），在泳池内一般连续游两小时，静水状态下游程应该是四、五公里，另有多次十二公里的黄浦江游。

　　7月10日左右的某一天，通知最后一次十二公里游的训练，要求上午八、九点钟到达集合地点，同时告知晚上回家可能稍晚。我出门前跟家人说了这个意思。家人问大约什么时间能回来，我想当然地说"大约下午五、六点钟？"没想到这是一次非常重要的活动。到了集合地点先是招待我们吃了午饭，十二公里游的训练下午才开始；上岸后又招待吃晚饭，然后说要去江湾体育场参加"誓师大会"，后面还有篮球观摩赛。我一听就着急了，家里人不知道会怎么担心呢！那时家里早没有电话没法通知，组织者安排给选手的学校打电话请他们转告，事后知道根本没送达家里。那天到晚上12点才回到家里，打开家门，一瞬间每个房间的灯都打开了。

7月16日的纪念性群众游泳活动如期展开。参加的有几十个方队，每一个方队40人；多数方队是民兵，工人为主，也有农民的；或许有两三个中学生方队，我参加的小学生方队仅一个，40人。纪念活动的游程如伟大领袖当年一样，是16公里，从长江口的高桥游泳场到黄浦江汇入长江的吴淞口。当然如伟大领袖那样也是顺水游的，但比领袖能借的力少了些，那天游了近四小时。脸上的皮肤被晒有点灼伤，额头上被泳帽遮着的部分与下面有一道鲜明的分隔线，上白下黑的。那时，我还没到14岁。

曾经沧海难为水。那一年和以后一两年，还不时地去黄浦江游泳，包括横渡、五公里、十二公里游，但都印象不深了。不得不说的是，那个时候，每年都有少年溺水死亡的事，我亲眼见过两回。

接下去的一个挑战，是冬泳。1969年8月进了零陵中学。学校里青年教师多，不少老师还很活跃。有一个学地理但正教体育的老师，个性非常活跃，喜欢组织学生活动。那年就组织学生到距学校一公里多的少年游泳池露天冬泳。我第一时间就报名参加了，以后还有陆续加入的。我记得一个同学到10月底才加入。那时10月底已经很冷了，没有经过逐渐的适应，下水是需要勇气的。我是从夏天开始就没间断过，能适应，10月下旬以前每次能游较长的时间，最后还喜欢潜水游好几个来回。入冬后气温一天天下降，过冰点的日子也很多，多少有一些压力感。那时每周游泳三次；遇到游泳的日子，从早晨起就有些思想负担。天寒地冻时下水，更要排除一切"杂念"，有一种视死如归的感觉。

伟大领袖关于冬泳也有"指示"。1958年1月7日，毛在广西邕江游泳，当时的水温是摄氏17度。最高指示是这么说的："下决心就不冷，不下决心就是二十几度也冷"。至少在这件事上，我们下的决心比伟大领袖更大一些。

1970年1月7日即伟大领袖"冬泳"的纪念日，不少地方都举办纪念活动。我们的冬泳队策划了"少年游泳池"的活动。那天的最低气温零下八度，水面上漂着冰块；即使在那个年代，这样的低温也很少见。在大喇叭的音乐声中，我们纷纷跳下水去，成功地完成了冬泳表演，完全忘记了刺骨（！）的寒冷。不知道前来观赏的人们什么感觉。那个时候，即使穿着棉袄在边上站着也会冷得受不了。结束后冬泳队照了一张合影，泳池岸边的积雪足有十厘米厚。

1970年最冷的一天冬泳后的合影。左面都是我们一些小毛孩，有李海龙、唐曙光、王葵、潘奇明、张国林、杜龙俊等；那些女同学好像都是高我们一级的。我在哪里请自己找吧。

有一种说法叫"温水煮蛙"，但很少有人知道温水还能冻死人。三月下旬一个异常温暖的日子，我在水里越游越舒畅，不想上岸了，直到早就换好衣服的队友等得实在不耐烦我也不好意思了才上岸。上了岸就开始发冷，是那种从身体深处向外辐射的冷，以前从未体验过。穿上了所有衣服还冷的直哆嗦，喝了好几杯姜汤也毫无改善。过后想想，再多游五分钟十分钟的，真的冻死也未可知。好在当时体魄已经够强健，事后居然还没有生病。

在我们"逍遥"的同时，文革运动在深化，向社会各个缝隙渗透。

毛原先的设想，文革的主要任务是"斗、批、改"三部曲，在《中国共产党中央委员会关于无产阶级"文化大革命"的决定》（即"十六条"）中有完整的说法："在当前，我们的目的是斗垮走资本主义道路的当权派，批判资产阶级的反动学术'权威'，批判资产阶级和一切剥削阶级的意识形态，改革教育，改革文艺，改革一切不适应社会主义经济基础的上层建筑，以利于巩固和发展社会主义制度。"照说最迟到 1967 年底，"走资派"都被打倒了，"斗"的任务已经完成；"批"正在进行。这时需要稳定社会，考虑的重点应该是"改"。但是，在那以后的几年并没有看到这种迹象，反而又推出了进一步整肃底层人民的子运动。1968 年开始了"清理阶级队伍"运动，各个基层单位都把本单位职工梳理一遍，稍有瑕疵的都被"鉴别"出来，打入另册；1970 年又有"一打三反"即打击现行反革命，反对贪污盗窃、投机倒把、铺张浪费等，更多的人受到打击和迫害。一些文革初期的积极分子，这时被当作"现行反革命"被揪斗、被关押、被判刑；所有基层组织中都"揪出"了不少"阶级敌人"；每年会有好几次"公判大会"，每次都会有十几名甚至几十名"反革命"或其他罪名的人被判死刑并当场押赴刑场枪决，甚至还有当众枪决的。

在我还读小学时，参加过不少批斗会，有两次印象极为深刻。一次好像是全区性的会议，各小学都派出代表参加。主持会议的人中气十足，在讲了一些原则性的话以后，宣布会场上就有阶级敌人，要求主动出来坦白并开始倒计时。会场上不少人面面相觑，不知道会不会轮到自己。时辰一到，会议主持人大喝一声：把什么什么分子某某某押上来！会场后面立马有几个人扑向一个人将其押上台；如是者再而三；然后开始历数那些"分子"的"罪行"。我清楚地看到，一个刚被揪上台的中年女教师，好像是"鸡毛吹上天""分子"，低头站在台上，汗如雨下，地上湿了一片。1958 年"大跃进"时，教育也跃进，一批稍有文化的家庭妇女办起了"民办"小学助推教育普及。有"落后分子"嘲讽"你们能办好学校，鸡毛也能飞上天"。那些家庭妇女的努力至少是基本成功的吧？因而被树为典型；有一个以这个案例为原型的电影名"鸡毛飞上天"。文革中凡以前树立的典型基本都是"黑"的，有关人等也就是当然的黑什么的"分子"。任何具体的事例总有瑕疵，故有"吹上天"一说。又一次是一个夏天的夜晚，在东湖路的一所小学里。因为天黑，看不见台上被批斗的人，好像是一个年轻的女教师，罪名是现行反革命。在批判发言后，好像还有让被批斗人"认罪"的环节；被批斗人拒绝认罪后，宣布立即逮捕，立马被铐上手铐，押上吉普车，警笛呼啸着飞驰而去。想到不时能听到"现行反革命"被枪决的消息，当时的感觉真的非常恐怖；虽然夏夜的校园树影婆娑，环境真很优美。这个东湖路、这个小学跟我真的有缘，后面还会说到。

普通人民也有他们的恐惧。记得有一次经过菜市场，看到正开着会在部署"一打三反"即打击反革命破坏活动、反对贪污盗窃、反对投机倒把和反对铺张浪费。"一打"是打"政治犯"，那个"三反"很多就是冲着最普通的人们来的。会场上人们的表情也极为紧张。那个时候，因为顺手拿几颗菜回家被定性为"盗窃"因而被定为"坏分子"的，也不是罕见的事；至于"投机倒把"内涵并不清晰，外延边界更加模糊，现在看来极为普通的活动，例如用自己劳动的产品换极少的钱，也可被归入此类。文革前被认为阶级敌人的被称为"黑五类"，即地主、富农、反革命（主要指"历史反革命"）、坏分子、右派；文革时又增加了叛徒、特务、走资派、现行反革命，变成了"黑九类"（也有将历史和现行反革命归为一类，那就是"黑八类"，故又有将知识分子称为"老九"一说）；外面的"阶级敌人"越来越多。

文革中大院子弟的处境开始发生变化。很多干部被"打倒"、关押，停发工资；东庙二村小学的处级校长也被关押，学校安排小学生轮班看押，罪名好像是潜伏的特务。更多的干部则是"靠边站"，处境相对好一些，至少生计没受直接的影响。已经更名为东安二村的东庙二村警卫部队走了，门房也撤了；原先的花园处造了不少住房，一大批人住了进来；大院的特色越来越淡化；与外面的互动开始多了起来，其中也包括打架斗殴。

从任何宣传报道中，我们总是听说国家的形势一片大好；我们这些住在大院的干部子弟也从不知道民间的疾苦。但在1967－1968年的冬天，大家都看到了一大奇景：大批安徽难民涌入上海乞讨。在那段时间，任何时候朝着任何方向，都能看到三五成群衣衫褴褛、柱着讨饭棒手里拿着要饭碗的难民，有男有女，有老有少，每一小群一看便知是一家老小；夜晚回家走进漆黑的门洞，常常会绊到蜷缩在里面过夜的难民。据说是安徽遭了大灾，当地"革委会"开具证明让他们出来要饭。此事如何解决的不得而知。在革命高潮中的社会主义国家能看到这样的景观，也算是我们这些不谙世故纯真少年的一大奇遇。

随着运动的"深入"和经济形势的恶化，"逍遥"的日子不久就结束了。1967年后，1966届和1967届的中学毕业生相继安排了工作。当时的去向是所谓的"四个面向"，即面向基层，面向工矿，面向农村，面向边疆。毕业生去向有工有农，有远有近。有些豪情壮志者还主动申请去边远的农村。1968年12月，伟大领袖又发表了"最新指示"："知识青年到农村去，接受贫下中农的再教育，很有必要"。于是1968、1969两届的毕业生全部去农村，时称"一片红"。当时在家的三个姐姐，1969年和1970年先后去农村"插队"，二姐去了云南，三姐去了安徽，四姐去了中国最北的黑龙江省呼玛县。三个姐姐启程时，我都去车站送行。每次都看到车站中哭声震天，不少女生哭得死去活来的，场面非常凄惨。在此之前，在"大班子"里靠边站着的父亲去了市郊的"五七干校"。1970年，哈军工的二哥被安排到长春的一家部属企业工作；原先在北京的大哥随中科大从北京迁到合肥，在总参谋部机关工作的大姐随所在单位迁到山西大山中。一家人就此各奔东西，散布到各个角落；还在上海家中的，就剩下我和母亲。

文革初期奔腾、潇洒的日子就此结束。

第二节　"红小兵""团长"

1966年的秋季，外院附校没有按时开学。我们焦急地等着开学的通知，等来的说法是"因'运动'的需要，小学部暂缓开学"，所有学生返回原校"借读"。照说我应该回到已经更名为东安二村小学的"原校"吧？但当年兼任班主任的教导主任说学校已经满员，不能接纳我这个"暂时"借读的学生。说"满员"也不算错。前一两年东安二村新建了十几栋房子，搬进了好几百住户，转入那个学校学习的学生确实不少，很多以后成了我中学的同学。但作为"原校"，东安二村小学应该是有接纳"借读"义务的。我妈妈分析说，可能是我文革初期满上海地转，太活跃了，学校看了怕。后来知道教导主任的先生是我父亲的下属后，我想学校把我往外推或许与父亲成了批判对象有更直接的关系。换一个学校吧也不是什么大事，我们区域中有好几所小学，但接纳我的恰恰是其中最差的一所民办小学——龙华路小学。一开始是借读；大约半年以后，外院附校决定停办小学部，我就成为那里的正式学生。

现在的民办学校与贵族学校是一个意思，那时恰恰相反。那时的民办学校，是为了保障所有孩子能够上学，调动社会资源，因陋就简快速建立起来的学校，一些教师可能还只是稍有文化刚走出家庭的原家庭主妇。这所学校原先还是半日制的，也就是说分上午下午两拨上课，学生在校时间只有半天，文革后刚转为全日制。这个学校在我家以东一里路左右，在东安一村与一个叫"张家宅"的农民村子之间（有人说那就是原先"东庙"的所在地），学生多住在附近。向南不远处有一个叫"三家里"的棚户区，也向学校贡献了不少学生。那是一个令人望而生畏的地方，不要说是大院的孩子，就是东安一村的孩子也不敢走近那个地方。

到了这个学校，我算是彻底走出了大院。我再次到了一个上海话的环境，不少老师上课也说着上海话。因为我在学校一直说普通话，一个老师还问我"你是江北人吧？"上海人都知道这句问话是什么意思。一些老师的文化水平也有问题。一位从其他学校转过来的老师，名字里有一个"稚"字，不少老师都读做"雅"，我还帮助让老师们更正读音。

学生的素质是决定学校水平的另一个重要因素。那里的学生与东安二村小学完全不同，不爱学习，经常小打小闹，也有大打的。在那个时候，还有不少孩子抢军帽，抢毛的像章，甚至拦路抢钱。有时出于偶然，上课前教室里会全部是女生或全部是男生，那时异性学生就没人敢第一个进去，需要老师先推几个人进去。我第一次遇到这种情况根本没当回事，很自然地进去了，受到全体女生的大声讪笑。当然对我来说这不是一件需要勇气的事。在那群孩子中我当然比较另类，于是就会被排斥。有一次一群同学跟在我后面齐声说着嘲骂的话，我停下，他们也停下，我回头他们就倒退，我向前走又跟上来。我不是一个能打架的人，这方面胆子并不大。但这次实在是把我惹火了，我瞅着那个领头的孩子就冲了过去，一伸脚把他绊了一个大跟斗。理所当然地，他也丢不起这个脸，于是找了一批大孩子，在回家的路上等着揍我。好在那时我已经有了一个住在"外二村"的好朋友,他很能与那些人打交道;在他的护送下终于平安回家。这以后,再没发生过被欺负的事。

在这样一个学校里,学习上要不领先也难。记得那时没有一个学期可以完成教学计划,到下一学期就跳过以前没教过的内容,从后面的教材继续教。我就从没觉得有什么需要在课堂上学习的东西,自己看看也就行了。那个名字里有"稚"字的老师(没记错的话好像叫邱稚兰吧)文化水平和文化素养相对都高,是为数不多的几个我愿意对话的老师之一。

因文革初期的动乱,学校开学后好像又停课了一段时期。再次开学时,我已经得到通知外院附校小学部已关闭,也就是我已不是那个民办小学的借读生,而是正式的学生。学校已经经过了文革初期的"造反""夺权",也经历了"造反"时的不确定时期,成立了"革命委员会",主任是学校的卫生"老师",原先的职责应该不是上课,而是处理学生不时会出现的健康问题,例如给划破皮肤的孩子涂涂红药水之类。学校里也有造反派,她好像不是。她当主任的主要原因我想因为她是军属,又没卷入文革初夺权时争斗的漩涡。

这个时候,学校要恢复秩序,任务之一是重建学生组织。文革前的"少先队"被认为是"修正主义"的组织,新的学生组织小学中叫"红小兵",到中学就沿用了文革初期"红卫兵"的名称;班级的编制是排,年级叫连,不论规模大小,学校一级就叫团。当时学校负责学生工作的是一个姓曹的中年男教师,是我班的班主任。他选择我一起筹备组建"红小兵团";选我的原因我想不需要解释。有好几天,放学后曹老师就会到我家里,跟我一起商量有关工作,有时到晚上7点还不离开,搞得家里不能吃饭,姐姐们不好意思直接赶人,但心里极为反感,事后还一直埋怨我。

筹备工作的细节早就记不清了,重点应该是"团级干部"和连、排长的选择吧。所有这一切好像都是我和曹老师两个人商定的。不久,"红小兵团"正式成立了,我理所当然成了第一任"团长",虽然当时学校里还有比我们更高的年级。"团级"干部大约有7,8人,除了一、二年级外,每个年级都有代表,我所在的年级人多一些。那个时候,下课后学生都必须离开学校,但红小兵的"团级"干部有特权,可以随时进出学校;我和几个比较积极的干部就日夜泡在学校,这样我就有了一批新的朋友。如果他们不反对的话,我想说出他们的名字。我们同级的有章翠芹、陈明明、姚建忠等。姚是"三家里"的孩子,那里像他那样出类拔萃的学生很少;还有一个小我们两级的同学叫陈毅华。小我们一届的一个同学叫章昭,父亲原是上海警备区守备师的领导,转业地方后在一个央企下级公司任职;那一级还有一个章姓的女同学。有一个高我们一级的同学,姓张,名字不记得了,是一个英俊少年,不时会被女同学跟踪。他父亲文革初也被迫害,有一天我去他家,看到一个神情木然的老人。他介绍说是他父亲,刚解除隔离审查回家。

虽说同为小学生的组织,红小兵与原先的少先队有了很大的不同。少先队基本上是教师主导的,而红小兵则有很大的自治性质,有很大的自主性;当然这与每个学校的校风和学生干部的气场有很大关系。那时经常要召开全校学生的大会。在我那个学校,这样的大会一般就由红小兵团组织,负责学生工作的老师最多只是原则性的指导,到后来连这样的指导也越来越少。第一次大会当然就是红小兵"团"的成立大会,就由我这个"团长"组织和主持,同时发表了"重要讲话"。以后这样的机会越来越多;每一个学生干部都有机会主持大会并讲话。学校的广播室基本也交给了学生干部,成了我们的天地;开会时由我们调试、使用广播设备,每天的升旗音乐,广播操音乐,以及平时的广播节目也常常由学生组织和播出。那间房间差不多就成了我们的游戏室。有一次在广播室里玩球,我把"东方红"的唱片砸碎了,而那是每次开大会前必用的。在那时这种事情被人上纲上线起来可以算是天大的"罪行",好在没人跟我过不去。

做了"领导",就自己给了自己自由:上课爱去就去,不爱去就躲在广播室或其他地方,做自己爱做的事,从没有老师能批评我。大约1968年吧,徐汇区召开了一次全区红小兵代表大会。此前,学校派我去少年宫参加一次会议,到了那里知道是代表大会的筹备会,当天参会的就成了筹备组的成员。以后的10多天,每天到少年宫参加筹备工作,也就缺了10多天的课。那时我完全没有"组织纪律观念"(以后也没有),没有回学校汇报过,甚至没有向任何人请过假。那时负责学生工作的已经换成一个年轻的女教师(也就是问我是不是江北人的老师),对我的做派显然非常不满,在我缺席的情况下,学校选举"红代会"代表时我竟然落选了;还是筹备组给了我一个"列席代表"的身份。尽管如此,作为筹备组的成员,我还是当然的大会主席团成员,开会时端坐在主席台上。

大会大约开了一天。除了说些"普通话"以外,记得有一个单元是把原先的徐汇区区长和教育系统的黑几类拉来批斗。我当时就知道那个区长是我姐姐一个好友的母亲。正式会议结束后举行了小学生的文艺表演。当时徐汇区最好的小学高安路小学演出了一场大型歌舞,歌声嘹亮,红旗飞扬,场面蔚为壮观。配唱的歌曲是当时流行的:"最伟大的领袖、最杰出的天才,当代的列宁毛泽东,您一双巨手把历史揭开!四海翻腾五洲欢畅,全世界进入了一个伟大的新时代"云云。该校的文艺老师本事真的太大了。

也是在1968年,学校里发生过一件"严重"的"政治事件"。有一个孩子在某一个角落发现了一句"反动标语",即"打倒某主席"之类的。于是立即上报公安局并保护现场;一会儿来了几个警察,拍照,找痕迹等等,像真的一样。作为学生干部,我可以凑在边上看着,也算是给我们这些小学生开了眼界。以后的几天,把全校学生教师集中起来,将"打倒某主席"五个字拆到各个句子,每人比照着写一遍。

有些人虽然毫不相干,还是非常紧张,生怕自己的笔迹跟那条标语的笔迹暗合。过了几天,"案子"告破,原来"作案"的就是那个报案的孩子,原因是他觉得好玩,又想立功。后来不知道怎么收的尾,好像也就止于严厉的批评和责令检查,没有跟他特别过不去,也没有追究他父母的责任。

那时我还有一个朋友,大我一级,工农子弟,不知何时、因何,有一段时间经常走在一起。他不是学生干部,但总是对自己有很高的要求,特别想当先进。在他的带领下,有一段时间到了周日,我们总去一家小厂帮着干活,给操作机器的工人打打下手啥的。其实工人并不需要我们的帮助,有一次我看到一个工人向另一个班组长之类的工友使了个眼神,对方说了句:他们要来就让他们来吧!这种"劳动",至少我从没跟任何人说起过;他是不是张扬,我就不清楚了。

那时候时兴开"活学活用毛泽东思想积极分子代表大会",徐汇区的小学也开过一次。我的这位朋友被评上了"积极分子",并被推荐大会发言。我参与了大会的筹备工作,包括审核稿件并确定发言人。我的这位朋友和另一位位于市中心的小学的一个女生,两人只能上一个。我的这位朋友讲得比较平庸,说的基本是些"普通话"。例如说他出生于劳动人民家庭,从小知道如今的幸福日子是毛主席给的之类;又说有一天他父亲给他带来一套《毛选》,当晚他就"怀着深厚的无产阶级感情",认真读了起来;以后又怎么怎么地"改造世界观",形成了好些正确的认识之类。当时我就感到非常地做作。小小年纪哪来什么"无产阶级的"又是"深厚的"感情?相比之下,那个女孩子讲的就更加生动可信。她说她是在其他人的推动下决心每天花若干时间通读《毛选》,但第一天就想偷懒,经过好几分钟的思想反复后,最终觉得第一天都不能做到的话,这件事一定就黄了,没有"善始",哪来"善终"?于是顶着内心的抗拒,开始了读《毛选》的历程。后面的学习体会讲得也比较实在。当时的淘汰是他们两个试讲后当场讨论决定的。我没有犹豫就表示应由那个女孩子上台发言。就这样，那个朋友与我就疏远了。

红小兵团成立时，在校门口曾有过一幅对联，叫"庙小妖风大，池浅王八多"。这是在当时主导单位文革运动的人对本单位的判断，文革中很多小地方都能见到这样的对联。文革初期有一个"公安六条"，规定"地、富、反、坏、右分子，劳动教养人员和刑满留场（厂）就业人员，反动党团骨干分子，反动道会门的中小道首和职业办道人员，敌伪的军（连长以上）、政（保长以上）、警（警长以上）、宪（宪兵）、特（特务）分子，刑满释放、解除劳动教养但改造得不好的分子，投机倒把分子，和被杀、被关、被管制、外逃的反革命分子的坚持反动立场的家属"等21类人"不准串连，不得混入革命群众组织，更不准自己建立组织；不得利用大民主或其他手段散布反动言论"等。本来的意思应该只是剥夺他们参加文革政治活动的权利，但1968年开展的"清理阶级队伍"，好像就是按那个标准，全面剥夺那些人的公权甚至人身自由。

那时学校里已经有了一批被监管的"阶级敌人"，其中也有最初的造反派头目，以前给我们上过课。红小兵的一个责任是看管"牛鬼蛇神"，也就是浅池里的"王八"（我只是借用当时的说法，不是要侮辱人）。当时学校中已经被"揪出"的牛鬼蛇神大约有7,8人吧，基本是按照"清理阶级队伍"的要求从学校员工中甄选出来的。

那个群体中，有两个"孝子贤孙"：一个是"地主阶级"的，另一个是"资产阶级"的。前者是以前学校的财务人员，被管制的原因仅仅是出身地主家庭（家里究竟有多少地也不清楚）；后者好像不属21类人，只是在文革初大抄家时，帮助家人转移过财产，那时他还是学校造反派的一个人物。想必他斗过别人，一旦被抓住把柄，对手绝不会放过。另外还有一个是因猥亵女学生被判管制的"坏分子"（真相如何就不清楚了），还有解放初期因"隐瞒逆产"（与那个"资产阶级"的"孝子贤孙"情节应当接近）被判过一年缓刑的女教师；其他几人是什么情况不记得了，但肯定没有思想犯。学校里召开过大会"揭发""批判"过他们的"罪行"，他们不得不站在台上"老老实实"低头"认罪"，有时也会在好几个学校共同组织的会议上接受批判。

某一天的晚上，"阶级敌人"的群体中又出现了一个新人。那是我一个好朋友的妈妈。由于上学时我与他同路，差不多每天我都与他一起去学校。他妈妈的罪名是"三青团"也就是"三民主义青年团"团员，抗战时期曾在江西接受过集训。我们现在都能理解，那是投身抗日的热血青年，但文革时不那么看（文革前也一样）。即使没达到连长、保长之类的"级别"，与国民党沾点边的就该镇压。"揪出"这个"阶级敌人"的情形与我前面说的一次批斗会类似，也是"敦促"在场的"阶级敌人"主动出来投降，倒计时结束后大喝一声被"揪"出来。那天晚上我们几个学生干部在我们的据点广播室胡闹，只看到对面的大教室教师们在开会，气氛有点异常。

那些"阶级敌人"还没有到需要关押的程度，对他们的管束基本也就是"7进7出"（也可能是"7进6出"）吧。我们这些"红小兵"有一个职责，就是在这12或11个小时内看管他们。当时让我有些奇怪的是，他们也都有正常的家庭生活和家庭观念。有一次下雨，那个"坏分子"的儿子来给父亲送伞，从他眼里我一点看不到对父亲有任何一点睥睨的眼神。还有那个解放初被判缓刑的女教师，虽说腿脚不好，但一到可以离开的时刻，走得飞快。

高我们一级的张同学喜欢搞一些花样，例如有时将那些"牛鬼蛇神"集中起来让他们一个个"交代"自己的"罪行"。我不想为自己开脱，但我那时对这类活动确实不那么积极主动。那个"地主"出身的老师再三强调自己信奉孙中山"耕者有其田"的主张，无论我们怎么咋呼都不改口。那个"资产阶级的孝子贤孙"也同样不肯"认罪"。于是几个同学相继上去打耳光。那个张同学再三鼓动我也去打，否则好像我的"立场"就有了问题。不得已，也上去打了一下。那个老师当时说的一句话，我现在还记得："我原来以为你还懂政策，没想到你也会这样"。我当时就心虚脸红了。

那些被列入异类的老师，在我们离开小学前后陆续恢复了身份，重新做了教师。有几个还是在我们这一届"红小兵团"主持的会议上宣布的；例如那位曾被判一年缓刑的老师恢复身份和工作的大会，就是章翠芹主持的。

在小学里，我还担任了学校"革命委员会"的委员，也就是学校的领导机构成员，可以参加学校的办公会，对学校事务参与意见。

游行是文革时期的一个惯常的活动，频度非常之高。

那个时候，毛泽东的话叫"最高指示"，最新发表的"最高指示"就叫"最高最新指示"或"最新最高指示"，简称"最新指示"。不知道从什么时间开始，形成了大约一个月发表一个"最新指示"的惯例。这些"最新指示"通常会包含在一篇"两报一刊"即《人民日报》《解放军报》《红旗》杂志联合的社论之中，有时也会嵌在一篇重要文章之中，在晚上8点的"各地人民广播电台联播节目"中播出，第二天见报。每逢这样的日子，所有职工就不能按时下班，必须留下来，先听取社论和"指示"，然后上街游行，"欢呼"最新指示的发表并表示拥戴。一些"最新指示"对人们的日常生活影响极大，但在第一时间人们未必能感觉到，在喊口号拥戴时还不会有什么抵触之类的。例如，1968年12月22日，《人民日报》发表了一篇文章，标题是"我们也有两只手，不在城市吃闲饭"，说的是甘肃会宁将"闲散居民""下放"到农村做农民；前一天的广播中就发表了著名的"1221指示"："知识青年到农村去，接受贫下中农的再教育，很有必要"，以后就拆散了几千万个家庭，影响了更多人的生活；前面说过，给"知青"送行的场合哭声震天，场面非常凄惨。但人们"欢呼"毛那条"指示"的那个夜晚，绝大多数人还来不及想这与自己有多大关系。类似的给社会生活造成很大影响的"最高指示"还很多,有些在当时社会状态下还有些积极意义;例如"大学还是要办的",虽然主要是"理工科大学还要办";等等。

本来并没有要求学生参加这类游行,但我们有些"红小兵"干部那时候已经变得很"野",最好整天整夜不要回去,绝不会放过凑热闹上街瞎逛的机会(不是每个人如此)。每逢有"最新指示"发表,我和几个朋友都会主动留下来,和老师一起听广播,然后上街。那时街上到处都是游行的队伍,你们走过来,我们走过去,呼喊着差不多的口号,现在想起来真的非常愚蠢。这种时候我们孩子非常兴奋,但很多老师并非如此。有一次,我清楚地看到一个老师脸上掠过一丝极其厌恶的神色,尽管只持续了半秒钟。回过头想想,那些教师个个拖家带口的,平时工作和家务负担就不轻,还要把宝贵时间用在这种毫无意义的事情上,由不得人不反感。但在那个年代,不要说反对,连请假都不敢。

有些游行是因为确实发生了重大的事件。

第一个重大事件是1968年10月的八届十二中全会。会议通过了《关于叛徒、内奸、工贼刘少奇罪行的审查报告》,决定把刘少奇永远开除出党,撤销其党内外的一切职务。应该是会议闭幕的当天晚上发布了会议公报。这是一个比普通"最新指示"发表更重大得多的事件,理所当然地组织了集中收听和表示拥戴的游行。刘少奇被审查、被"打到"乃至被关押后两年多的时间内,刘的名字不再出现在报刊广播之中,而代以"中国的赫鲁晓夫"。这是差不多两年来第一次公开刘的名字。关于"叛徒"的证据,主要是刘在1925年和1929年曾两次被捕,我们现在知道,当年的专案组威逼知情人制造了"叛变"的伪证;至于"内奸"和"工贼"则没有什么具体的事实,至多有些策略上的问题。除了对刘少奇的三顶帽子感到震惊以外,当时还非常不能理解的是,那些"证据"应该不是隐藏很深、难以发现的;

这么一个"叛徒、内奸、工贼",怎么就能执掌准最高权力那么长时间?唯一可能的解释是伟大领袖对权力早就失控了;但这又与事实完全不符。

十二中全会宣布"波澜壮阔的""无产阶级文化大革命"已经取得了伟大的、决定性的胜利,并决定在适当的时候召开第九次全国代表大会。此外,全会还"严肃地"批判了"二月逆流"等,并认为粉碎"二月逆流"是文革的一次重大胜利。文革开始时为"语录歌"谱曲的作曲家又有了一首新作,将全会公报的要点历数一遍,概括准确、文字精炼,曲子也还行,真的是功力非凡。那首歌最后一句是"紧跟伟大领袖＊主席奋勇前进!胜利是属于我们滴!"非常激昂。但"我们"是谁,就不太清楚。

记得在以后的学习传达中,为避免人们以为文革即将结束的误解,专门解释了为什么说文革取得了"决定性的"胜利,而不是"全面胜利"。要取得"全面胜利"还任重道远。

1969年4月,中共第九次全国代表大会召开,这算是当时的一件"特大喜事",也是文革历史中的一个特大级的事件。文革初起时,我曾问起过中共以前的代表大会间隔时间并不长,但六大以后每次间隔都很大。六大和七大、七大和八大之间的长时间间隔似乎都可以用战争状态来解释,但八大和九大之间就不容易解释。听到的说明是:文革前伟大领袖不占优势,那时召开党代会会产生不好的结果。这是比较正式的解释。

在很多人看来,到1968年八届十二中全会前已经实现了"全国山河一片红"即除台湾外各省、直辖市、自治区都完成了向"走资派"的夺权,成立了由革命群众代表、解放军代表及革命干部代表三结合的新政权即革命委员会,文化大革命最主要的任务已经完成,"九大"似乎有一些给文革做总结的意思;应该可以进入重建恢复了。高层中一些人显然也有这样的认识。如我们现在知道的,陈伯达当时就起草了一个政治报告稿,将经济建设提到重要位置,这也是当时很多人对九大的一个期盼。那个时候,人们中一直流传着一句话,叫"到运动后期解决",意思是文革先解决重要的政治问题,其他问题,特别是与普通人息息相关的生活或福利等问题,"运动后期"会妥善处理的;我想肯定有些人抱着很快就能"解决"一些问题的指望。其实林彪等当时就是这么想的,所以陈伯达就有一个"唯生产力论"的报告草稿。但这个草稿被束之高阁。

相反,九大正式提出了无产阶级专政下继续革命的理论;并要求按照伟大领袖的指示,"一个一个工厂,一个一个学校,一个一个公社,一个一个单位,深入细致地、踏踏实实地""建立三结合的革命委员会,大批判,清理阶级队伍,整党,精简机构、改革不合理的规章制度、下放科室人员"等等,同时要求"必须继续高举革命大批判的旗帜,用毛泽东思想批判资产阶级,批判修正主义,批判各种违反毛主席无产阶级革命路线的右的或极'左'的错误思想,批判资产阶级个人主义,批判'多中心即无中心论'"等等,也就是说,文化大革命的远没有结束,终点在哪里,谁也看不见。

为庆祝中共九大共举行了三次大规模的游行。一次是4月1日大会开幕当晚;第二次是4月14日,大会召开第二次全体会议,会上通过了新的党章;第三次是4月24日大会闭幕。那三个夜晚,大街上比以往更为热闹,口号一拨接一拨。不管人们心里怎么想,脸上都是兴高采烈的神情。我们当然没有那么的敏感,只觉得非常好玩。

记得4月24日那天,游行结束已经到了次日凌晨一点多,几个孩子还意犹未尽,不想回家。于是有人提议到菜市场排队买鱼。那时的菜场清早5点左右开市,人们都会在开市前先去排队,去得稍晚就买不到什么东西,特别是像鱼等等紧俏的东西,凌晨两三点钟就开始排队了。这是我第一次进菜市场,只觉得灯光惨淡,臭气熏鼻,一会儿功夫就逃了出去。

第二章 荣任"团长"

现在看来，九大主要有三个重点：第一，是为到那时为止的文革进程作了总结；二是提出并初步完成了"无产阶级专政下继续革命理论"，这是伟大领袖发展马克思主义的最大成果之一甚至就是最大成果；第三，则是确立伟大领袖在党内、国内无可挑战的领袖地位及副统帅的接班人地位，这些都正式写进了党章——那时不叫党章修正案，而叫"新党章"。也就是说对原先的党章有颠覆性的更改。九大期间，我们能及时看到大会的纪录片。现在还记得的一个细节，是大会主席团选举时，毛泽东提议："由林彪同志当主席，我当副主席，好不好啊……？"林彪立即举手高呼："毛主席万岁！"这个场景，两年五个月以后再回头看，可有更多的回味。

从九大的纪录片中还看到一个插曲。中苏边境的边防站站长孙玉国被伟大领袖从乌苏里江边招来，上大会主席台发言。影片中有伟大领袖与孙站长亲切握手的场景。

1969年3月2日，中苏在珍宝岛发生了军事冲突，到3月15日，又发生了更大规模的战斗。以后，形势似乎越来越紧张，总听到苏联在中苏、中蒙边境"陈兵百万"等等；小学的最后几个月是在不断升级的"战备"气氛中度过的。那时学校又增加了一项重要活动，就是"军训"。一方面，这是在贯彻伟大领袖影响广泛的"五七指示"（其中要求学生要"学工、学农、学军"，"批判资产阶级"等）；另一方面似乎也是准备应对随时可能爆发的全面战争甚至核战争。但那时所谓"军训"，主要就是走队列，再就是拿根竹棍比划比划，说是"拼刺刀"。在课堂上则简单讲解了原子弹的原理和核爆炸时最大限度地保护自己的方法；是否真的有效无法搞清。

1969年8月28日，中央发布了《中国共产党中央委员会命令》，简称"八二八命令"，也就是战备动员令，内称："坚决响应毛主席'提高警惕，保卫祖国'、'要准备打仗'的伟大号召，高度地树立敌情观念，克服和平麻痹和轻敌思想，充分做好反侵略战争的准备，加强军民联防，随时准备歼灭入侵之敌。"其他内容主要针对"造反派"和各种无政府主义现象，并宣布，一切冲击人民解放军、抢夺武器装备和破坏交通通讯设施的行为，都以"反革命"论处，对反革命分子要坚决镇压"，等等。感觉战争好像随时可能爆发。那时我已到中学报了到，但仍通过小学的渠道参加了传达命令的大会并参加了会后的游行。这算是我小学"团长"生涯中最后一件大事。在那时，发生战争似乎让年轻人有振奋的感觉。到1969年下半年，又有挖"防空洞"或为建造防空洞做砖石等任务，居民人人都有指标，限时按量必须完成。有那么一两个月，甚至在公共建筑的窗玻璃上都贴上了米字纸条，似乎空袭随时会来。

小学阶段还曾有一次到上海文化广场参加了一次大会，直接听张春桥作报告。记得张讲话前是同济大学红卫兵负责人陈敢峰（九届候补中委，一两年后就不见了）发言。陈走向讲台时张叫他丢掉稿子，脱稿讲。陈照样侃侃而谈，井井有条。张就更加口若悬河，给我留下深刻印象。

第三节 又任"团长"

1969年8月14日，我到东安二村和东安一村之间的零陵中学报到，开始了中学生活。

文革前小学升初中、初中升高中都有选拔性的考试。我有两个学霸哥哥，本人也是学霸，理所当然地应该能考上上海中学；但遇到文革那就另说了。文革时，一是取消了高中，二是取消了升学考试，学生全部就近入学。当年的大院子女，基本分到两个学校：一是东安中学，校舍就是当年海格幼儿园的那栋楼；二就是零陵中学了。

零陵中学建立于 1964 年，东安中学建立于 1965 年。据说 1958 年"大跃进"时，上海率先提出普及九年教育的口号，当年就建了许多民办小学，让所有适龄儿童接受小学教育（我就读的龙华路小学大约就是那时建立的）。六年过去了，为接纳大量的小学毕业生，就新建了一批初级中学；东安路附近就有几所，如枫林中学、零陵中学、东安中学、四新中学；开办的年份有一两年的先后。文革前的中学都有"市重点""区重点"和普通学校之分，普通学校也有高下之分（文革结束后也一样）。像零陵中学和东安中学这样新建的中学，当时就属于末等的学校。据说文革前这些学校接纳的都是些末流的学生。从 1966 级开始，生源来自学校边上的东安二村和一村等，学生的素质有了很大的改善，也有了一些如我这样学霸级的学生。

学校的党支部书记是我家的邻居，即住在二楼的上海市副检察长的夫人。她是新四军老战士，皖南事变时部队被打散，后由党组织安排打入国民党军队（暂且使用当时的定义吧）电台工作，听说曾是国军少尉。这成为文革初期打击迫害她的重要理由。学校里年轻教师占比很大，不少是大学的应届毕业生，也有高中毕业的，还有就是从其他学校调来的中老年教师。

与其他学校一样，零陵中学在文革初期也经历了动荡。包括党支部书记在内，一批干部教师受到迫害。这个学校的教师中有几个高能量级的，因而动静好像更大。教师打教师、学生打教师、学生互相斗殴的都很多，还有"扭送"公安局关押的。在我进学校前，曾经看到校园外贴出大幅标语："坚决拥护（或热烈欢呼）对反动学生陈某某（野兽）采取革命行动"（我知道他的名字）云云，意思是在前一天晚上的"红色台风"即集中抓捕行动中，这名学生被抓起来了。后来知道该"野兽"出身其实不差，但绝对是个学渣，是文革初期的学校

"纠察队"的首领，想必在那时的暴力行动中贡献不小。几个月后"野兽"获释，穿着粉绿色的平脚裤高调走在零陵中学门前；我恰好走过，朋友给我指过，看起来确实是仪表非凡。

进校后还知道，至少有两名教师当时还关在公安局，都是文革初期的能动分子。一人头上的帽子是所谓的"五一六分子"，另一名顶的则是"流氓罪"。除此以外，还有一些另类分子，如一个老教师曾参加"忠义救国军"因而算是"历史反革命"；另一名教师练毛笔字时无意中在伟大领袖的名讳后写了其口头禅"完蛋了"，当时被处分，文革时被称为"老反革命"；还有参加过"三青团"的等等。我们进学校时，文革初期的狂热已经过去，那些教师基本恢复工作了；如果不是有人指指点点，我们基本看不到他们头上的"帽子"。文革初期受到冲击的干部教师，也没有什么卑躬屈膝的样子。记得某一次参加教师的会议，一个造反派教师教训原党支部书记即新四军老战士："不要忘记你肩上还扛过国民党少尉的牌子！"该书记理直气壮地回答："那是党组织安排的！"

当年的校园生活与现在有很大的不同，或许还可以说存在本质的区别。其一是学习完全没有负担。不仅像我这样的学霸，学习有困难的学生也能漫不经心。一个重要的原因，是文革时期取消了留级制度，不论什么成绩都能一级级升上去；毕业后的去向与学习成绩也没有关系，因而家长也不关心孩子的成绩。二是师生间关系平等，课堂以外，活跃的学生与老师经常一起打球聊天。这与年轻教师多有很大的关系。三是学生自治，学生组织有很大的自主性。这后面再说。

身为学霸，学习上自然没有任何压力。每天去学校经常不用书包，随手拿上三本课本四、五本作业本就行。我从来不在课余时间做作业，而是下一堂课做前一堂课的作业。到中学的第一堂课要求写一篇作文，题目很落俗套："记暑假中有意义的事"。我就写了7月16日参加纪念伟大领袖游泳的16公里长江游一事及其前后。当时的语文老师极为赞赏，取为范文，对其中文字圈圈点点，在课堂上朗读，啧啧称叹。第一学期期末考试时我还创造了一个"奇迹"：在限时 2 小时的考试中，语文 5 分钟交卷（没作文题），外语 15 分钟交卷，数学 25 分钟交卷；成绩分别是 99，99 和 97；语文只错了一个标点（标准是 3 个标点扣 1 分）；数学扣了 3 分，是错了一个简单的计算题；而与我关系很好的外语老师告诉我，扣的那 1 分其实可扣可不扣，但他不能让我太得瑟了。其实不是我有特别的能力，而是那些考试难度非常低。老师们看到考试刚开始我就在操场上打球，都以为我为抗议所谓"师道尊严"而罢考了呢。在以后的很多年中，我一直保持着这样的风格，包括高考和在复旦大学学习期间的各项考试，基本都只用标准时间的五分之三甚至一半；除一两次，从来是第一个走出考场，成绩也并不差。当然这里我有点吹嘘自己，但我至今以为，那些考试真的没有什么意思。

前面说过，当时中学的学生组织名"红卫兵"，从下至上是"排""连""团"的建制，区一级还有"军区"。说到"红卫兵"，人们立即会联想到文革初期令人发指的暴力。但 1969 年我们进中学时的红卫兵，只是普通的学生自治组织，与文革初期已有天壤之别。与现在的学生组织还有区别，主要是自治能力强，参与学校事务也更多。

很多大院子弟特别是男孩子不关心红小兵红卫兵之类的，包括后面会成为本书主角的幼时最好的几个朋友。但我从小就是学生干部，小学时还以"团长"的身份成为"校革委会"委员，进了中学也比较热衷参选干部。第一步当然需要加入红卫兵。加入红卫兵人数有限制，第一批加入的大约不超过百分之二十吧？要那个荣誉，需要经受"考验"。那种事搞的很神秘，有点折磨人，对热衷此道的人更如此。为经得起"考验"需要做一些愚蠢的事，例如早晨赶早到学校打扫卫生，抹桌椅之类，"做好事"还要让人能看得见。在他人眼中我特别突出的缺陷是"骄傲自满"（这种差评陪伴了我一生）；要掩饰这种天性，在我是一件很难的事。审批新年级第一批红卫兵的，是由较高年级同学组成的红卫兵"团"领导，本班同学基本没有发言权，也不知道他们是怎么考察和决定的，估计是较多地听取了教师的意见吧。进校几个月后，我们年级有了第一批"红卫兵"，我当然名列其中。不记得通过何种程序，很快我进入了"团级"组织，又过了一年，高我们两级的学生准备毕业时退出了工作，"团长"的职务越过一届学生，落到了我的肩上。

在零陵中学，我这一届算是第三茬"红卫兵"。第一茬以文革初期，也就是1964、1965年入学的中考成绩没有竞争力的学生为主体，听说文革初斗老师很积极、很暴力；那个陈＊＊（野兽）或许就是一个代表人物。第二茬以1966、1967年进校的为主。我进学校前后，第一茬红卫兵已经离校。第二茬的，66级、69届的那一批（已经是就近入学的），听说不少主动争取去了东北边疆等最边远、最艰苦的地方；他们与教师和领导的关系只是道听途说，不甚了了。我进入"红团"（那时到现在我们都这么简称）时的"团长"名李鸣，与我们这一届的几个红团委员相处得很好，但与老师关系好像比较紧张。

进入"红团"后，最初是跟着高年级的学长混。那些学长一般都非常激进，以后也用行动实践了他们的激进言辞：轮到毕业工作时，很多都主动争取去黑龙江农村，为的是到"反修"第一线。那时已经发生了珍宝岛的中苏冲突；他们应该还盼望着某一天能拿起枪打到苏联去。那时时兴搞"抗大式"学习班，就是军营式住宿的集中学习和训练。据说69届毕业前，红卫兵"军区"曾举办那一届"红团"领袖参加的"抗大式"学习班；结业时互相留念，很多人在他人笔记本上留的字是"莫斯科见""华盛顿见"之类，意思是消灭"苏修""美帝"后在那里会师。我想今天很多人或许就在那里相见了，但完全是另一回事。历史真让人难以捉摸。

对于那些学长的激进，当时我就多少有些隔膜。听到那些豪言壮语，我的感觉是有点滑稽。到我主掌"红团"时，那已经基本是一个简单的学生自治组织。日常的工作基本是发展成员、组织学习等，也组织过"抗大式"学习班，但没什么特别值得一说的；有时也配合学校做一些工作。

我们进中学前，"援越抗美"已经进行了一段时间。原先以为美国对越战争从1950年代就开始了（现在也有这种说法），文革初看了父亲留在家里的文件，才知道1964年东京湾事件后，美军才真正介入越南战争。中国的"援越抗美"及相关的宣传，给我们的感觉，就是美帝和东亚、东南亚的"反动派"对我们已经形成了巨大的威胁；文革初有"新月型包围圈"一说。1970年美国策划了柬埔寨政变废黜了该国国家元首西哈努克，西首从莫斯科来到北京，受到我国周恩来总理的亲自迎接并表达了中国坚定支持的态度。伟大领袖发表著名的"520声明"："《全世界人民团结起来，打败美国侵略者及其一切走狗》"；当日北京召开了50万人的盛大集会表示声援，由林副主席宣读领袖的声明。文革前夕毛已有不少这类声明（例如马丁路德金遇刺后就有一次，还有拉美国家的一些小事件）；与这次一样，应该是有关部门的"秀才"捉笔的。《声明》文字精彩，大气磅礴，内有"东风吹，战鼓擂，现在世界上究竟谁怕谁？""不是世界人民怕美帝国主义，而是美帝国主义怕世界人民"等等。与之前和之后其他一些文件一样，也被谱曲编成了歌，广为传唱；那个句式以后被广泛应用；今天我们还不时听到"谁怕谁啊？"这样的话。在天安门是副统帅代伟大统帅读的《声明》；感觉声音拖沓，使原先铿锵有力的文字失色不少。

中苏论战后我国的外部环境又趋恶化。1969年珍宝岛冲突后，"新月型包围圈"差不多演变为"满月型"了。我们进学校时，中央刚发布"八二八"命令，似乎中苏战争一触即发；"战备"成为全社会的重要工作。一方面要进行有关知识普及，进行一些简单的"演习"等；另一方面有许多实质的准备工作，例如挖战壕、修防空洞及为此做砖块，还有在窗户上贴米字纸条之类。其中有些工作，基本由"红团"按照学校的安排组织学生进行的；有时，还会组织学生搞些"军训"，"夜行军"之类。虽然事后看来这些都像"扮家家"，没任何意义。很多同学对这些可能都毫无兴趣，只有我们这些学生干部傻乎乎的，搞的像真的一样。到1971年，按统一的布置，各个学校都组织了"野营拉练"，到郊县"行军"。我校的"拉练"共三周时间，大约两、三天时间"行军"一次，距离一般在15-20公里；最长一次一天走了35公里；还专门组织了一次"夜行军"。"拉练"期间，夜里就在农家宿营，有时就住在公共仓库里。学生组织在这样的活动中有重要的作用。

那个时候，学校教室的门锁与我家的是同一种型号，偶然发现，用我家的钥匙可以打开至少三分之一教室的门锁。与小学时一样，做了学生干部，可以自由出入学校，于是日夜在学校中，有时也会到各个教室串串。李鸣显然也有这种本事。不知从何时起，他与我们这一届的一个女生坠入爱河（肯定是"早恋"了），经常在某一间教室里搂搂抱抱的。几个教师经秘密侦查，知悉了他的行踪，某一天晚上从气窗爬进教室，把他们抓了个现行。这在当时自然是一个很大的丑闻，于是当即被免职，但除撤职和责令检查外，好像还没有特别的处分。他们这一届学生不久后就毕业"分配"了。那时已经改变了全部去农村的"一片红"政策；他们那一届的其他"红团"干部，留城的不少。因他犯了错误，毕业时完全无法维护自己的权益，被发配到皖南农村"插队"也就是做农民。临行前，我和其他几个我们一级的"红团"干部（有男有女）去他家送行，我们都只有同情，没有歧视，他的神情有点凄惨。

70届学生毕业后，我就继任了"团长"。对李"团长"的收拾，当时没有多想，以后知道有点杀鸡儆猴的意思，确切些说是"杀猴儆鸡"，意在杀杀学生干部的气焰；记得当时有教师当面对我就有过颐指气使的模样。但那时我们一届的"红团"干部内聚力正在形成。不久发生了一个偶然的"事件"，我们这一届干部又站了起来。

一次，我班几个同学在学校打乒乓球，几个高我们一两级的大同学过来驱赶他们（那时包括乒乓球桌在内的体育设施都是稀缺资源），发生了冲突。我班班主任闻讯赶来，一拳把我班参与的那个同学打倒在地。那个同学是个瘦弱的孩子，也是我的同桌。其他同学马上赶来告诉我（那个时候孩子受了委屈都会告诉家长或向对方的家长告状，我真的不知道他们为什么会给我类似的信任）。我一听就觉得不能容忍这种教师对学生的暴力，立即叫来其他几名"红团"干部，由我口授，请字比我帅的梁虹同学写了一张大字报。简单描述事情经过后，严厉指出教师打学生事件的恶劣性质，"勒令"该老师限期（精确到小时）检讨，争取同学的原谅和宽恕。此事惊动全校师生，给那名老师很大压力，据说晚上写检讨到很晚，过一两天在"勒令"的时限之内在班级同学前作了"深刻"检讨。那名老师其实还是很谦恭的。几十年后问起此事，他说因为文革初零陵中学学生不好管，当时学校领导有意思要求他们对学生要强硬一些。这与我说的"杀鸡儆猴"好像是差不多的意思；但我不知道他为什么会对一个瘦弱的学生下手，不知道与他是我的同桌有没有特别的关系。当时学校领导没有给予那名老师任何支持。是自知理亏，还是其它原因？真的是个谜。

这样，我们这一届学生干部就树立了自己的威望，也给以后的学生自治拓展了空间。

除此以外，我们这一届的学生干部与教师保持了很好的关系。

在以后的一两年内，"红卫兵"的"组织权"就完全掌握在学生手中。加入红卫兵的最终审批就由红卫兵"团"的委员会议决定，各级学生干部也是如此。那时，各个班级选出了本班的"排长"，经红卫兵"团"委员会议审批通过后，就会由梁虹用红纸书写"任命"，张贴出去。一些老师语言中也表露出尊重的态度。学生的各项活动，除了负责学生工作的教师与我们商量（是真的商量）以外，没有其他教师参与意见。不久以后，我也成为学校"革命委员会"的委员，"教育革命组"（其功能是过去和以后的教务处）的副组长。在那里，感觉我好像没太大的话语权。

因为是新建的学校，青年教师比重很大；与这些教师在一起，我和其他的学生干部从来没有距离感；与一些年纪大一些的教师也同样如此。那个被我"勒令"过的班主任其实还是很好相处的，即使发生了那样的事件，我还是很喜欢与他聊天。当时学校里有三间宿舍，供7-8个家在外地的教师居住。与在小学当"团长"时一样，进入红卫兵团以后，我也会白天夜晚混在学校，晚上经常会去那些宿舍串门，与住宿的老师闲聊。有一个姓华的老师是体育爱好者，还有很多其他兴趣。他组织了学校的冬泳队，并花自己的钱为全队提供姜糖茶。听说以后又经常带几个学生骑自行车外出郊游，可惜我当时还不会骑自行车，家里也没车，没参加过。我们的副班主任姓于，是从海军转业后进入大学学习，毕业后到学校工作。于老师性格开朗，与同学相处也很融洽，即使一些不爱学习、有些怵老师的同学，也能与她有些交流。

学校里还有一些天赋很高、颇有才华的教师（文革结束后，确实有不少脱颖而出），我也很愿意与他们来往。我曾请求师从几个老师，学习英语和钢琴，可惜因为懒散的天性，还没开始就结束了。在我离开学校前不久，一个住在学校宿舍的女教师，略带严厉地批评我不抓紧学习，虚度时光；给我很大的触动。

当时负责学生工作的教师是冯图南。在我担任红卫兵团工作的整个过程中，我与他始终保持了很好的关系。我们经常在一起谈论各种问题。记得有一次他说起1959年的庐山会议，他说其中的内幕还不清楚。我说我读过彭德怀的"万言书"和毛泽东等批彭的讲话全文；他说他也读过，但背后是些什么，还有待探讨。事后回想，他想要表达的是其中的是非曲直或许还两说。我想他还是有一定的思考能力。

与小学时期不同，在中学做"团长"的时候，这次我对做"团长"经常有一种被愚弄的感觉。例如，当时不时地搞运动，学校领导就会让我们写大字报帮助形成声势。我也会写一些；又如有时又会检查什么奇装异服，等等，真的没什么意思。有一段时间，学校要求我们帮助催讨拖欠的学费。这件事我们做得很有成效，但当时就感觉我们的角色有点像"穆仁智"，不太光彩。记得有一个同学，父亲是残疾军人，原本有残疾补助金，生活还能过得去。但文革初期他父亲组织了退伍军人的造反组织，在中央明令取缔退伍军人组织后，被定性为"坏头头"，褫夺了残疾退伍军人的身份，取消了补助因而没了经济来源，只能上街看自行车，赚取些微薄的收入勉强维持生活。我跟冯说起这个情况，并说能不能给他争取学费减免；冯跟我说了一二三四，"分析"说他家完全有能力交学费。我也无法回驳，后来好像把他的学费也逼了出来。很多时候，事情过去马上觉得非常愚蠢。因而热情不高。在担任"团长"一年多时间内，我多次提出辞职；被挽留了多次，在升上三年级的时候最终辞去了"团长"的职务，但仍保留了委员身份。

1968年8月，伟大领袖发表了一条"最新指示"："我国有七亿人口，工人阶级是领导阶级，要充分发挥工人阶级在文化大革命中和一切工作中的领导作用。"9月，人民日报又发社论，号称"工人阶级必须领导一切"。不久，所有学校都派驻了"工人毛泽东思想宣传队"，简称"工宣队"；当时还有"军宣队"或曰"解放军毛泽东思想宣传队"。进驻小学的那一拨工宣队，人都挺好，对学校的日常秩序好像没有什么干扰，常化好些功夫跟我们学生套近乎，也没有想着整人。记得有一两人跟我比较讲得来。在组织学生出去游行时，常会跟我走在一起一路聊天。但进中学后知道，工宣队似乎真的接管了学校的权力。在制度设计上说，似乎工宣队是最高的领导；当时的工宣队有10多人，基本接掌了学校的领导岗位；军宣队人数不多，一般不插手学校的日常工作。

我进校时，驻校的工宣队来自上海缝纫机针一厂。那一批工宣队好像不太张扬。结束文革初期的混乱，恢复文革初被当作"牛鬼蛇神"的那些教师的工作，应该是在他们驻校的时候。有一段时候，我经常看到一个中年妇女在校园里扫地，一直以为是所谓"牛鬼蛇神"被"监督劳动"的，直到有人告诉我她是工宣队的。最近我才知道，她是我一个好朋友的母亲。

最初一个负责学生工作的工宣队员为人十分谦和。前面说到前团长李鸣因"早恋"被罢职后，一些教师感觉夺回了尊严，看我们这些学生干部也有些居高临下的眼神；但他跟我们交往时仍很耐心谦和。后来换了一人接掌学生工作。那位工人没什么文化，管不了我们这些学生，有时我还会当众驳斥他刚说过的话。那时他就会觉得很惶恐，因为我讲话常常会引经据典的，他消化不了。我前面几次辞职就在他的任内。为此，他多次来我家，诚惶诚恐地请求我继续留任。我是真的不想干了；如果不是他的挽留，我早就卸任了。

那时，我校也发生了一起"反动标语案"，反动词句也就是"打倒某主席"五个字，是自下而上反手写的。折腾的时间不长，很快查了出来，是一个高我们一级的学生写的（我还记得他的名字）。他的父亲是东安二村西面或许是上海第一个华侨新村的门房，门房里挂着不少奖状。经公安机关专业侦查锁定目标，让他写几个相关的字，他很自然地背着身自下而上反手书写，于是案件告破。事后他被"群众专政机关"关押了3—4个月，被批斗一次并作"深刻"检查后释放。据检查说，他对某主席的仇恨的来源，是因为"解放"前流氓可以为所欲为，"解放"后没有了这样的空间因而让他这样的人材猥琐了云云。我真不知道什么人能相信这种解释。以后某一天夜晚我经过那个门房，听到他父亲在怒斥这个"逆子"。

我任"团长"的时候，参加了一次"军区"即徐汇区的红卫兵机构组织的"抗大式"学习班。本来以为只是去玩玩的，但三四天后一个晚上的一次会议上，气氛异常严肃。某校一个"团长"被带上来，作了"深刻"的检查，大意是他在学校挑战工宣队的权威。接着是该校工宣队主管学生工作的队员控诉该"团长"的错误行径。一看就知，那位工宣队员是个没什么见识的妇女，而"团长"则是有能力、有主张的。工宣队对"团长"的控诉，用一句话说，就是"团长"没把她放在眼里，事事自作主张。用当时上纲上线的话说，就是"搞独立王国"，那个工宣队员确实也是这么说的。当时我就感到，这顶帽子完全也可以戴到我的头上。参加了这个会，感觉就非常不好。某一次的辞职，或许就在这个"学习班"之后。

进驻中学的工宣队，在区"革命委员会"也有一个总机构。区一级的负责人名范以琢，原先是上海针织一厂的门房；先是到徐汇区汾阳中学做工宣队领导，因表现突出被擢拔到区"教育革命组"，担任了进驻全区中学的工宣队的总领导。据说在中学时，他曾带头并要求学生打草鞋、穿草鞋等。该领导那时约50岁，面相一般，但经常神色凶恶。那时到区里开会，经常听取他的报告和部署。这个人以后还会提到一次。

大约1971年下半年，零陵中学的工宣队轮岗，改由天山回民食品厂的工人组成，队长名张春材。我辞职成功，就在他们到任以后。他们驻校后大有作为，后面再说。

当时学校的军宣队也换过两拨。感觉上，那时的军宣队好像并不怎么干预学校事务。第一拨的队长是个连队的指导员，后调到淮海中学任队长；第二拨的队长是营级干部，他非常鼓励我们学生干部，例如野营拉练出发时让我动员并发布"出发令"等。有一个战士姓奕，跟我很谈得来，拉练时常睡在我附近，夜晚跟我和其他几个同学一起聊天。另有一个姓张的战士，特别喜欢与女同学聊天；我看着有点不顺眼。在战备高潮时期，有一天我们整理出一份学校的红卫兵干部名单，我与张战士玩笑说，如果"苏修"占领这里并获得了这张名单会怎样？张有些认真地说："至少会杀掉一半！"我说，他们根本不会当回事。

按照"五七指示"，那时的中学生每年有一定的时间要参加工农业劳动。有一两个月的时间，我曾参加到"上港六区"也就是以前的北票码头的劳动。我已经忘了具体参加些什么劳动，只记得夏天去劳动可以喝冰镇的汽水，还记得与工人一起，坐在高高的船台上聊天。上港六区还有几个老红军，也就是 1937 年 7 月 7 日前参加工作的老革命。有一次我们请老红军作报告，感觉他们都没多少文化。记得实质的内容基本是："有一次我们一个排，敌人一个连，我们扑下去，把敌人吃掉了。又一次我们一个连，敌人一个营，我们扑下去，吃掉了"等等。当时我跟一个"红团"同学说，好像是听了一个神话故事。此事还有后话。

第四节　纷繁世事

有一件事值得一说。

不少对毛时代没什么记忆的人往往认为那个时期社会风气和社会治安良好。所谓"那时天是蓝的水是清的人是纯洁的"云云也包含这个意思。但实际上，文革时期治安状况极差，各种犯罪都很多；青年和学生中偷窃、卖淫、斗殴等轻微犯罪也不少。有一个"最高指示"

说"专政是群众的专政";正式的监狱不够用了,就动用社会资源,设置"民办"的监狱,后面会进一步说。那个作为名词的"文攻武卫"组织成立后,即参与了治安治理,设置了自己的监狱关押一些相对轻微的罪犯。当然,在那个时候,冤案假案是免不了的,这是后话。那个时候,每隔一段时间(大约是二到三个月吧)会组织一次集中抓捕行动,被称为刮"红色台风"。

作为学生的代表,我直接参加了一次抓捕行动。那是在一个深夜;我参加的那个组好像抓了3个人吧。其中有一个女孩子,应该还是中学生,不知道有什么罪名。当我们的组长宣布让她"参加学习班",带好一套《毛选》以及一些生活必需品后,她起来慢慢地收拾东西,做着做着就哭了起来。她的父母坐在一边,一声不吭。这个场景至今历历在目。

那个时候,我和我的"红团"同事有一些机会参加学校事务,参加教师的会议。这让我了解了一些学校文革初期的情况,同时也让我看到,即使在文革高潮时期,教师们还是有血有肉的人,也关心自己的个人利益;学生和学生的家庭也同样如此。记得有一天坐在门房,有一个学生家长前来告状。我简单了解一下情况,说是邻居家一个学生怎么怎么欺负他们;说完后拖了一句"他们是党员家庭,我们惹不起"。我当时就很吃惊,普通人对党员怎么是这么一种想法呢?这是我第一次知道人民群众对党、对党员其实并不就是纯粹的正面评价。

在我上中学前后,上海发生了很多重大事件。

那个时候时兴英雄主义,就盼着什么地方出现灾难奋勇投入救灾,让自己受伤甚至牺牲,就是最大的荣幸。当然更理想的是发现"阶级敌人"与之搏斗,最理想的是参加与消灭"帝修反"的战争。能遇到什么灾难好像就是一个重大的机遇。1969年5月,从上海杨浦区到黑龙家农村的知青金训华,为抢救被水冲走的电线杆溺水身亡,被树立为"革命青年的榜样",给我们留下了极其深刻的印象。

那时就盼望着有一个类似的机会表现自己。

1969年12月29日下午，我在学校四楼一个教室里，看到东北方向不远处冒出滚滚浓烟，带火的烟柱高达100多米，知道肯定是什么地方失火了。于是与同学一起冲出学校，向那个地方跑去。跑了几百米，就听说是距离我校直线距离3公里左右的文化广场失火，周围很大一个区域已被封锁。于是悻悻然折了回来。事后知道，这由责任事故引起，是到那时为止上海损失最大的一起火灾。数千市民加入了救火和抢救物资，青少年尤多；350人受伤，14人牺牲。牺牲者日后被追认为烈士并受到表彰；其中一人，是我二哥未来妻子的弟弟。那时我二哥还在上海"逍遥"，与他未来的妻子的家人一起料理了后事。那时，烈士的父母还在关押"审查"之中。我未来的妻子有一个表姐，是上外附校初中部学生（说起来也是我的同校学长），"毕业"后去了黄山茶林场，在一次洪水中为抢救公共财产与其他10人一起牺牲，是跟我直接有关的另外一名烈士。很多年后，我到过她们的墓园。

1967年1月28日和1968年4月12日前后，上海发生了两次"炮打张春桥"事件。前一次"炮打"的发起者是复旦大学学生胡守钧，他依托的组织名"孙悟空"。"炮打"失败后，据说张春桥曾表示不追究有关责任人，但胡等仍出逃避风。第二次"炮打"前胡以为风头已过返回学校，刚进校门就被扭住。胡在同学帮助下再次出逃，到1970年又被抓获。以后，按张春桥等的指示，又将"孙悟空"的成员一网打尽。当年10月20日下午，上海市革命委员会在江湾体育场举行40万人讨胡大会，全市各大学、中学、电影院、剧场、音乐厅、俱乐部作分会场，上百万人听拉线实况广播。组织这场大会的第一线指挥应该是徐景贤。

那天，我在交通大学校园听了实况转播，很多时间是在操场中一边活动一边听大喇叭的广播，也没有全神贯注地听取。感觉胡当时应该是有凳子坐着的，会场上除揭发批判，还不时要求他回答问题，胡也可以为自己分辩，虽然肯定会遭到斥责和辱骂。

此后，徐景贤等仿照1950年代关于胡风"反革命集团"材料的风格，搞了一本《胡守钧反革命小集团罪行材料》。如同关于胡风的材料，关于胡守钧集团的材料罗列了大量胡守钧及其"同伙"的原始文字如书信、日记等，又配以编者的批判与评论；夹叙夹议。从编辑技巧看，确实是炉火纯青，文字也十分精彩——无论是摘选的反派的文字还是批判与评论的文字。对"孙悟空"的组织成员也有结构性的精彩有趣描述，例如还有管家婆等；人物个性栩栩如生。

胡守钧集团的罪状，主体部分当然是严肃的政治问题，特别是对张春桥的攻击"污蔑"，以及策划、推动"炮打"的计划及过程；这些内容当时就没有特别留意，没有留下特别的印象。倒是一些表现其个性的内容更生动有趣。例如，胡在一本笔记本上摘抄了韩愈《原毁》中的一句话："彼人也，予人也。彼能是，而予乃不能为是"；意思是"他是人，我也是人，他能做到的，我为什么不能做到呢？"并画了一把滴血的宝剑，下书"宝剑做证人"。又有一首短诗："世谓＊＊孔明灯，汝能把世照分明？劝君知趣快让位，当今毛著孔明灯"云云（星号处是记不得了）。这两个内容在那次批斗大会上提出来过，胡也作了辩解。批判者说前者杀气腾腾，欲取伟大领袖毛主席而代之；后者的重点则竟然要伟大领袖"让位"，与彭德怀同出一辙。胡则分辩说前者是大学一年级时的一篇日记，大意是说学习了《马列学习方法》一书，深为导师锲而不舍的学习意志所感动。反省自己的学习缺乏毅力，一事无成。"宝剑作证人"，是一句自勉的话。后者意在突出毛的英明，要"知趣""让位"的是诸葛孔明云云。那场大会是上海当时的一个大事件，那个时代关心政治的人们应该都会有记忆。

还在读小学时，我就有一定的睡眠障碍，去过医院，吃过药；进了中学仍有这个问题。那是1970年9月的一天下午，我从医院回来，吃了药睡着了,一个同学来我家,通知晚上去学校开会;感觉这个时候开会有点奇怪,到了才知道是传达九届二中全会。

现在我们都知道会上发生了些什么,但当时会议的公报说的基本是些"普通话",没感觉有什么新意。文革后曾有一个时期揭开过神秘的帷幕,高层一些秘密暴露在光天化日之下。但这只是一个过渡。在毛时代,只有保持公众的神秘感才能最大限度地维护权力特别是最高权力的威严。想从公开的文件和宣传中悟出些什么,不仅要看说了些什么,更要看没说什么;还要从字缝中细细品味。原先大家都预期开过"九大",就应召开人大,在党的体制确立后确立国家体制,敏感的人应该发现二中全会公报全然未提此事。我当时还没有这种本事。但过后不久,报纸上出现了"刘少奇一类骗子"的概念,感到好像出了什么大事。文革初刘少奇就被"打倒",但直到八届十二中全会前,公开媒体上一直没有出现"刘少奇"的名字,而以"中国赫鲁晓夫"指代。突然出现一个新的概念,一定有所指。再往后,又听到传达"批陈整风",对二中全会上的斗争知道了些皮毛。有关文件和口头传达中,陈伯达被描述成一个小丑,江青、张春桥等嬉笑怒骂,极尽侮辱之能事。例如说"自命'小小老百姓',实则大大野心家"等等。我当然还没有能力判断其中的是非曲直,但对"天才论"和设国家主席何以就算是"反党",何以就隐藏着"野心"和祸心,陈伯达从中能得到什么,怎么就能把"无产阶级司令部"搞乱了,还真是难以理解。当时跟冯图南讨论过这个问题。传达中说毛引述三国演义中孙权劝曹操当皇帝,曹说"是儿欲置吾于炉火之上"。冯说如果让毛当国家主席,会让人说毛打倒刘就是为了自己再当国家主席,是置毛于不义,非常阴险。我觉得这似乎算是一个说法;但为什么不能由另一个人担任国家主席还不是太懂。不管怎么样,当时还是认为,毛主席总是对的;陈和林的牵连、毛和林的关系,当时都没去想过。

第二章　荣任"团长"

1970年10月1日，写过《红星照耀中国》的斯诺和夫人参加了我国国庆观礼，在天安门城楼上受到伟大领袖的接见，还让他站在身边一起检阅国庆游行队伍。12月18日，伟大领袖又在他的书房里接见了斯诺，并同他进行了长谈。领袖说："崇拜得过分了，搞许多形式主义。"比如什么"四个伟大"，讨嫌！谈话虽然没有点林彪的名，但被认为是九届二中全会后伟大领袖对林彪的批评。我家里也看到一本斯诺与毛对话的文本，看到丰富的内容很吸引我的眼球，但还不能整合更没能力理解。但父亲曾给我强调过毛感觉"讨嫌"，暗示有很深的内幕。

这样就到了1971年7月。大约是13日吧，突然通知上午10点集中听重要广播。当时有点奇怪，一般中央的重要精神如"最新指示"等都是晚上8点发表，上午10点算是什么时间？广播发表的消息不到一分钟："获悉，美利坚合众国尼克松总统曾表示希望访问中华人民共和国，周恩来总理代表中华人民共和国政府邀请尼克松总统于1972年5月以前的适当时间访问中国。尼克松总统愉快地接受了这一邀请。"选在上午10点，是为了与美国同步发布。这在当时是一个天大的消息，感觉也是让人兴奋的好消息；尽管尼克松上任时，中国各地都组织了"打倒"尼克松的游行。后来又有了"乒乓外交"一说。年初美国乒乓球队访华时，我去现场看过球赛，当时一点没觉得有什么特别的地方，没想到后面能引出那么大的下文。

那个时候的外交喜欢搞排场，外国元首访华都要万人空巷，夹道欢迎。这样的活动我参加过两次。一次是罗马尼亚总统齐奥塞斯库，另一次是埃塞俄比亚皇帝海尔塞拉西一世（两人下场都不好）。前面一次，周相和齐总站在敞篷车上接受欢迎。我就得以近距离瞻仰周相的容颜，齐总也见到了。当时感觉还挺荣幸的，也有几分激动。尼克松要来访华，就希望再有这样的机会。

那时中学生每年或每半年都要去工厂劳动。当年9月我和我的同学就在一家针织厂劳动。9月13日我们晚上9点下班；离开工厂时与一个同学到报栏看了一会报纸，在报屁股上看到一块豆腐干，两行字："据塔斯社报道，前苏联共产党中央委员会第一书记、特别养老金领取者赫鲁晓夫去世，年77岁。"标题是"赫鲁晓夫死了"六个字。后来不少聪明人对这六个字的标题和"特别养老金领取者"八个字津津乐道，好像这能让赫氏颜面尽失。以这种方式屈辱赫氏，真的太不厚道。赫鲁晓夫于当年9月11日逝世；我们不知道的是，中国报纸刊登这一消息的那天，中国也死了几个人，发生了影响深远的大事。

1949年直到1971年，每到"十一"国庆，北京和各地都要举行盛大的游行，有时"五一"也是。在北京，伟大领袖和中央领导都会登上天安门检阅（观赏？）；就在上海这样一个地域不大的城市，不仅要举行全市性的游行，各区也要组织游行；前者队伍经过市中心的人民大道，由市领导检阅，后者沿各区主要街道行进，由各区领导检阅。观赏游行是当时人民群众的一个重要的娱乐，而参加游行更是荣耀。1970年，高我一级的"红团"领导有点不好意思地跟我商量，能不能让他参加市级的游行（因为想见见市领导），我参与组织区级的游行。我没一秒钟的犹豫就同意了。市级的游行自然要格外重视；看着他们每天认真地在操场练走步，真的很心疼他们。1971年同样要组织游行，已经做了一些组织工作。到9月20日左右，突然下达了一个通知，说全国上下不举行国庆游行，通知当然说了一些"因为所以"；据说是因为战备和节省开支等（这里表现的是贤相的智慧）。第一时间没有多想。

那年8月，父亲从"五七干校"回来，恢复了职务和工作，又经常往返于京沪，参加和组织外事接待的工作。国庆后有几天，母亲告诉我父亲有些心神不宁的样子，说是有几个老干部因为"泄密"被开除党籍。母亲说了几个上海外事部门的案子探父亲的口气；父亲回答"更大……；还要大……"，等等。10月8日，海尔塞拉西一世皇帝访华（我参加了他到上海时的夹道欢迎，隔窗见过他的影子，还见到他带的一条大狗）。在北京时毛会见了他。登报的那天晚上，母亲把报纸拿给我看，问我怎么想。显而易见，林没出现。即使感到奇怪，还是感到有其他可能。人吃五谷杂粮，总会有个头疼脑热什么的吧？但母亲说："人心不足啊，大了还要大"云云。估计父亲指点她看这个报道。一提醒，这不就清楚了？我这也知道林彪倒了，但什么情况也不敢问。

到10月下旬，正式传达了关于林彪"反党叛国罪行"的文件；知道林"暗杀"伟大领袖未遂，仓惶出逃，摔死在蒙古温都尔汗，自然有些震惊。当时的想法后面再说。那个时候有许多时尚的词汇；特别是突出领袖伟大正确的。其中之一就是"洞察一切"。这个词组被用来解释毛与林的关系，是什么意思，只要不弱智，第一次听到时至少第一时间不会理解。原先副统帅说的"理解的要执行，不理解的也要执行，在执行中理解"毕竟已经是"反党分子"说的"反动话"了。

2月21日—28日，美国总统尼克松来华访问；其中，27日—28日到上海；著名的《中美联合公报》就在上海签署。父亲承担了尼克松在沪时期接待工作的具体组织；至少是接待组织的负责人之一。尼克松回国后，周恩来招待参加工作的人员观赏芭蕾舞"白毛女"；父亲把机会给了在安徽插队当时还在上海探亲的三姐，她得以近距离瞻仰敬爱总理的光辉形象。

1972年的春节必须载入我们老陈家的史册。远在黑龙江、云南、吉林、山西，近在安徽的哥哥姐姐都回到上海。从1958年我大哥去北京上大学后，全家实现了第一次大团聚。吃年夜饭时开了一瓶茅台酒。主要是父亲和我两个哥哥喝的，我也品尝了。本来以为，此后团聚的机会就多了；但下一次的团聚又过了14年。

那一两个月发生了太多的事，后面再说。

第三章

短暂的春天

回头去看，文革期间，反对文革的声音始终存在，试图扭转、终止文革进程的努力也不时出现。较早的一次是 1967 年 1 月到 2 月谭震林、陈毅、叶剑英、李富春、李先念、徐向前、聂荣臻等"三个半元帅、三个半副总理"（因陈毅既是元帅又是副总理，故有"半""半"之说）强烈批评文革的所谓"二月逆流"，江青、张春桥、姚文元等文革新贵及康生等就是众矢之的（王洪文那时还进入不了高层的视线）；伟大领袖威胁说把江、张等交给他们"油煎""砸烂"（更早一些北京"联动"曾狂呼"油煎江青""砸烂张春桥的狗头"等），自己带着副统帅上井冈山"找红军"，迫使老帅和老总（理）们偃旗息鼓。另有一些波澜，不一定是反对文革本身，但矛头指向了重要的文革新贵，例如上海在 1967 年 2 月和 1968 年 4 月 12 日两次"炮打张春桥"，1967 年夏天的上柴联司，剑指的则是日后大红大紫的王洪文。

1968 年筹备中共九大时，中央文革小组组长陈伯达起草了一个以后被批判为"唯生产力论"的政治报告稿，具体文字至今不得而知。从"唯生产力论"这个概念及以后批陈时透露的片言只语看，那个草稿似乎是提出了一个注重经济建设的纲领；这与张春桥等起草、最终正式推出的报告特别是其中的"无产阶级专政下继续革命理论"

几乎针锋相对。九届二中全会事实上又是林彪等与江青、张春桥等文革新贵的一次正面冲突——虽然几年前林彪也是文革的推动者至少是支持者。此后在这一个"小集团"中形成的《"五七一"工程纪要》，更是对文革的全面批判和否定；不管这是不是出自一批"阴谋家"或"野心家"之手。如果认为林彪是这一个"政变"纲领的始作俑者，那也表明了他反对文革的立场。九届二中全会后不到一年，被文革浪潮推上巅峰的林彪（当然还"离天三尺三"）坠机身亡。此后周恩来借批判林彪"极左路线"，试图将党和国家拉回正常的轨道，某种意义上说，也是结束文革的又一次努力。林彪事件不仅是一个震撼性的事件，也是文革历史中具有转折意义的事件。林彪事件不仅让"副统帅""接班人"林彪跌下了"神坛"，也剥去了伟大领袖"神圣"的外衣。这个时候，文革的正义性、合法性、合理性都受到了严重的质疑。

在一定的意义上说，1971年的秋天到1972年的春天应该是中国文革潮水最低的时期。但那几个月，发生了太多的事，在国家、家庭和我自身都是如此。这几十天里，在国家，那是旧、新两轮动乱的终点和起点；我家在兄弟姐妹分离十几年后第一次实现了大团圆，马上又骨肉分离；在个人，经历了思想的跌宕起伏，朋友的聚散离合。以后听人说大团圆中往往有不好的兆头。我和我的一些朋友，从那时起开启了个人生涯的一个新阶段。

第一节　团圆年

家事国事天下事，先说家事吧；虽说时间上与其他事有交错。1958年，17岁的大哥考上中国科技大学，去了北京；以后，大姐、二哥先后去外地上大学。伟大领袖1968年的"12.21指示"（即"知识青年接受贫下中农再教育"等）后，三个姐姐先后去云南、安徽和黑龙江"插队落户"，一家人越走越散。1968年到1971年，父亲也去了位于奉贤的上海市直属机关"五七干校"，每月回家一次。从1958年大哥去北京以后，一家人再没有聚齐过，直到1972年。

大哥1963年大学毕业，留在中国科技大学任教。1965年大哥被吸纳入党，成为预备党员，文革刚开始时转正。因为在大学任教师，文革初期有更多的机会参与"运动"，前面已经说过。1969年中共中央"八.二八"命令发布后，全国进入战备状态。我们现在都知道那时很多高级干部，包括被"打倒"的如刘邓和掌权的如林彪等都"疏散"离开了首都；在北京的很多重要机关也要求疏散。包括北大、清华和中科大这样的大学都被要求迁出北京。大哥积极参加了中科大的"疏散"工作。不知道是因为他们运气特别好（？），还是因为大哥他们工作太积极，很快在合肥找到了可供使用的校园，不久完成了搬迁工作。北大、清华就没有那么"好"的运气，没完成搬迁形势就缓解了，因而得以留在北京。

大姐服役的那个工作部门从北京转移到了山西的大山里；后来我知道，那里当时安置了好几个部门。1967年10月5日，农历八月十五，大姐结婚了；大姐夫是他们同一部门的军人。当天正值月全食，接到报喜的电报时正是初亏时分。我们立即"绑架"着父亲出门买糖，当时的情景至今历历在目。大姐很多年都没机会回家探亲，但大姐结婚前一两年内，准姐夫曾有两次机会到上海，每次都会带给父亲两瓶茅台酒。1968年，大姐第一个女儿出生；母亲去山西帮助带了一段时间，以后把外孙女带回上海。有一段时间，家里就母亲、外甥女和我三人。那时母亲还没有退休，外甥女就在一家寄宿的托儿所，每周回来一次。

二哥曾有一个机会重穿军装。中苏关系紧张时，某一年部队招收俄语人才。二哥通过了专业考试，但政审时因父亲的"历史问题"还存疑，未能通过。

那个时候，大哥和二哥有时会出差途径上海，在家住上一、两天。遇到这样的时刻，父亲总会抽出时间在家吃一顿饭，父亲和一个哥哥，以及我，三人饮尽一瓶白酒，通常是哥哥从出差地带来的当地名酒。

1969年去安徽"插队"的三姐基本每年冬天都能回上海。记得1971年初，三姐第一次回家时正是清晨5点左右，天还没亮。家里就我一人，听到敲门声没怎么睡醒去开门，见了面一时没反应过来，还真的没认出来。那时我刚学会下个面条、炒个青菜啥的。姐姐进门后我就请她吃我前晚炒的青菜；她连声说"不赖、不赖！"（插队地方的方言）。事后我跟妈妈说我这个青菜都没有炒熟，估计她是表示对我的鼓励。妈妈说，恐怕他们那里都吃不到什么东西，回家了能吃到上海的青菜，是真的感觉好。在云南插队的二姐，出门的时候就表示三年回一次家；到1972年正值三年，按计划回来了。到黑龙江插队的四姐是在"插队"两年后第一次回家。

1971年春节大姐回家探亲过一次，当时表示一定争取第二年再回家。大家都不太相信，但也期盼第二年能实现全家团聚。过了几个月大姐怀了第二胎，预产期就在春节前后，请假回家就没有悬念了。于是约定1972年要组织10多年来的第一次全家大团圆。

首先回家的是在安徽插队的三姐。回家过年当然是最高兴的；最早回家还有额外的福利。父亲已经恢复工作，有些涉外的演出、体育比赛等总有余票，谁先回家就有更多的机会。记得那一年有日本乒乓球队访华的友谊赛，还有一些其他演出，我和三姐一起去看的。临近春节，散落在天南海北的哥哥姐姐陆续都回了家。除了团聚的快乐，也带来了各地的信息。与报纸、广播中知晓的相比，或多或少更负面一些。

从"插队"的姐姐们那里知道的,是农村的日子很不好过。例如在淮北插队的三姐,刨去预分的粮食和油盐酱醋钱,劳作一年还倒欠了 16 元几角几分。在那里,主要作物就是红薯,农民和插队的知青一年到头也就只能吃红薯。知青能获得家里的支持,或多或少能有调剂的余地,农民的日子也就只能那么过了。每年春节前回家时固然很高兴,节后回去,每次我去送行,表情就有些凄惨。记得每次回去都要带好几个旅行包,我不参与准备因而不知道里面装些什么,估计一应生活用品都尽可能地多带,即使是肥皂和手纸等,也得从上海带去。

已经搬迁到合肥的大哥,与以前一样不时会有下乡的任务。从他和同在安徽的三姐那里,听到了所谓"三年自然灾害"的一些情况。大范围饿死人就不说了,据说还有人相食的。三姐就绘声绘色地转述过一个案例。文革批判刘少奇的一个重要内容是"三自一包",即自负盈亏、自由市场、自留地和包产到户,批得臭不可闻。我这样不谙世故的少年,自然以为那都是"走资本主义道路",祸国殃民,但大哥说他下乡时与一个大队书记闲聊时,那个书记对包产到户啧啧称叹,说"大包干不错"。我们现在知道,所谓"自然灾害"后期,对安徽的灾难负有极大责任的省委书记曾希圣,为挽回局面曾经推行过包产到户即"大包干",有相当的积极作用。这让我看到了以前不知道的社会,对前几年曾见的上海遍地乞丐的情景也有些理解了。记得大哥还说,合肥、南京等地遍地小偷,除此以外,还有一些点滴的情况。总的说,让我感到"形势"并不那么"一片大好"。

二姐和四姐,在农村的日子相对好一些,至少能吃饱饭吧。在黑龙江插队的四姐,虽然能吃饱饭,但除了家里邮寄的以外,基本就没见过钱。在云南插队的二姐去农村两年后就入了党,以后又"上调"到县政府工作,境遇相对较好,只是回家路途太远。入党前我在上海接待了前来"外调"的两名当地干部(在当时能到上海"外调",可是难得的好机会哦！），还招待他们去上海动物园一游；当年我经常有类似的任务。据说那个时候那些基层干部经常靠两只脚翻山越岭传达"中央精神"，也挺辛苦的。与她一起去云南的同学并非每个都同样幸运：她一个好友的弟弟，去了不几年就死在当地。

1972年春节的团圆照。后排左一是我。与现在一样，中国人拍照都讲究"笑一笑"，但这张照片中，除了母亲似有笑意，其他人都没有笑容。

那年团圆，各地的哥哥姐姐都带来了当地特产，有鸡有鸭有鱼有肉，还有菌菇粉条干果蜜饯什么什么的，老家亲戚也送来海产，数也数不过来，比起其他只能靠票证、配给的，真不知道丰富多少倍。以前过年的的方式也都启用起来，例如做腊肉、做蛋饺等等。大年夜吃了丰盛的团圆饭，喝了茅台酒。吃完年饭，一家人又围在一起聊天守岁，包宁波汤圆，真的是其乐融融者也。在此之前，我的任务是体力付出相对多一些的磨水磨（糯米）粉，除夕夜里我就坐着看热闹了。春节的那些天也就这么红红火火、热热闹闹地过去了。

如同"逍遥"时期一样，借书和读书也是那十几天重要的内容。

记得我一个中学同学手里有一本《一千零一夜》,同意借给我但只给24小时。我三姐非常急切地也要看。那天学校安排我在学校值夜班(估计是很多教师不愿意值班就利用我们这些学生吧),于是约好我在学校连夜看,到凌晨带回家让她接着看。晚上在学校值班室里,校领导下班前来表示关怀;进门时我连忙把书放进抽屉,心想"你就快走吧!"偏偏领导就站在那个抽屉旁边,还慢条斯理地问长问短,真把我吓个半死。领导走后,开始一目十行地阅读,到凌晨4、5点钟算是读完了,于是把校门虚掩着回家把书转交给三姐,再返回学校接着"值班"。这绝对是一个严重的渎职行为。往返至少需要15分钟吧?这个时间段里学校出现任何问题,特别是盗贼或其他别有用心的人进入,我都无法逃脱责任。

那个春节前后读过的书,能记得的还有两本,一本是茅盾的《子夜》,另一本是《赫鲁晓夫时代》。两本书都是哥哥或姐姐借来的,已经经过无数人的手,没有封面和封底,最前和最后的几页也都被翻烂了。《子夜》就不必说了。当时看着觉得情节生动有趣,人物形象鲜明,但因为没有必要的知识,例如证券市场及其规则和行话,什么"多头""空头"之类的,同样也没有足够的阅读时间,不能说有什么特别的体会。真正的体会20多年后才有。

《赫鲁晓夫时代》应该是一本"灰皮书"吧(封面早就不见了,不能确认)?据说作者是一个印度人,应该是印共党员。这样的书同样没有充足的阅读时间(光我们家里就有5-6个人要读),肯定不会有整体性的印象。但其中赫鲁晓夫在苏共二十大上的秘密报告极具震撼,我反复读了几遍,印象极为深刻,让我产生了新的认识。第一,斯大林是一个血腥、残忍的统治者,党内整肃更为恐怖。例如,"在第十七次党代表大会选出的139名正式和候补委员被逮捕和遭枪决(主要是在1937—1938年)的有98人,即70%";"被诬告为反革命罪行而被捕的人数在1937年较1936年增加了九倍多";"在这些年代里，大规模进行了没有根据的镇压，使党的干部遭受了重大损失。最恶劣的做法是要内务人民委员会在拟定提交军事法庭审判名单时，事先就定了这些人的刑罚。名单由叶若夫交给斯大林本人审批预定的惩处办法。1937年到1938年共有383份名单交给斯大林，涉及数千名党的、苏维埃的、共青团的、军事的和经济的工作人员，并得到了他的批准"；等等。第二，斯大林获得权力的方式并不光彩。赫鲁晓夫的报告详述了列宁最后几年与斯大林的关系，列宁并不信任斯大林（当然这不算什么了不起的事），但斯大林与他同志们的纵横捭阖，得以就任总书记并将权力集中于这个职位，以及他就任后铲除那些支持他掌权的那些当年党内中坚人物的过程。这能让我联想起文革初期能看到的苏联电影如"列宁在十月""列宁在1918"等等中的编造，显得多么的拙劣与恶劣。第三，也让我第一次对"个人崇拜"有了认识（那个报告的正式标题就是"关于个人崇拜及其后果"）。这很容易让人联想到中国的个人崇拜。虽说林彪事件后似乎说过毛对文革初期的造神运动"讨嫌"，但在停止了"忠字舞""早请示晚汇报"之类的形式外，崇拜的实质没有任何改变。第四，那里好像也解读了中共在苏共二十大以后的反应，例如八大将"毛思想"从党章中删除，以及其他消除个人崇拜曾经的努力。不难理解，那个时候能看到这些，对我们这些从来受到"正面教育"又涉世未深的人来说，都能发生颠覆性的影响。在我之前看过此书的人们，多数应该不会无动于衷吧？

此外，关于那时苏联与中国的关系及双方的方针与博弈，对中苏论战也有论述，但都没有留下深刻的印象。

文革初期时，也就是4，5年前看过一本关于1956年匈牙利事件的灰皮书，里面除详细揭露"裴多菲俱乐部"及其他"反革命"团体外，还有关于"反革命暴乱"的描述。书里列举了一些内务部军官被"暴徒"杀死的细节，都有具体的名字、地点和时间，还配有一些照片，可以看到一些穿着制服的人暴尸街头，有的还被吊在电线杆上，模样非常恐怖。当时有一句如雷贯耳的话，叫"一旦资本主义复辟，必定千百万人头落地"；匈牙利事件显然提供了一个活生生的案例。看了赫鲁晓夫秘密报告才知道，千百万人头是落在"无产阶级专政"的刀斧之下；差不多"社会主义阵营"的所有国家都有类似斯大林时期的镇压和屠杀。那些"动乱"中被杀的内务部军官，正是人民痛恨的刽子手。

第二节　大院子弟的集结

1963年搬家到大院后，就与大院小伙伴保持着很好的关系，有一批很好的朋友；不少从海格幼儿园和小学一、二年级都是同班同学，在东庙二村小学时，我们二村第一排6个楼号，同班同学有10几人之多。非常要好的朋友也不少，黄山旭、万晓光是其中的两个。到小学三年级我去上外附校，与大院的同学见面的机会少了，但周末回家，还是会找朋友一起玩。例如黄山旭，周末我们就经常会在一起。其他同学有时也会告诉我一些学校里的趣闻轶事，例如万晓光就曾告诉我黄山旭特别崇拜一个年轻的女教师，一边说一边笑得喘不过气。

文革开始后，我与这批朋友的联系就少了。我大哥作文革动员的那一次，后面的讨论并写要求参加红卫兵的大字报，好像就是在万晓光的家里；万和他的一个姐姐也参加了去高教局和市委接待站的行动；但此后他们都退出了我的一切行动。对于政治和其他公共事务，他们完全没有兴趣；他们也不在我借书的圈子之中。家里在姐姐的带动下我第一次通读了《毛泽东选集》，但我高度怀疑他们也会有这样的阅读。总而言之，文革开始后我们差不多就分道扬镳了，当然路上见了还会打个招呼，说上几句。记得有一次我为父亲打酒回来遇见万晓光，他要求喝一口尝尝，我让他喝了。我担任小学和中学的"团长"以后，日夜活动在学校里，与他们就更加疏远了。

黄山旭的母亲是1940年代的大学生，1940年左右就加入了共产党，是他父亲参加革命的领路人。他父亲是解放前复旦大学土木系学生（后归并到同济大学），抗日战争时期也加入了共产党。"解放"后山旭的父亲在上海民用建筑设计院当领导。他一直很自豪地说，他父亲在那里是"内行领导内行"。万晓光的父亲是抗日战争期间参加工作的老党员，在山东根据地担任地方工作；解放战争后期随军南下，1950年代初曾任当时的浦东县党委书记，以后任上海市农业局局长，好像是十一级干部。他的母亲也是干部，一直在上海市妇联工作。文革初期，我们的父亲多少受到了冲击。我们三个人中，黄山旭的父亲应该受冲击相对较小，万晓光的父亲受到的打击最严重，我不太清楚是不是曾经被关押，但肯定有好几年停发工资，按家里的人头每人每月发10元或15元生活费，银行存款也冻结了。

与我父亲一样，万晓光的父亲有好几年去了"五七干校"。与我家不同的是，他母亲也去了干校。这样，那些年里，万晓光就随父母去了位于上海郊区的干校，当年的干校有一批这样的孩子。"下放"的干部中文化程度高的多得是，于是就为这批孩子办了学校。在这样的学校中，万晓光认识了一批散布在上海各处大院或小院的干部子女。在东安二村，我和万晓光、黄山旭与同龄人交往的圈子不同，他们与文革前的大院子弟来往更多、更密切，我的交往则比较杂。

1971年，我父亲和万晓光的父亲都恢复了工作。我父亲回到了原先的单位，担任同样的工作（不知道能不能算是"官复原职"）；万晓光的父亲另有任用，担任了上海市委"组织组"副组长，相当于过去和现在的组织部副部长吧；同时也解冻了银行存款，补发了被扣的工资。与当时很多人一样，拿到这笔钱首先是表态上交作为党费，最后就按"政策"拿了回来。用这笔钱的一小部分，他家买了两辆当时最时髦的自行车（后来我骑过），更值得一说的是买了一套线装本的《二十四史》，带有专门配置的仿古书架。在那时，不是一般的高雅；以后有机会经常坐在书架边，我们都不敢随便碰。

那时万晓光当然也随父母回到上海，转到零陵中学学习。我和黄山旭、万晓光分别在三个班级；很长一段时间内我们之间交往很少，相互间越来越生疏，有时竟至于见了面都不好意思打招呼。

1971年底，朝鲜"血海"剧团访华，在上海有一两场演出。我不知道那个剧团的正式名称，"血海"只是他们演出的剧目。这是一个表现他们的伟大领袖早年生涯的大型舞剧；该领袖剧中角色名"乙男"。演出在著名的上海文化广场举行。如同文革以前，我们又有机会前往观赏（好像有些文革前时代"复辟"的意思哦？）。该剧场面壮观、气势恢宏且色彩斑斓，给我们留下极其深刻的印象，感觉音乐也很优美——在好多年只有8个"样板戏"可看可听的时候，能听到一些新的旋律真的很让人兴奋。回家时在公交车站遇到了万晓光，相互打招呼时我们两人竟都有些腼腆。在那里我们还遇到万晓光班上一个叫于晓梅的女同学。她的父亲文革前是上海市主要领导的秘书，文革初才搬家到东安二村（1958年他们随领导也曾短时间在二村住过）。那时，除了少数学生干部，男女同学之间都没什么往来，非不得已也不说话。因为大家的父母相互都熟识，当时都在场，好像相互点了点头勉强算是打了招呼。

过了一两个月，在1972年的1月21日，万晓光敲开了我家的门，腼腆地邀请我去他家。那里已经聚集了10多个小伙伴。

林彪事件后，以周恩来总理为主，一些高层领导都希望以此为契机，扭转文革以来的混乱局面，恢复正常的社会秩序。一个重要的策略就是将文革以来的恶政与主要领导和江青等切割，全部栽到林彪及其"集团"头上。据说林及其同伙推行"极左"路线，"干扰、破坏"了"毛主席的革命路线"，导致社会、经济、文化极大的混乱和破坏。而"肃清"林彪"极左路线"，"回到""毛主席革命路线"，全党全国走上正确道路，国家和人民从此就能走向新的胜利。教育领域是文革的重灾区，重新创造好的学习环境，是当时的一个工作重点。不久后毛说林彪路线是"极右"，周的努力受到挫折，那就是另一回事了。

今天我们都知道（其实当时很多人也都知道），文革对社会造成了全面的破坏。在教育领域，第一时间内就停止了高等教育招生考试，大学基本就不办了。1968年毛又有"最新指示"说"主要是理工科大学还要办"，但理工科大学也没有很快就"办"。中学、小学教育受的影响就更大了。对成绩较好有学习愿望的学生来说，因为高等教育关了门，学习失去了方向；对有一定学习困难的学生来说，以前最害怕的是考试不及格不能正常升入下一个年级；文革时将此作为"资产阶级教育路线"对工农兵后代的"关卡压"，取消了留级制度，因而他们也失去了学习的动力。文革最初的几年中，轮番地批判"读书做官论""读书无用论"，批判"师道尊严"又批判"无政府主义"，人的脑子搞得很乱。文革的主导者如江青张春桥等当然总是有理，批判"读书无用论"和"无政府主义"时，似乎将此也作为"刘少奇资产阶级反动教育路线"的一个组成部分。在教育部门，当时最大的任务就是恢复教学秩序，提高教学质量。这当然要求教师端正工作态度提高教学水平，但最重要的是要激发学生的学习热情。记得当时有一些流传广泛的笑话，例如下乡青年一些错误百出的家信，嘲笑没有知识的"知青"；老师会在课堂上讲述这些（有的还真有点"荤"），用意当然是说明学习的重要，即使最终还是需要下乡。

为贯彻当时极为有限的"拨乱反正"的要求，学校首先推出一些措施，希望1972年1月底的学期考试有所改进，意图应该是让考试能真正测试学生的学习成绩，并对不认真学习或有学习困难的学生形成一定的压力。当时还是文革意识形态主导，"师道尊严"的大帽子还悬在那里，要做相应的规则设计还真是一个很大的难题。例如，不能恢复留级制度，学习成绩与毕业后工作安排也不挂钩，又要对学生成绩好坏与前途的相关给出强烈的暗示；细节上，不能严厉地管束又要有效地防止学生作弊；又如对考试成绩非常差的学生后续怎么处理等等，都要有规则的设计。也真难为了学校的领导和老师，小心地在各种陷阱之间绕圈子，设计了一些规则。多数细节都忘记了，只记得一个"第二考场"，即把有作弊嫌疑的学生拉到另一个考场，在更严格的监视下单独考试。不管怎么说，这都是一套加强教师权力，让学生多少感到压力的办法，有点提升"师道尊严"的意思。

这套规则肯定让学习困难的学生感觉到更大的压力，但首先让那些学霸级的学生感觉受到了侮辱。在那时，以及以后几十年我做学生和做教师的年代中，我对那种防学生如防贼的理念及做法始终非常反感。从我做红小兵"团长"开始，我就比较独立逆反，批判"师道尊严"的文章和大字报没有少写，也非常地"无政府主义"，但我对知识的兴趣没有稍减；虽然从不重视教室里的听课和作业，仍有很多时间用于学习，阅读量很大，应付学校的教学仍一如既往毫无困难，每次考试都能轻松地拔得头筹。那时我已经辞去了红卫兵"团长"的职务；虽然仍是红卫兵团委员，但思想上已经结束了与学校领导的合作。那个考试改革方案公布后，我想我肯定贴出了表示反对的大字报而且很可能是第一张，至少是最初几张之一。接下去的半个多月里，学校中掀起了一场轩然大波。学校中反对的大字报铺天盖地，一天可以被覆盖好多次。其中，贡献大字报最多的是署名"同心干"的小群体。

第三章 短暂的春天

这个名称来自伟大领袖的词《渔家傲·反第一次大"围剿"》:"万木霜天红烂漫,天兵怒气冲霄汉。雾满龙冈千嶂暗,齐声唤,前头捉了张辉瓒。二十万军重入赣,风烟滚滚来天半。唤起工农千百万,同心干,不周山下红旗乱。"

"同心干"是一个松散的群体,以万晓光为首,主要是大院的干部子弟,骨干都是学霸级的(这都是被以后的学历和经历证明了的);即使不是学霸,也都是学习毫无困难的学生。在"同心干"的带动下,很多学生都加入了写大字报的行列。在下一个年级,"同心干"一个骨干王葵的弟弟王韧也拉起了一支队伍,叫"红旗乱",也贡献了不少大字报。

那年 1 月 21 日正是反对考试改革的大字报的高潮。因为我有鲜明的反对严控学生的理念与规则的态度,与"同心干"肯定很有共识,那天下午四点左右万晓光敲开我家的门,邀请我去他家参加同心干的活动;我欣然前往。进了他家,看到一大群人:黄山旭、王葵、陈松、贺建强、徐建保、等等,足有 10 多人。我在那里受到了热情的欢迎,很快展开了话题。大约不到半小时又写出了一张大字报,大家兴高采烈地簇拥着到学校去张贴。在以后的几天里,学校一下课大家就立即聚集到万晓光家,炮制一张又一张大字报,甚至一天能有十几张的。在我们这批能动性很强的学生的反对下,那次考试规则的改革应该是最终泡汤了——具体情况不太记得了,但如果没有泡汤,我们肯定会有进一步的行动。

现在看来,我们当时只是由着性子发泄了情绪,对当时整顿学校、规范教育的真实需求毫无感知,对学校领导和教师的苦心也缺乏体会。我们自鸣得意的大字报没有真正的思想性也没有什么价值;但期望师生平等、建设亦师亦友的健康关系一直是我的追求。以后我做教师时也是这么想、这么做的。

重要的是,经过这一段时间的闹腾,我与那几个童年伙伴重建了友谊，同时形成了有很强内聚力的小群体。

再说国事。那个时候最大的国事就是林彪事件。

在 1971 年的某个时候，曾经内部发行过一本小册子：《毛主席与斯诺的谈话》，是斯诺在美国发表的 1970 年国庆日及以后与毛几次谈话的记录。毛与斯诺的谈话正是在九届二中全会以后，其中包含着一些毛对文革的想法，也隐含着他对林等的不信任。这种时候在干部中广泛传达这些信息，带有"转弯""打招呼"的意图。与往常一样，我家有这本东西，我也会相对仔细地阅读；毕竟这是一个西方人写的，可以看到西方人的思想方式和表达方式，也有一些来自西方的信息，对我来说有新奇感。其中有毛说"四个伟大"即伟大的导师、伟大的领袖、伟大的统帅、伟大的舵手"讨嫌"的说法，说他只承认第一个"伟大"，因为他做过教师。但我并没有感觉毛要消除个人崇拜的意思，因为他同时强调个人崇拜还是必要的，即使是美国，对华盛顿也是崇拜的，例如全美有那么多叫"华盛顿"的地名等。当时有印象的还有，斯诺说毛自称是"打着一把雨伞云游世界的僧人"，后来知道，毛说的是他本人是"老和尚打伞，无法无天"；在场的翻译官显然还没有做准确意译的水平。那时已经开过了九届二中全会。敏感的人已经注意到其中的玄机，例如我父亲就曾提醒我注意某些敏感内容。我当然还没有这个水平，也就似懂非懂听着看着。

1971 年 9 月 13 日到 10 月初的情况前面已经说过。虽说已经有猜测，但还没有能力也没有强烈的动机去作具体的推测。大约 10 月 20 日后的某一天，去学校时看到两个同学（我记得他们的名字和当时的情景）在操场上一步一步地走着，悄声说着什么，马上凑了过去。主导谈话的同学与我平时关系也不错，谈话继续着，但涉及的名字都忽略了。我之前已经知道有高级干部因泄露核心机密被开除党籍等，凑过去只是为了验证已经有的猜测，当然也希望听到更具体的细节。那个同学的父亲或周围其他人肯定比我父亲胆大，将自己先听到的文件传达泄露了出来。

实际上，他们那个级别的干部真正了解内情比我们也就领先了几天。没记错的话，就在1971年10月25日吧，就向基层群众传达了关于林彪事件的"绝密"文件。

传达时总是从第一个字读到最后一个字。最前面的是文号（"中发"某年某号）、毛的批示（通常是"照发"，有时也会有几个有实际意思的字句），然后是文件的密级和传达范围。那些文件密级绝对达到"绝密"级别，传达范围多是"省军级"。虽然我们比"省军级"晚了一个月听到，但也觉得享受到了极高的待遇。

第一个文件是描述林彪及其死党丧心病狂地谋害伟大领袖，失败后"仓惶出逃"，在蒙古国温都尔汗坠落，"自绝于党自绝于人民"，死无葬身之地，"大快人心"的事实。以后每隔一段时间就有新的文件传达；后续的文件则出现了"林彪反革命集团"的概念，好像有"林彪反革命集团罪行材料之一""之二""之三"之类的标题，将这个集团的罪行抽丝剥茧，详细剖析；最后还有林彪反党集团的成因及相关的理论分析。

后续的那些文件中，林彪及其"集团"被描述为从一开始就处心积虑地反对伟大领袖，包括文革前后吹捧伟大领袖，就是别有用心的；文革期间则一贯地反对毛的革命路线，破坏运动的进行。这样，文革中的种种问题及其造成的严重破坏（不包括揪出刘、邓等"叛徒特务走资派"及其他阶级敌人等），就都堆到了林彪及其集团的头上。1972年1月陈毅逝世后，伟大领袖临时决定参加追悼会，并借这个机会给1967年的"二月逆流"非正式的"平反"；当年对几个搞"逆流"的老帅和副总理的批判和压制，似乎又是林彪谋划和主导的。后面的文件则把林彪的历史从新的角度重新叙述了一遍，例如红军时期就质疑"红旗打得多久"，长征途中鼓动彭德怀取代毛执掌军权；而解放战争期间特别是辽沈战役中，林彪坚持了"资产阶级军事路线"，反对伟大领袖的英明领导及高超的指挥；建国后又参与了"高饶反党集团""彭德怀反党集团"的阴谋活动，等等。现在想起来，有点奇怪的是为什么没有揭露他与刘少奇"反党集团"的勾结。总而言之，林从一开始就是一个阴谋家、野心家，始终反党、反毛，反社会主义，十恶不赦。

关于那个"反党集团"的成因，理论的基础就是毛的一段话：资产阶级不会甘心自己的失败，总是要在党内寻找自己的代理人。因此，不要以为有一二次三四次文化大革命就可以太平无事了。重大的路线斗争七八年来一次，千万注意绝不可丧失警惕。虽说原文现在已难以查找，但这里的意思是准确的（本想查找原文，经网上搜索能找到若干痕迹，但确切的内容已全部被删除）。

对于我们这些少年学生来说，更能吸引我们注意的是许多细节的描述，例如三叉戟飞机出逃的经过，以及另一架直升机从起飞到迫降及机上人员自杀或被捕等等。关于林立果"联合舰队"（文件中的简称是"小舰队"）的细节描述是更为突出的兴奋点。即使那些文件意在揭露那些人的罪恶，但给人造成的印象，那个"小舰队"就是一些功夫高深、神通广大又意志坚强的年轻人组成的集体（没想到不久以后我们自己被传说为类似的人物）。后来，作为某一个文件的附件，又全文转达了林立果"小舰队"的政治纲领即"五七一工程纪要"。这个后面再说。

虽说那些文件都出于当时领导集团的政治需要，今天我们也知道主要出于后来的"四人帮"之手，按他们的意愿对历史和现实进行了包装、歪曲和篡改，但毕竟能让人看到以前精心遮掩的一些事实，让人看到一些真相。在那个时期，对文革初期形成的"坚定信仰"特别是对伟大领袖的崇拜产生动摇的，恐怕不在少数。

1972年初的期末考试结束后，"同心干"的活动也告结束，但那个紧密的朋友群体仍然保留了下来，主要成员除我和万晓光，还有黄山旭、王葵、徐建保等；放假以后，经常往来的又增加了万晓光、黄山旭等朋友圈子中的刘建、刘巍、邹皓等，他们都是"就近"到东安中学学习的学生。那时万晓光家人少，他家就成了这些朋友活动的场所，差不多每天每夜会有一些人在那里聚会；当然每天在场的人会有不同，但我是基本每天都到的。那个时候，我们的父母工作都忙，对自己的子女也比较信任，对我们基本放任不管。记得有一天，传说可能地震，于是7，8个朋友就猫在万晓光家里等着迎接地震，整夜没有回家。一个同学的母亲见自己的儿子下半夜还没回家有些担心，去敲我家的门；我父亲开门后问我是不是在家。父亲说：在啊，正睡觉呢！那位母亲坚持要我父亲去确认一下，进去一看，只见我的床上被子整整齐齐的，根本没人。那位母亲见我也不在家，立即表示知道儿子与我在一起，就放心地回家了。

日夜聚在一起，自然会有话题。我从来政治意识就很强烈，其他朋友原本并不关心政治，但大院子弟与生俱来的政治基因很快就被我激活了。谈政治，最大的话题当然就是林彪事件。

当时很多人可能对林"预谋"害毛、叛逃感到震惊或难以理解，但我们的注意力更多集中在较迟传达的一份文件中的附件："五七一工程纪要"，也就是被认为是林彪反党集团的纲领性文件，这是林及其集团最主要的犯罪证据。这份文件中很多内容很快引起我们的共鸣。

首先是关于现状的描述。"十多年来，国民经济停滞不前，群众和基层干部、部队中下干部实际生活水平下降，不满情绪日益增长"；"党内长期斗争和文化大革命中被排斥和打击的高级干部敢怒不敢言"；"农民生活缺吃少穿"；"青年知识分子上山下乡，等于变相劳改"；"红卫兵初期受骗被利用，已经发现充当炮灰，后期被压制变成了替罪羔羊"；"机关干部被精简，上五七干校等于变相失业"；"工人（特别是青年工人）工资冻结，等于变相受剥削"，等等。这里说到的所有群体，我家差不多都有，我们周围也都能见到；特别是很多人家中都有早年红卫兵、下乡知青，下"五七干校"的变相劳改、变相失业分子（我和万晓光、黄山旭家都有）。我们感觉，那都是些无可争辩的事实。进一步的推论，那都是所谓"伟大的""无产阶级的""文化大革命"的结果。从最初听到这份"反党纲领"并开始讨论起，我们这个小群体中对林的集团，特别是对林立果及其"联合舰队"就有了同情、理解的倾向。

"纪要"还有关于形势的判断。例如："一场政治危机正在酝酿；中国正在进行一场逐渐地和平演变式的政变；一场新的夺权斗争势不可免"，等等，给我们留下深刻的印象；对"纪要"中的某些概念，如"社会封建主义""当代的秦始皇"等，也有很高程度的认同。"纪要"中对他们夺权后改革的打算，用一句话说，就是全面否定文革，希望改善政治、社会和经济状况。

有评论说："'五七一工程纪要'对伟大领袖的批判是震聋发聩的，对毛本人的形象具有极大的杀伤力"，此言不虚。1976年4月初天安门广场上的"四五"诗篇中可以看到佐证。如当时天安门广场上一首有名的诗写道："中国已不是过去的中国，秦皇的封建社会已一去不返，人民也不再愚不可及"，或许与"纪要"也有关联。据说当时中共政治局内部对于是否下发这个纪要有不同意见，伟大领袖不顾周恩来等人的劝阻，执意公布"纪要"全文。不管毛的动机如何，这在客观上揭开了文革的黑幕，其潜在影响是非常深远的，至少对我们这群少年影响极为巨大。对于那批青年军人改变现状的冒险计划我们不敢评论，也没能力评价，但文革对民众不是好事，现状应该改变，也能够改变，已经印到了我们的头脑之中。

"纪要"还有一个重要的内容，是指出了他们的斗争对象。除了"当代的秦始皇"（亦称"B－52"）以外，就是"笔杆子托派集团"："一小撮秀才仗势横行霸道，四面树敌头脑发胀，对自己估计过高"。

第三章 短暂的春天

"纪要"指责他们"正在任意篡改、歪曲马列主义,为他们私利服务。他们用假革命的词藻代替马列主义,用来欺骗和蒙蔽中国人民的思想"。"他们今天利用这个打击那个;明天利用那个打击这个。今天一小撮,明天一小撮,加起来就是一大批。他们这样做,利用封建帝王的统治权术,不仅挑动干部斗干部、群众斗群众,而且挑动军队斗军队、党员斗党员,是中国武斗的最大倡导者。他们制造矛盾,制造分裂,以达到他们分而治之、各个击破,巩固维持他们的统治地位的目的"。矛头指向非常清晰。

虽然我们不敢认同"纪要"的全部观点,不能想象居然有人能胆大包天搞什么"五七一"即武装起义,与全国人民一样认为任何针对伟大领袖的反叛行为肯定是滔天罪行,但文革不是一件好事,文革以来给很多人带来了灾难,造成很多家庭的分离,经济社会每况愈下,在我们这个小小的群体中已经形成共识。这方面,有些情况是我带给这个群体的,因为我家有来自全国各地的信息;也有其他人带来的。同时我们也感觉到,文革的灾难并不能归咎于林彪及其"集团",至少不能完全归咎于他们。那时,黄山旭能带来很多"小道消息",例如关于"二月逆流"的真相,林彪、张春桥等在其中的实际作用等等。也就是说,推动和主导批判掀起"逆流"的老帅和副总理的责任主要在后者而不是前者,内容与今天我们知道的差不多。

无论如何,虽说多少有一些怀疑,我们还不敢对伟大领袖有什么实质的不恭敬。于是假定坏事都是坏人做的。前面已经说过,文革后出现新的"反党集团",有一个标准解释,也就是"资产阶级"不会甘心失败,总会在党内寻找"代理人",因此文革以后还要搞多次;因为"路线斗争"七、八年就会再来一次。按照这种逻辑,下一个"反党集团"的骨干,现在应该已经潜伏在党内高层(要不他们没有足够的条件在七、八年中升到高层从而形成"反党"的巨大能量)。后面的讨论,确切些说还只是议论,就是按照这个逻辑,开始寻找党内潜在的新的"资产阶级代理人"。

　　作为大院子弟，比别人有更多的政治敏感，也有更多的信息来源。或许多少受"五七一工程纪要"中关于"秀才""笔杆子"之类的暗示，寻找"代理人"的指向很快集中到张春桥、姚文元。文革初期的一些事件又提了出来，这方面黄山旭有很多具体的了解，包括两次"炮打张春桥"事件及其内幕，以及张春桥的上层关系。记得黄山旭还说过少数几个关于江青的小道消息。从中，我们"分析"出诸多的"疑点"，基本的认识是，"7、8 年"以后的"反党集团"非常可能就由那些人组成。虽然我们的信息是碎片的，我们的理解和分析能力也很有限，但当时的有些"观点"应该还有些道理。

　　还有一个背景是，我们这个群体中几乎所有正式或非正式的成员的家庭，文革中差不多都受到冲击和损害。多数人的父亲或父母离开工作岗位甚至被批斗、隔离，至少是下"五七干校"，哥哥姐姐下乡；原本几乎铁定可以进重点学校的，也都进了"就近"的最普通的学校。正因为如此，对文革中的新贵我们都有一种天然的反感。这样，我们的议论又自然指向文革中造反起家的那个群体。为首的当然就是王洪文。拥有最多信息资源即"小道消息"的黄山旭提供了王的底牌和文革初期上海"工人造反派"互相争斗最终王胜出的来龙去脉，及其与张、姚的关系等等，很多与我们今天知道的也没太大区别，虽然肯定很不完整。

　　我们居住的大院，文革前按照柯庆施"见缝插针"的方针，文革前毁掉花园建了好几幢住房。其中一个楼号，刚建成时用给来中国学习汽车修理技术的越南青年居住（大家应该知道他们为何需要这样的培训），1968 年或 1969 年离开。这就正好腾出了空间，分配给了那些被突击提拔担任厅局级领导的造反派干部，如当时的上海市革委会常委叶昌明、戴立清、马振龙等。那些人的早年劣迹，也有各种传说。这也是我们议论、传播的一个内容。

第三章　短暂的春天

那个时候,我和万晓光经常会深夜在村子外的菜地里散步,讨论/议论各种问题。上述种种,只是那些日日夜夜无数话题的浓缩。当然还会有很多无关的话题,就无从回忆了。有时我们也会搞一些恶作剧,例如深夜乱拨电话号码(万晓光父亲恢复工作后又安装了电话),接通后给别人说一通没头没脑的话,例如让人家"学习杨子荣同志的高大英雄形象"等等。前面说到的"地震"之夜,据报道发生在台湾,我们在凌晨4点左右感觉到微震(不知道是否真实),一群人到外面大叫"地震了,地震了!"有些邻居几十年后还能记得我们的胡闹。

还要说明一点。那个时候,我已经辞去了红卫兵"团长"的职务,但仍然是校"革委会"委员和校"教育革命组"的副组长,仍然担任一些工作,与那个圈子的同学教师也仍然有往来。在我之后继任"团长"的是我们同届的同学张珉,副"团长"应该是小我们一届的丁抗,当时我与他们都保持着较好的朋友关系。与他们的交往中,也会涉及那些问题,我肯定也说过自己的想法,只是没有具体说过对一些具体人物(如张春桥等)的怀疑。有一次在丁抗家里,我曾说"毛主席也会犯错误"。这是文革初期曾经讨论过的一个命题。毛有一个著名的命题:"任何事物都是一分为二的"。有人据此认为毛、毛思想也不例外;很多人为此付出了惨重的代价。我在此时这么说,当然也是大逆不道的。我当时要说的是,既然林彪从一开始就是反党反毛,一直发展到竟敢谋害毛,似乎是所有"反党分子"中最严重、最恶劣的,毛在那么长的时期中怎么就没能发现,一段时期内还给予其他人从未得到过的超级信任呢?这不就是严重的错误吗?当时除丁抗和我以外,还有第三个同学在场。据那个同学回忆,我的话一出口,空气就凝固了;一两分钟后才有人岔开了话题。在其他同学朋友那里,我也说过一些程度稍轻的"反动话"。

第三节 男生女生

我们这个扩大的"同心干"群体自然清一色由男同学组成，虽然分在两个学校，也都是同一年级的。万晓光家是我们的活动据点，每天少则5-6人，多则10多人会聚集在那里。万的楼下住着他的一个同班女同学叫张敏，她的家是一批女同学活动的据点，差不多每天会有10个以上女生聚在那里；虽然看不见但能听到她们的欢声笑语，天气好时她们就会在外面活动，热热闹闹，欢欢喜喜。那个女生群谁是领袖我说不准，但有两个肯定是重要的骨干：一个叫于晓梅（看"血海"那天我和万晓光与她在公交站见过），一个叫陈笑玲，都是万的同班同学。

前面说过，文革时期男女同学见面都不说话，但这并不说明没有内心的萌动。我们当然会留意她们的一举一动，一颦一笑，也想吸引她们的关注，也能肯定她们也关注着我们。就像现在某一首歌里唱的："对面的女孩看过来"什么什么的。具体她们中有谁特别关注我们中的谁我不知道，我确切知道的是我们这里的万晓光特别关注她们中的于晓梅。我们两人在一起时，他经常跟我说起"她"，怎么怎么的美妙，两人名字中共有一个"晓"字，好像也是一件美妙的事，能说明两人的缘份云云。

现在的少男少女肯定不能理解：那时的环境中，虽然都有交往的愿望，但谁开口说第一句话还真的是一个巨大的难题，一座横亘在恋人之间的大山。直到2月20日左右的一天，僵局终于被打破。

那天下午4点左右我到万晓光家，邹皓等几个同学已经在那里。经过一楼楼道时就感觉有些奇怪，照说那批女生应该聚集在那里，那时却杳无一人。到了万家，一看就知道发生了状况。问了才知道，原来是邹皓进来时那群女生咯咯咯地笑个不停，邹皓感觉是受了讪笑，一定要报复；我想下意识里双方都有调情的意思吧。到万家后一商量，打了一盆水就向下浇了下去，把陈笑玲浇个正着，棉衣棉裤都湿透了，落汤鸡一般。我觉得这件事办得离谱，给别人造成了伤害——要知道那是在大冬天啊！于是要求他们正式上门道歉。但这仍然是"说第一句话"的巨大难题啊！邹皓、万晓光等都扭扭捏捏，大姑娘都不如。只能由我推着他们，由我敲开张敏家的门，说了第一句话，然后由邹皓诚恳地道歉。然后……，然后？然后我们就被让进小女生的闺房，在楼上观察动态的另几个男同学见状也都跟了进去；一阵叽叽喳喳的数落之后，就转入了轻松愉快又热烈的交谈，好像交往多时的朋友一般，早年青梅竹马的感觉又回来了。这就开启了一个男生群体和一个女生群体之间美好但短暂的友谊和交流。

以后，两个群体间的障碍就彻底打破。她们不会去万晓光家，但我们会不时地去张敏家，最初只是说说笑笑，讲些没特别意思的话题。我们当然会给万晓光和于晓梅创造机会，促进他们的感情。

追求异性的男人，都能产生平时没有的激情也更有创造能力，更何况15，16岁的少年。那时我和万晓光每天泡在一起，都自诩有些思想和写作能力，有些时间就会花在"写作"上。写过不少文字，但能记得的（可能也是仅有的有一定价值的）就两篇。一篇是杂文，另一篇是政论文。两篇都是我与万晓光两人一起写的，我口述，万执笔（当然内容很多也有万晓光的贡献）。那篇杂文题"贪婪的市民"。写这篇文章意图，完全是讥讽文革时投机获利的某些人；具体说就是针对住在我们村子新建房屋里那些造反派的新贵。那篇政论文，则是以伟大领袖"路线斗争七、八年来一次"为理论基础，按我们的理解，"分析"未来我们可能面临的局面，其中有一句关键语，现在还能记得：如果现在我们没有警惕，一旦"山陵崩"，"资本主义复辟"是随时可能的。还有一些具体的分析，暗指未来的"反党集团"成员就在高层，就在我们知道的某些人之中。结论当然就是事先就要采取主动，既要仔细观察又要积极准备，在未来某一天与这些"资产阶级代理人"进行斗争。隐约记得，那篇文章还是有一定的思想含量，论证逻辑也基本靠谱。

那个年代崇尚英雄主义，我们也都憧憬着做英雄。

按照上面说的那篇政论文的逻辑，我和万晓光商量着，我们一定要有一个正式的秘密组织，有步骤地推进有关的工作。当时还商量了组织的名称，叫"青年共产主义者同盟"，是从马克思恩格斯早年曾组织的"共产主义者同盟"得到的"灵感"。参与筹划的圈子很小，除我和万以外，还有王葵和东安中学的刘建、刘巍、邹皓等。黄山旭也是我们核心圈子里的人物，当然他也应该参加。但是，当我们把自己的计划向他和盘托出时，他明确地拒绝了。我还清楚地记得那天夜里的场景。我们不是在万晓光家里，而是在他家外面朝北的公共"阳台"里讨论此事，说话时不是面向外面，而是面朝着墙。后来想起来，有点像密谋的样子，又有点像面壁的犯人。无论我和万晓光怎样努力，黄山旭都不为所动。最后我说，虽说我们的组织有那些长远的目标，但眼下要做的只是学习，不管是不是要搞组织，第一步是组织学习小组。黄山旭稍有勉强地同意参加学习小组。

我最后那句话虽说是为说服黄山旭，但也是我们的真实意思。文革中总是把那些"反党分子"说成是"政治骗子"之类的，特别是陈伯达，好像就被称为兜售"假马列主义"的"骗子"。在关于其"反党"事实的传达中，有一个专题就是陈编辑了一份马列关于"天才"的论述，意思似乎是他用断章取义的方法借马列原话以售其奸。另外好像还暗指他自恃有很高的理论修养，因而具有很强的欺骗性。很自然地，我们肯定能想到，要识别真假"马列主义"，首先我们自己要学通马列主义；特别是我们怀疑并打算鉴别的首要对象张春桥，其理论功力也非常之强。

学习马列主义一定是一个长期、艰辛的过程；我们有这个思想准备。我们这个群体中，只有我本人曾经相对认真地阅读过全部《毛选》四卷和《毛泽东著作选读》。我说"相对认真"，是说我自以为当年然阅读时虽然有一定的被动性，但至少在读这些东西时还不完全是和尚念经般有口无心；包括《实践论》《矛盾论》这样有点艰涩的哲学著作，也会尽力去理解文字背后的深层含义。我们小圈子中的其他成员，我高度怀疑他们曾有耐心看这些。但即使是我，也没有读过一本马恩列斯的著作。

林彪事件后，为让党内高级干部避免受假马列主义政治骗子的欺骗，毛大力号召阅读马列原著，还开出一张总计六本的推荐书目：《共产党宣言》《法兰西内战》《反杜林论》《哥达纲领批判》《国家与革命》，以及《唯物主义还是经验批判主义》；前四本是马克思、恩格斯所著，或马克思与恩格斯合著，后两本则是列宁的作品。我们决定，首先就从这六本书开始我们的马列主义学习。我们，至少是我和万晓光吧，很快去买来第一本即《共产党宣言》，启动我们的"马列之旅"。其他人是不是及时启动了，不太记得清了；但我和万晓光是最认真的，不仅制订了阅读的计划和指标，还确定要写读书笔记，并互相交流。

学了几天，就知道学习马列主义不是那么简单的事。东西方语言和文风甚至行文的逻辑都有很大的差异，理论著作则更艰涩；要确切理解文中的深层内涵，确实不那么容易。几天后与万晓光交流学习体会和读书笔记，万无奈地说，真不知道怎么写笔记，只是觉得里面的话都是正确的。我当然也有同感。以后书读得多了才知道，刚开始研究理论时有这样的感觉是很自然的：一是因为我们在打开书之前就坚信里面都是"真理"，因而限制了自己的思考；二是学习一种理论，读一两本书是远远不够的。要有真的认识，不仅要读该理论体系内的其他著作，也要阅读体系外的其他理论，从内部和外部审视，还需要更广泛的例如历史等知识的支持，才能真正有所体会。读第一本书时，有个大致的了解就行了，一定要求自己立即有"深刻"的理解是没有意义的（也就是说读一两本书就期望有"立竿见影的效果"根本就没有可能）；"好读书不求甚解"其实是一种境界，学习的一个阶段。现在想起来，选择《共产党宣言》作为学习马克思主义的入门书，其实并不合适。这部著作只是马克思主义的早期著作，有点教义发布的文风（此书出版前不久马恩曾有一个简写本就叫《共产主义教义》），说的都是些结论，缺乏基础的分析。我们这些缺少理论基础的中学生，看到的只是些"真理"，一点也不奇怪。我们现在无从了解伟大领袖是不是真的读过他推荐的那些书，但以我今天的认识，所有这六本书都不合适做马克思主义、列宁主义的入门书。

第四节　刚有开端的结局

再说"天下事"。

那个时候的一件大事，也是很多人期盼的事，就是美国总统尼克松访华。尼克松在 1972 年 2 月 21 日到 28 日来华，其中在上海有一、两天的行程。当时我父亲已从干校回来，回到上海市委外事办公室工作，参与了尼克松访问上海的具体准备工作。

这是 1949 年以后美国总统首次访华，是中美关系的破冰之旅，是"新中国"外交史上的一件大事；在文革环境下，也是一件令那些掌权的人紧张的事。虽说人民群众根本没有可能接近美国总统及随行人员,但总统访华前后会有不少美国记者跟着。上海是尼克松访华目的地之一,理论上说上海市民都有可能邂逅。可以想象,那些记者第一次踏上他们心目中的神秘国度,一定不会放过刨根问底的机会。怎样维护好一个绝对正面的形象,就是当时的重中之重;为此花费了大量的公共资源,包括公众的时间,也包括人力、物力的投入。

那个时候,学校花了相当的学时,对学生进行培训,主要是上街邂逅美国记者或其他外国人,被提问时如何回答和应对。教师们挖空心思想象外国记者可能问的各种稀奇古怪的问题,并拟订了标准答案(有些也可能是上级部门下达的提纲),要求学生知晓、背熟。相信厂矿企业等等也是同样。现在还能记得接受这种培训的场景,但具体的问题和答案已经记不清了。但万变不离其宗,就是不论人家问什么问题,一定要让他们感觉中国形势一片大好,人民群众生活富裕,经济社会文化没有任何问题;所有人都忠于毛主席,拥护共产党,积极参与文化大革命,等等。当时林彪事件还处于"绝密"状态,现在我们都知道,当时海外早就清楚了,但在当时,我们必须绝对保密,但又不能回答"不知道"。当时被认为妥当的应对办法已经忘记了,但肯定是非常别扭。关于对美国、对苏联,对中美关系、中苏关系,也必须有自己的看法,当然必须政治正确。面对所有情况,还需要应对自如,又不能让人感觉是在背书。做这些培训时,无论是教师还是学生,真的都非常滑稽。

尼克松访问上海的日子终于到了,什么也没发生,什么外国人也没见着。所有的单位都把所有人全天关在单位,不得外出;其中一天好像还是周末。我这么一个从不遵守纪律、蔑视校规校纪的人,也只能乖乖地在教室里呆着。

但街上也不能空着啊?于是有专门的部门,组织合适数量的可靠分子,扮作各种各样的角色,例如夫妻、家庭、朋友之类的,穿着崭新的衣服,三三两两在一些外国记者可能出没的地方走来走去的,由他们应对那些外国记者和其他可能出现的外国人；当然他们经受过比我们严格得多的强化训练。为了向世界"展示"中国人民的幸福生活，在那些外国人能到的地方，商店货架满满的，商品琳琅满目；菜市场也是鸡鸭鱼肉应有尽有。所有这些，标价都远低于真实的价格。后来听说，有个别漏网分子闯进这样的商店，看到那些平时根本见不着又价格低廉的商品大喜过望，立即抢购。他们想不到的是，刚出门就被人堵着，只能乖乖地把刚捡到的便宜吐出来，回单位或许还要受处分。

后来还知道，在那一两个星期内，很大的范围内基层单位把一些真实的和潜在的不安定分子都集中起来，以"学习班"的名义短期关押。日后我遇到过这样的人。

我和我的朋友还会关心双方签署的《联合公报》，那些不关心国事天下事的普通百姓，在这个重大事件中直接的体验就是上面那些，感觉到的只是组织者的紧张。

送走尼克松以后，周恩来总理安排了一场芭蕾舞"白毛女"演出，慰劳参与工作的人员。父亲把票子给了当时还没回淮北农村的三姐，她得以近距离见到领导，回家后有些兴奋。

再回头说说自己。

一个多月以来连日连夜的议论、讨论、密谋、读书，让我们真的产生了一种正义感和使命感。我和万晓光无疑是核心中的核心，策划着所有的计划。当时参加我们活动的大约已有40人左右，其中男生20多人，主要是"同心干"的积极分子及东安中学的几个好友；女生近20人，也就是张敏、于晓梅、陈笑玲那一批人。我和万晓光商量，按照每个人的觉悟程度和认识水平，要有不同的参与方式。最核心的当然是万和我，以及刘建、刘巍、邹皓、王葵等（本来肯定应该有黄山旭的，但他不愿意也没办法），其他人都属于外围，以马列学习小组为纽带。万晓光和于晓梅的个人联系有了很大的进展，所以他主张让于晓梅逐步进入核心小组,我也同意了。

我们主要关注的下一轮"资产阶级代理人"首先就是张春桥,自然让我们视以前"炮打张春桥"的领头者为先驱。我详述了我所知道的胡守钧集团的种种事迹和一些细节,在我们的小群体中一些人开始模仿。当时我已经知道"彼人也、予人也;彼能是,予乃不能为是"的实际意思,也理解胡对"宝剑做证人"的意思,于是与万晓光一起,买了笔记本,在首页也同样画了一把宝剑,滴上几滴红墨水算是"血",写下了"宝剑做证人"几个字。这表达的是我们学习马列和日后参加政治斗争的决心,当然都只是简单拙劣的模仿。这本笔记本也被用做学习马列的读书笔记本,有时会写一些临时想到的观点和问题。

在那个包括男生女生的"学习小组"内,我们也确实组织了学习。前面我说"美好但短暂的友谊和交流",其实"美好"的一面从那个时候就部分地结束了。当我们提出学习马列这个重大的任务,虽然没人反对并很认真地参加了,但差不多对每一个人,也包括我和万晓光等,都感觉过于沉重。本来应该是少男少女谈笑嬉戏的时刻,变得鸦雀无声,特别是当我们在"学习"时抛出那篇"政论"文章,空气都凝固了。

万晓光和于晓梅的友谊有了很快的发展;于是万主张将于拉进核心,并把那个大圈子做一个组织的安排。我和万拟了一个名单,把参加我们圈子的同学按我们希望的参与程度作了区分。万和于有了初步的沟通后,约定3月5日的中午12点整将有关名单塞到她家门缝下;约定同时转递的,还有我们一起写的那篇隐含讥讽的杂文,因为万对此文自我感觉极好。

命定的时刻很快就要到了。

在之前的一天,我一如既往地清早到万晓光家,进门就听到万晓光父亲的大嗓门:"不是一个反革命,而是一窝反革命了!"进门一问，才知道万为了显摆，把那篇文章给他父亲看了，他父亲一看就给了个"反革命"的定性；听万说是我们几个人一起写的，故有"一窝"之说。我至今还不明白，为何万的父亲会有那么激烈的反应。与那篇政论文相比，这篇杂文只有一些隐喻的说法，没有当时的政治"敏感词"。我连忙说明，此文是我和他儿子一起写的。我们的直接意思，就是说那些造反起家、目前住在我们村子里的厅局级干部早年并不清白，是典型的投机家，没有任何进一步的意思。万晓光父亲平了平气，算是收回了"一窝反革命"的说法；又说作为市委组织组的副组长，他参加了对那些人的审查，他们没有任何问题，要求我们不要再在此事上做什么文章。这事暂时就这么过去了。

5日那天，万晓光按约定在12时整将那篇文章和我们拟定的核心、外围名单塞进于晓梅的家门缝下。得意洋洋出门，没几步就看到于晓梅背着米回家，两人都大吃一惊，知道坏事了。当时于晓梅的母亲正在家，上午就让她去买米。因为要等万的文件传递，拖着不出门，直到12点15分以后，认为万不会来了，才出的门。两人都坚持自己时间上绝对没有错误。真是这样的话，那就是命运之神无形之手开始拨弄我们了。

等于晓梅回到家里，她母亲已经请来了住在隔壁的居委干部一起研究手中的那几张纸，并已经得出是"反革命"文字的结论。于晓梅当然仓惶出来找到万晓光（不知道为什么居然还能出门），他们两人又找到我。到了这种地步，躲是躲不过去了，只能面对。我拉着他们俩，硬着头皮到于家，将可以说的一切向于的父母和那个居委会干部和盘托出（这时她的父亲已经回家），说明我们的善良动机，我们所做的一切不过是组织马列学习小组，我们的文章不过是学习体会，没有任何恶意，等等。当时我真是狼狈不堪，面对他们合理或不合理的疑问，左右支绌，百口莫辩，真恨不得找一条地缝钻进去。我忘了最后是个什么结果，似乎他们是勉强收回了"反革命事件"的判断。

第三章 短暂的春天

我一直非常不理解。为什么那篇语焉不详的文章会被认定为我们"反革命集团"的主要证据，而且万晓光父亲第一时间就认定为"反革命"文章。最近才悟出了答案：我们在那篇寓言式的文章中塑造的人物，让人第一眼看到就会联想到张春桥。真不知道我们当时哪里来的灵感，但那篇文章一定写得非常出色。可惜的是，因为"平反"后"销毁"所有材料，已经无从查找原文。

差不多的时候，我们还曾把那篇政论文给与丁抗同级，也是丁抗邻居的一个女生。当时她父亲刚解除隔离，见到此文就非常紧张（我们都可以理解），立即交给了学校。此事我们当时一点不知道。事后看，当年"马列学习小组"中的大院子女，也都听我们读过那篇政论文，虽说当时空气都凝固了，但没一人向外泄露。

我和万晓光感觉到了威胁。3月6日，我们骑万晓光父亲用补发的工资买的那两辆自行车将两人的笔记本和有关的文字资料转移到万在五七干校时的朋友处。记得那天正值冷空气来袭，阴沉沉的天，寒风刺骨。我和万心情都非常沉重。万晓光说，如果判他20年刑，他会立即自杀。

后面的几天好像又平安无事；但我们身后总有眼睛跟盯着。3月10日上午，晨读课后我和万晓光一起到操场上散步，猛一回头，看到学校工宣队的张春材等正在办公室窗口看着我们；看见我们的目光，立即满脸堆笑跟我们打招呼。下一节刚上课时，一个老师把我从课堂叫了出去，从此就离开了熟悉的环境，走进了另一个世界；……。

与现在相比，1972年初的天气非常寒冷，不止一次有10多厘米的积雪，直到3月上旬仍寒风刺骨。但我们的记忆里，那年3月前曾有过一个春天，有过盎然的生机，有过春天全部的美好。

第四章

走进囚室

1972年春天，也就是文革最低潮的时期，但在我们那个小小的学校掀起了一个"高潮"，很快就成为徐汇区的"高潮"，不久又成为上海市的一个"事件"。那个时候的主题是纠正文革的极端，也就是周恩来倡导的反"林彪的"极左，伟大领袖的林彪路线是"极右"一说还是几个月后的事。照说这个时候那些极左人物应该消停点，但我们这些幼稚少年的不"消停"又给那些居心叵测唯恐天下不乱的人创造了题材，给予了小题大做的机遇。启动这个过程的当然首先是基层，那些平时看起来和颜悦色的教师、领导。或许他们也没有想到，这正是希望把文革重新推向高潮那些人可遇不可求的机会。

由于学校工宣队和一些教师、学生等昔日朋友的警觉，我们的活动很快被关注并立即策划了周密的调查和控制的方案。1972年3月10日，恰好是我16岁生日后的第100天。这天早晨，我和我的两个同学离开了学校，首先以非正式的形式被监禁，一步步变成正式的囚徒，开始了人生孤独之旅。不久以后，这个囚徒队伍又扩大到5人。与文革时期大大小小的专案一样，更有10来倍的同学受到牵连。

第四章　走进囚室

第一节　走出课堂

前一个学期末"同心干"等大字报闹腾的时候，学校领导，包括工宣队都摆出退让的姿态，表示虚心听取学生的意见，绝不搞"师道尊严"之类的。可以看出，他们接着就商量好了对策，1972年春节后那个学期一开学就采取了攻势。开学最初几天，上学时就有教师带着学生在校门口检查风纪；当时我还是学生干部，但不记得参与过有关事项的讨论。

我的几个朋友也就是"同心干"的骨干都成了整肃的对象。例如万晓光，在五七干校上学时就习惯了当时一些干部子弟的风格，一年到头都剃着光头并引以为荣；黄山旭则喜欢戴鸭舌帽。开学第一天，进校门时他们就被拦下，带去办公室谈话。不难想象的是，我的朋友们不会买那些教师和工宣队的账。于是发生了低烈度的冲突。万晓光已经剃了光头，一时半会儿也长不出头发，又不能因此不让上课，被训斥了一通就去了教室；黄山旭除挨训斥外，还被收缴了鸭舌帽，如想要回就让家长前去接受教育。黄山旭的父亲很快就去了。作为知识分子也是一定级别的领导干部，他自然不会听任那些教师和工宣队的摆布，配合他们的愚蠢举动。他坚持让他们说明不能戴鸭舌帽的道理，对方当然理屈词穷，绕来绕去，最后只能说"不提倡"。山旭的父亲就说了，一句"不提倡"也不能随便扣押学生的物品啊？例如抽烟，不要说学生，就是成年人也"不提倡"，但不能看到一个成年人拿着烟就上前收缴啊？那些人无言以对，悻悻然归还了鸭舌帽。

3月5日以后，学校领导和工宣队对万晓光等突然客气了起来（我一直是学生干部，对我当然从来是客气的）。一天万晓光告诉我工宣队领导见到他还满面带笑地打着招呼。虽然那时因两家的家长都认为我们写的是"反革命"文章，影响面还有扩大，我们内心有些紧张并转移了文字材料，但对这种变化倒没有多想。

转眼就到了3月10日，那是一个周五。前一章说到，晨读后课间休息时我和万晓光在操场散步，工宣队领导还老远给我们打招呼。那天我班的第一节是外语课。与往常一样，当天要交的作业我还没写过一个字；于是铺开本子开始写了起来。刚过一会儿，教室门就被打开了，一个老师把我叫了出去，说是要一起到区"革委会"开个会；作为学生干部以前我经常参加这样的会议。我说我进去整理一下书包就出来。那位老师说：用不着的，开完会回来再收拾吧，时间不会很长。我也不觉得是什么大事，跟着就走了。

区"革委会"位于徐家汇附近的漕溪路，从学校到那里大约2—3公里，到那里开会我们通常是步行去的，这次很自然也就一路聊着去了。当时的淮海中学位于宛平南路和天钥桥路之间的一条无名路上，差不多就是整个路程的中点。路过淮海中学时，那位老师突然说：我校原先"军宣队"的队长某指导员，现在就在这所学校，我们顺路看看他吧？我也就跟着进了这个中学。刚进门就看到我校叫潘季贤的党支部副书记从里面向外走，我感到有点奇怪，招呼说："老潘你怎么也在这里？"老潘（不知为什么，我从不叫他潘书记，也没叫过潘老师）一改前一阵的客气，板着脸哼了一声，快步向外走去。

据说那时淮海中学的学生都出去"野营拉练"（一年前我们学校也搞过；按原先的计划，不久也会再次组织），整个校园里空荡荡的。在那位老师的引领下，七拐八弯地，走到校园深处的一幢小楼。进了二楼正中的一间房间，那位老师突然就不见了，但在那里却看到了高我们一级的十几个同学，仔细数数，8男4女。女同学一个不认识，男同学中有好几个是认识的，最熟悉的是那个年级的红卫兵团干部，叫华云标。我非常诧异，问他们怎么会在那里，究竟开什么会？那些人眼光都躲躲闪闪的，顾左右而言它。我不得不承认自己非常地迟钝；虽然前面已经有那么多前奏，但我仍然没多想什么。

当时也没给我留多少时间。过了几分钟，潘走了进来；一起进来的还有冯图南，应该还有一两个工宣队员。在场的同学也都立即入座；好像并没有什么人特别指点，我很自然就坐在房门的对面，正对着主持者潘副书记。潘坐下后威严地宣布："鉴于你犯下的严重错误，举办专门的学习班，就为了帮助你讲清问题，认识错误"；"从现在开始，你吃、住就在这里，直到完全搞清问题，认识错误"。我第一时间就想到那张名单和文章已经被送到了学校，这个"学习班"就因此事而来。这时的反应自然是否认和辩解——当然，在对方已经掌握证据的情况下，毫无意义。我当时试图转移视线，把话题向两个月前的"同心干"上引，肯定非常拙劣。潘严正地说，"同心干"的大字报没错，学校是充分肯定的；你们的错误要严重得多！你要有深刻的认识，向组织作彻底的坦白交代！先说一句，从那个时刻起，跟我说话的人个个以"组织"自居；自此，"组织"一词成为我最不愿意听到的概念。直至今天，动辄以"组织"或类似的主语自居的人，都是我最为厌恶甚至憎恨的。

有一个"最高指示"，说是"办学习班是个好办法，很多问题可以在学习班得到解决"。文革的各个时期，各个地方都有数不清的"学习班"，类型也各有不同。除某些真正出于"学习"即让人受教育目的的，例如进入权力机关前后做专业或准专业的突击培训班，当中央或地方有新的部署时需要"统一思想"时高参与率的普遍宣讲以外，剥夺某些"阶级敌人"或准"阶级敌人"的自由，关押审查的初期形式，也经常被称为"学习班"，类似现在的"双规"。

十多分钟的短会之后，我被锁进三楼的一个房间。虽然我知道这不是在玩游戏，但第一时间还是不能相信真的会把我关押起来。房间里除了一些课桌椅，什么都没有。下午，进来四个高年级同学，都带着铺盖卷，各自规整课桌，搭成了临时的"床"；我的"床"在房间的中央。到了晚上，冯图南进来，甩给我一个铺盖卷，从我家里拿来的；那种眼角看人，鼻孔出气的样子，还历历在目——以后还见到多次。想到白天开会时有 8 个男生 4 个女生，很容易就猜到万晓光和于晓梅也被带到了这里。

后来知道，把我骗出教室并确认被控制后，有关人员推开另一个教室，把万晓光、于晓梅先后带出教室，带到那同一幢楼。他们同班的王葵，感觉下面就要轮到自己了，悄悄把一张纸条塞给同桌的唐曙光（也是我们外围的成员），让他立即毁掉。唐曙光拿到纸条，如芒刺在背。那时我们手里没什么打火机火柴之类的，唐曙光只能下课后把那张纸条扔到窗外，没想到掉在二层高的学校食堂的屋顶，黑色的防水柏油上粘着一张白纸，以后好几天都扎眼地留在那里，让他担惊受怕。所幸达摩克利斯剑最终没有掉到他们头上。

那天，好像第一时间就打电话通知了我的父母。我母亲正在上班，单位领导告诉她的。母亲当时就受不了了。两天前即三八妇女节她还在庆祝的会议上讲话，介绍教育子女的经验，稿子还是我给起草的。在领导的安慰下让她马上回家。到我们家里索要铺盖的同时，工宣队和冯等教师向家里人宣布我们犯了严重的错误，已被关押，并查抄了我使用的抽屉，抄走了所有与我有关的书籍纸张等。万晓光和于晓梅两家也受到同样的查抄。按我们自己泄露的名单，凡与我们有关的人都被要求参加部分剥夺自由的"学习班"，交代揭发，有些准核心分子如贺建强徐建保等的家也遭到查抄。

那天晚上，整夜昏昏沉沉的，既没有睡着，也不能说是清醒的。这个时候才感觉到，初生牛犊虽说目中无虎，其实没有真的力量。

第二天，房间里搬进了四张双人床，"陪读"的同学铺好了各自的床铺。这个时候才感觉到，恐怕要住一段时间了。以后的几天，有时会听到"血海"音乐的口哨声，知道那是万晓光，于是我不时也就吹上一会儿；我们就有了这些有限的交流，但也仅限于此。

那几天，好像没有什么特别正式的审问，但冯图南会与我个人交谈。因为他是负责学生工作的教师，几年来我跟他一直保持着不错的关系，经常会作几小时的长谈，当然还会有其他学生干部参加。记得他曾说起过1959年的庐山会议，暗示彭德怀的"反党"或许另有隐情。没记错的话，好像也与他讨论过文革中两次炮打张春桥的事件以及胡守钧集团，那时他也说起其中一些细节或"小道消息"。整个地说，我的感觉他是一个有想法的聪明人，不是那种僵化的正统分子，以前也没感觉到什么恶意。

那几天，冯会"语重心长"地给我"教诲"，提醒我还有很大的前程，说清事实认识错误，很快就能了结之类的。从眼前被关押的三个人看，他们掌握了一些什么可想而知，无法否认。被关押中翻来覆去地想，我们好像不就是要防止资本主义复辟，准备应对伟大领袖已经预见到的下一次"路线斗争"，而我们做的也就是组织马列主义学习吧？于是就把有关的情况向冯说了，类似向于晓梅父母的解释。于是让写下来。

以后知道，面对审讯绝不可以开口说第一个字。一旦开了口，防线就全部崩溃了。而且，审问者态度越是亲切就越是可怕；软刀子可以杀人于无形之中。过了几天，冯又"亲切"地跟我说，他们其实并不需要我多说什么，例如河滨大楼，就没问过我吧？这时我知道，我们转移的那些材料，他们已经拿到了。接下去他们要知道的，就是我们具体针对哪些人。我知道文革初期的"公安六条"规定，毛主席、林副主席是不可以反对的，并没有禁止对其他人的怀疑议论。虽然我也知道不少人因炮打张春桥遭了殃，但我们并没有发起什么"炮打"，只是最初级的怀疑而已，又有什么可害怕的呢？于是把有关的议论也"交代"了。那时天真地以为，这都不算什么事，说完了，"学习班"就可以结束了。春节前大姐在上海生下了第二个女儿，三月下旬就要结束产假回部队,心里只关心一件事:能不能在大姐离家前再见一面。

人就是在这么的自欺欺人中一步步投降的。

从气象意义上说,此后的一两周上海才真正进入春天。

这么一天天的,春天也到来了。但我们已身处铁窗之中(那房间窗户上确实有铁杠,当然安装时是出于其他考虑),春天与我们已经那么地遥远。看到窗外柳枝渐绿,可望不可即,一种从未有过的惆怅油然而起。

第二节 "专案"审查

到 3 月 24 日夜,冯通知换一个地方,于是收拾起铺盖,上了一辆好像是不带蓬的卡车,出了淮海中学校门。在屋子里呆了十几天,一下子到了外面,一时很不适应。那天晚上气温有点低,寒风吹来,竟打起了哆嗦,怎么也止不住;又不可能此地无银地解释只是因为冷,心里直骂自己怎么那么没出息,真想抽自己两个大嘴巴。

目的地是东湖路 20 号。那是一座带花园的小洋楼,至少有 10 个左右的房间吧,楼下有一个可以开舞会的大厅。后来听说文革前曾是上海市侨务办公室的办公地。文革时估计侨务办公室的工作基本停顿,干部都下五七干校,房子就空置了。

走进门厅时,看到墙上挂着伟大领袖慈祥的笑面像,下面又艺术地排列着 24 个美术字:"你们要关心国家大事,要把无产阶级文化大革命进行到底";想起文革初在这句话的鼓励下要求参加红卫兵等等，竟产生了一种亲切感——这似乎有点斯德哥尔摩综合症的症状。又想，我们想的做的不就是这个吗？于是又安定了下来。在那里，我住进了朝东的一间带卫生间的房间；陪伴或看守我的学生少了一个，那些陪读／看守重新分配了。当时就想到，又有人进来了。不几天就知道，新进来的是黄山旭和刘巍。

那时学校清查我们这个"集团"已经大张旗鼓地进行了两个星期，他们两个与我们那个"马列学习小组"的20多个成员一起，也都参加了学校里的"学习班"。被带上汽车时，他们都知道这意味着什么。事后黄山旭说，当汽车开出校门时，他心中响起荆轲的话："风萧萧兮易水寒，壮士一去兮不复还"，一腔慷慨悲凉的豪情。我首先想到的就是，黄山旭并没有参加我们的"组织"，但我交代了不少黄山旭告诉我们的"小道消息"，他进来应该主要是我的责任。刘巍是东安中学的学生，我并不熟悉；虽说一起也混过几天，我对他并不了解，不知道为什么他也被牵扯进来。后来我听说，刘巍在我们被关押后比较张扬，号称要把因我们被捕中断的"事业"继续下去云云。不知是真是假。

东湖路是我们都熟悉的地方。20号的正对面就是几年前我经常去游泳的国际俱乐部；斜对面是东湖电影院，当时上海唯一放映立体电影的剧院，我们都去那里看过电影。在我的窗外，则是一所小学，名称好像是长乐路第三小学。几年前的一个夏夜，我在那里亲见一个女教师被宣布为现行反革命，押上警车呼啸而去，前面说起过。但个校园确实非常美丽，学校的建筑也都是些大大小小的洋房，可以算是优秀建筑群。

关押我们的那个洋楼，每个房间自然都铺着木质地板，能隔潮隔寒；我和那些同学就直接把铺盖在地面展开，贴地睡。

在到那里之前，感觉基本情况也都讲清楚了，就等着"学习班"结束，回归以前的生活轨道了。如果说有什么精神压力的话，那就是以前的学生领袖，以犯错误人的身份出现在昔日同学朋友面前，面子往哪里搁？当然现在想来这基本就不是一个问题，不就是第一天难堪一些吗？

那时，因为我是在"学习班"里"学习"，给我的只有三本书：《毛主席语录》《毛泽东选集》（四卷）和《新华字典》。那些陪读／看守的同学，可以带进其他书籍；当然只是一些绝对正确的、类似少儿读本的东西，例如《高玉宝》《少年英雄刘文学的故事》之类，连《欧阳海之歌》之类的也没有，与我以前看的书有天壤之别；但也有象棋等游戏道具。那个时候，我还完全没有感觉到自己"问题"的严重性，跟那些同学总是不分彼此，他们带进来的书随便拿着看，还常常抢先看，下象棋等等也争着上。应该说我基本不会下棋，但在那几个人的圈子里，我好像还有很大的赢面。

这样又过了半个月。

大约在4月10日的上午或下午，我正躺在地铺上看着一本那类无聊书，陪读／看守们也各做各的事，突然房门被很粗暴地打开，冲进来几个人，为首的就是那个徐汇区中学工宣队的总领导范以琢，我认识他但说不清他当时的确切职务。我当然吃了一惊，立即从地铺上站了起来，等他的发作。他站在离我半米左右的地方，用非常凶恶的眼神死死地盯着我，一声不吭；我也对面站着目光直视着，准备好接受雷霆。一两分钟后，如进来时同样突然，范一转身带领所有手下又走了出去，一声巨响关上了门。

后来我知道，我们进"学习班"后，张春材、潘季贤和冯图南等出于责任心或其他什么心，很快上报了掌握的情况，一周后，这件本不复杂的事就成为一个区"革委会"直接掌控的"案件"（应该由范以琢主持吧？）；然后范等又将有关材料整理上报，过了三周，又上升为市"革委会"的专案；据说由王洪文的亲密战友、中共中央委员、时任上海市革委会副主任的王秀珍亲自主持。范突然进入我的监室

（或许那时还可以说是"学习班的宿舍"？），应该是来亲自看一眼由他发现并向上贡献的猎物吧？

现在想起来，那段时期我以及我几个朋友耗费了不少公共资源。占用的房产就不说了，光人力资源支出，在那个时代应该也能算是一个很大的花销；考虑到以后的几年，开销就更为巨大。

从上升到区级专案后，就成立了"专案组"，前台的组长就是校党支部的潘季贤书记，骨干就是原先主持学校学生工作的冯图南。至少在几个月的时间内，他们基本就脱离原先的工作，用全部精力追查我们的"案件"；还有几个工宣队员参加，我都不太认识。上升为市级专案后，第一线的主要负责人和骨干还是他们两个，但不断增补了力量，例如有一个枫林中学的教师（或许也是革委会副主任啥的），还有一两个不容易判断身份的人。在我看来有几个人文化程度都不高，也没什么工作水平，应该是什么地方的工宣队吧？还有一两个工宣队女队员——因为这个专案里有女学生。到1972年5月，增加了一个警察，看起来有一定的专业水平和技能，名宋德强（此人一直留守到最后，文革结束后曾任徐家汇派出所所长），关于他的事以后再说。我们的"案情"其实并不复杂，每人可以有自己的判断和评价；那些人怎么想的，包括当时和以后，直到现在，他们自己应该知道。

这里我想说说我的同学，即由组织安排做我们的"学习班"陪读／看守的高年级学生。好几个学生以前都是认识的，还有原先红卫兵团的同事。多数人都抹不开面子，过了最初的几天我也就能与他们说说笑笑，看书下棋什么的；范以琢来过后（也就是上升到市革会专案后），一切都改变了。

范以琢走后，马上就召集他们开会；会议结束回到各自房间，一个个都换了一副面孔。原先我和他们几个人的地铺是并排、连续摆放的，虽然我的铺位在最角落处；现在马上把我的铺单独摆开，跟我划清界限了。他们所有的东西，包括书籍，都不让我碰了，也不让我跟他们说话；只有一个名叫顾胜忠的，憨厚实诚，有时我硬凑上去说话，还会不好意思地应我几句。他们也都变得非常警觉。我知道万晓光就关在我南侧的那个套间里，房间的窗户跟我套间里卫生间窗户并排；有时我会关上卫生间的门在窗口吹口哨试图联络，立即会有人让我立即开门出来，再往后就不让我锁门了。

不几天，由专案组牵头，组织了一次批判会；以后还开过几次。除每个房间各留一人值班以外，所有人都参加了，我就坐在中间听他们的批判，回答他们的责问。多数人都还是把这个作为一个领导布置的任务，写了稿子照本宣科（特别是女同学）；也有个别特别积极主动，例如有一个叫王汝光的，每次都凶神恶煞似的，寻找我话中的纰漏严厉斥责，"勒令"这"勒令"那的。听说此人参加工作后也是这样，"批邓"时冲上讲台抢夺话筒，"勒令"单位领导检查交代等等，这是后话。听于晓梅说，看管她的几个人中，也有一个类似的恶女；但也有暗地帮助她的好同学，与她至今保持联系。对这样的批判我当然不会往心里去，但我知道，专案组已经向他们讲述过我们这个案子的性质；在他们心目中我们算是怎么回事，我就不太清楚了。还有，专案组来审问或谈话时，他们都必须回避，我们写的"交代"他们都不能看，必须立即转呈专案组，看起来真很神秘。

隔一段时间他们可以轮流回家，但好像晚上一定会回来，当然不会允许他们说出实情，于是编造了一个标准的解释。据说他们是在接受特殊的培训，将来有重大使命云云。

从3月10日以后，我跟我的小伙伴们就再没见过。我们被关押以后，家人日子也就非常不好过。母亲不时地要去学校送些衣物用品，生活费之类的，对学校负责接待的一个姓车的"下放"干部的恶劣态度印象极为深刻，多年后还不时说起。对家人来说，我们几乎就是失踪了，真不知道在这世界的哪个角落，更是一种精神上的折磨。

四月中旬以后，专案组充实了人员，加强了审讯力度。一开始差

第四章　走进囚室

不多每一天都会有一次甚至两次。在此以前，我们整个事情的大致情况其实已经都说过了，特别是那些我们转移出去的材料被他们获取后，整个案情已经非常清楚了。那段时间的审讯也就是询问各种细节，又用大声呵责等等施加压力，或语重心长的"开导"，试图发掘更多的"罪行"。在这种连续的审讯中，至少是我吧，把那个过程捋了一遍又一遍，边边角角都回想过了，有罪没罪，有错没错，也都向他们说了。真不知道他们还想知道些什么。不得不说，尽管他们软硬兼施，但始终没有动手打过，也没有过不让吃饭不让睡觉等软刑罚，特别是没有强迫我们编造什么。但是，对我们的审讯绝对是"像真的一样"，完全没有四五十岁的成年人对十六七岁的孩子的态度，或干部、教师与学生的对话的意思。

现在想来，那个阶段的审讯、审查，结果是让他们失望的，因而不时地会转一个角度，提出新的问题。有那么几天，老潘亲自出马，详细询问万晓光和于晓梅的关系。问题问得很细我也都据实回答了。其实，我记得他们根本就没什么单独的接触，没约会过（要不然万晓光会给我显摆），即使有最多也就几分钟时间简单说几句话。到最后潘终于按耐不住，单刀直入，直接问他们有没有性接触。我非常明确地告诉他，绝无可能。看得出他很失望。如果能给我们加点荤腥，那是多么精彩！对他们也是一个重大的成果。当时我就觉得，那种动机太不像话太下流了。如果真能被抓到一点把柄，他们就大获全胜了。

到了5月，那个姓宋的警察参加专案。一开始我并不知道他是什么背景，来自哪里。第一次见面气氛很轻松，就像聊天一般，问了一两个很一般的问题，我说没说清楚他也没有计较，听他说话我好像感觉到很大的安慰（有点斯德哥尔摩综合症）。现在说起来，这是他对我的试探以便设计后面的方案。事后听看守我的同学们议论，他是徐汇区公安局的警察，据说是公安学校毕业的；又对他高超的水平啧啧称叹。第二次谈话也是在轻松的气氛中进行的。这一次他在绕了几个圈子后，很巧妙地问：我们的父母、家人和周围其他人当时对我们正做的事情的态度，让我仔细回忆一下，没有要求我立即回答。我当即爽快地说：好啊，我写给你吧！

我花了一两天，把有关的情况捋了一遍，当然最有实质意义的就是万晓光父亲"一窝反革命"一说及后面对我们的教育，以及于晓梅父母对那张名单和那篇文章的处理，每句话、每个细节都没有遗漏。我从没在自己家里说过任何有关的事，我们写的任何东西也从未拿回家里，能想起来的只是父母有时对我连日连夜不回家的不满，诸如此类。

这份"交代"交上去后，宋立刻就过来了。这次换了一副面孔，吹胡子瞪眼睛拍桌子踢凳子的，大发雷霆。他摔着那几张稿纸大吼：看你写的什么东西！我要你交代的是，例如你出门，告诉家里是要出去贴标语，家人告诉你应该怎么怎么写之类的！等等。我只能等他把火发完，然后告诉他，我们根本没有出去贴过什么标语，也从没有过这样的打算，家里人怎么能指导我们写些什么呢？我们最多也就贴过几张"同心干"的大字报，这种事家里人毫无兴趣，我也根本不会去自讨没趣。他看诈不了我，悻悻然走了。审讯专家，知道的不过是软硬兼施；看起来水平也不过尔尔。要真在他们局子里，不知道接下去是不是就该动手了。

后面几天，在那种高压态势中又连续审问了几次，这几次问的重点是家人或其他人一起都说些什么，分解出若干具体的问题，例如对林彪事件，对毛主席，对文化大革命，还有更细的分类。自然我家春节团圆时对这些有很多的交流，但我知道，我不说他们也不会有什么特别的办法。于是我就告诉他们一些不咸不淡的内容，例如"交代"一些取消高考后大家都感到失落，到农村后生活困难等等；多少有些敏感的都不会说，真要说也记不清确切的前言后语。关于林彪事件，最多也就是关于一些细节的"小道消息"。其实当时我的哥哥姐姐们确实没有什么真的"反动话"。万晓光的父亲在我们面前总是维护官方的形象,说的都是些正统的话;我能记起的,也都一一告诉他们。

后来好像又让深挖"思想根源",我也就说读过许多杂书,包括一些"毒草"(我想没有说出《赫鲁晓夫时代》之类的,因为我就没看到过封面);又说文革后大学不办了,学习没有了方向,带来了很大的困惑。

在所有那些审讯中,我印象最深的是两个词。一是"老实",经常被呵责"必须老实交代"之类。那时我不时会有"老实说"这样的口头禅,于是又被训斥"你什么时候老实过"等等。还有一个就是"组织"。那些审讯的人都以"组织"自居,特别是那个老潘,从一开始就以"组织"的名义拘押我们,以后又不时地有"你没有资格跟'组织'讨价还价"之类的话。当然现在知道了,这个"组织"是真的,先后代表三个层次:先是张春材、潘季贤、冯图南等为代表的校(革委会?)"组织",不久后是范以琢为代表的区革委会组织,4月10日后是市革委会的组织,都有具体的代表。这些在几年以后才知道。

这样,5月就过去了。以后,审讯就渐渐稀少,以至于有时两三个星期都没人来过问。

第三节 "学习班"的学习

在"学习班"中,生活上倒没有受苦。天气变化了会及时通知家里送来衣物,吃饭在附近的工厂(好像是上海针织一厂也就是范以琢曾经担任门房的那家厂)搭伙,家里每月给15元,买了饭菜票由我自己保管，每天提出要求，专案组会安排人专门采买，有鱼有肉的，冻不着也饿不着（就是夏天有点热）；除了睡觉打地铺，没什么特别的"虐待"。

突然转换了身份，脱离了原先的生活轨道，最难熬的是精神层面。被关押的第一天，最大的愿望倒不是想回家，而是迫切希望能与日夜一起欢笑、"密谋"、学习，一起制订近期和长远计划的密友联络沟通，当然更想串供。虽然能听到远处传来熟悉的口哨声，相信他也能听到我吹的，但咫尺天涯，不知道下一次见面会在多少年以后。

被突然囚禁，最最难熬的是第一个月（即使那时我还能与那些陪读/看守说话交流），而一个月中特别难熬的又是第一个星期。那个时候正值大地回春，明媚的春光扑面而来。看着窗外一天天萌发出来的绿柳红花，心中更得不到片刻的宁静。

到了东湖路20号，隔壁就是长乐路第三小学。从我囚室的窗户看去，正是小学的校园。每天我都会用很多时间站在窗口，看着小学里的动静。特别是下课时，一大批孩子从教室里涌出来，女孩子跳橡皮筋，男孩子打闹嬉戏，让我目不转睛。周六下午和周日是最难受的，因为那时的校园空无一人，生活气息荡然无存。不知道几年前在这里被捕的那个女教师现在到了哪里。我也会回想我与东湖路的缘分，想起过去在国际俱乐部游泳的美好的日子，回忆在东湖电影院看过的那些电影，那些电影的情节，特别是文革前看的那个立体电影："魔术师的奇遇"，以及陈强扮演的那个主角魔术师；等等。那个地方，留下了太多美好的记忆。

我们的案件上升到市级以后，那些同学就成了单纯的看守，已经没有陪读的责任；我也没资格跟他们说话。其实看守我的几个同学还是不错的，是专案组不允许他们跟我有任何交流；这个我懂。我也很庆幸那个凶恶的王汝光没分在我的囚室中。但从这时开始，我是真的孤独了——不仅仅是精神上的，也是直接意义上的。

第四章 走进囚室

从 5 月以后,我白天大部分时间就只能坐在专门给我的一个单人课桌椅之间,或者写交代材料,或者读书——这个后面再说。那时我还算有有限的"自由",还有可能随自己的愿望在窗前站上一阵,看看课间娱乐的小学生,看看蓝天白云,夜晚则会仰望星空。那时的光污染和空气污染比现在都轻一些,夜晚还是可以看到几颗星星;文革初信息饥渴时家里曾找到一本星座图谱,曾按图索骥识别过星座;在囚室内,有条件时也就会在能够看到的六分之一、七分之一天空中找找看看。情绪特别恶劣时,我会在房间里慢慢绕着圈子,大声唱歌。当然主要不是唱"革命"歌曲,特别不会唱什么歌颂领袖歌唱文革的歌或"语录歌",如我当年"宣传毛泽东思想"时经常唱的。记得有一阵我经常唱"松花江上",在当时那算是"毒草";但歌词里"九一八、九一八,从那个悲惨的日子,脱离了我的家乡,抛弃那无穷的宝藏。流浪!流浪……"等等,特别能表达我的心情。负责看管我的华云标脸上当然挂不住,但也只是在我特别过份时说上一句:"你不要再唱了,那是毒草!"我照唱不误,他也抹不开面子。我想专案组并没有给他们特别的指令。后来知道,那时专案组一线的人员确实也失去了方向。

日子一天天过去,慢慢就到了黄梅天。上海人都知道,黄梅天的最后阶段特别潮湿闷热,按现在的说法"舒适度指数"是非常低的,被囚禁、隔离的人就更容易憋屈忧郁。有那么一个时期,我真的认真思考过生死问题。当时我就认识到,死并不那么可怕。人都是要死的,寿命最长的和寿命最短的之间也就那么几十年的差别。站在一个时点,几年甚至几天也很重要;但与永恒相比,几十年、几百年甚至更长时间也只是一瞬。时间只对活着的人有短暂的意义。一个活过几十年的人与一个夭折的人的差别也就在这极为有限的时间里,过去了就毫无差别。很多人的生存没什么有意义的活动,多长的时间也没有什么价值;真正的价值在于生存时的作为;没有有价值的活动,单纯的延续生命没有什么特别的意义。我特别要强调的，这确实是我16岁时关于生死的思考。那时我不能得到合适的自杀工具例如安眠药啥的；如果有，或许真会试一试。

那时我给专案组写过一份"思想汇报"，主要是想让他们告诉我现在究竟是怎么回事，是关是放是死是活总该给个说法；其中说到"空气也令人窒息"以说明自己极端的抑郁。之前已经有几个星期没人搭理了，这回反应挺快的，专案组马上过来关心了，但一线人物都躲在后面。只记得找我谈话的是一个故作高深但没什么文化的人（应该是工宣队的吧），说的也就是我的想法都是错的，要相信"组织"等等；其中，把"窒息"读成"yan xi"，并指出我说出这样的话就说明已经误入歧途了之类的。话都说不出什么水平，也没提供什么信息；稀里糊涂之后还是稀里糊涂。

对我这样早年有多年阅读经历又有超大阅读量的少年学生来说，一旦与世隔绝，肯定会出现信息饥渴症候群，引起的焦虑不会比被打入另册、前途不明更轻一些。

最初的一个多星期，整个地就是在是否要说出真相也就是是否要"交代"的内心矛盾中度过的；把基本事实和盘托出后，除了期盼结束"学习"回去继续学习，就出现了信息饥渴。最初两三周陪读／看守的同学从学校图书馆借来一些书，什么"半夜鸡叫""白毛女""少年英雄刘文学""雷锋的故事"之类的，他们有什么，我都会拿来看看。不管是多么地初级幼稚，没有思想含量总有信息含量吧？一个月后这些无聊东西也不能看了，我所有的读物，只有家里带来的三本书：《毛主席语录》《毛泽东选集》（一到四卷合订本），以及《新华字典》。在后面的几个月中，消解信息饥渴就靠这三本书。第一本读得不多，第二、第三两本从第一个字到最后一个字仔仔细细反复读了4—5遍。在我看来最有意思信息量最大的是最后一本；所以能给我，应该仅仅是作为我读第一、第二两本书的工具，并不是让我学文化。

要不为什么不给我语数外等教材呢?

当时已经知道,《毛主席语录》是"反党集团头子"林彪主持编辑的。按林的名言,阅读乃至背熟毛的一些"警句",可以达到"立竿见影"的效果,也就是说可以立马形成正确的世界观、提高思想水平,改进工作,收到明显的效果,等等。这个《语录》中的有些话,在专案组的审讯中也经常提及,例如"我们的国家是工人阶级领导的以工农联盟为基础的人民民主专政的国家。这个专政是干什么的呢?专政的第一个作用,就是压迫国家内部的反动阶级、反动派和反抗社会主义革命的剥削者,压迫那些对于社会主义建设的破坏者,就是为了解决国内敌我之间的矛盾。例如逮捕某些反革命分子并且将他们判罪,在一个时期内不给地主阶级分子和官僚资产阶级分子以选举权,不给他们发表言论的自由权利,都是属于专政的范围。"又如判断两类矛盾的标准:"在我国人民的政治生活中,应当怎样来判断我们的言论和行动的是非呢?我们以为,根据我国的宪法的原则,根据我国最大多数人民的意志和我国各党派历次宣布的共同的政治主张,这种标准可以大致规定如下:(一)有利于团结全国各族人民,而不是分裂人民;(二)有利于社会主义改造和社会主义建设,而不是不利于社会主义改造和社会主义建设;(三)有利于巩固人民民主专政,而不是破坏或者削弱这个专政;(四)有利于巩固民主集中制,而不是破坏或者削弱这个制度;(五)有利于巩固共产党的领导,而不是摆脱或者削弱这种领导;(六)有利于社会主义的国际团结和全世界爱好和平人民的国际团结,而不是有损于这些团结。这六条标准中,最重要的是社会主义道路和党的领导两条。"

前面一段话是告诉我自己已经属于"组织"有权剥夺政治权利的那些人,后一段话则是让我自己对号入座,知道自己已经属于"敌我矛盾",不要再存幻想。记得冯给我读这两段话的时候特别语重心长。

还有很多,1966年我组织小伙伴"宣传毛泽东思想"时就背的很熟。重读一遍，觉得那本小册子的编辑还是花了不小的功夫。从宏观到微观，从宇宙观、世界观、历史观到日常工作，从政治格局到具体工作方法，涉及面广又结构严谨，选取的句子多数都很经典，既能说明大的路线方针问题又保证每一句都是正确的，从逻辑到内容都很难挑出瑕疵。

沉下心来阅读毛的文章，特别是反复阅读，与过去真有不同的体会。

总的说，毛的选集（一到四卷）首先是中共成立前后到 1949 年中华人民共和国成立的历史记录，确切些说是历史参与者、胜利者一方的记录和解释，包括具体的进程和工作部署；其次是毛对中国社会的认识和分析；再次是形而上的"唯物主义""辩证法"之类的哲学思想，当然还有一些工作方法和道德说教类的（"老三篇"中的两篇就属于这类）。后来知道，1949 年以后的一段时间内，毛以很大精力用于修改载入《选集》的历史文献，因而我们当时能读到的那些文献的可靠性需另作考据，特别是关于具体事件的记录。相对说，最能让我产生兴趣的是第四卷，那里记载了抗日战争结束后国共的争斗，1945 年以后的政治斗争，特别是 1947 年内战全面爆发后的战争战役，具体而不抽象。

具体的体会就不说了，就说几点总体的印象。

第一，毛的思想更多地来源于中国古代文化，其战略策略也主要源自古代中国的智慧。毛的著作中引用马克思、恩格斯的语句极少，引用列宁、斯大林的也不多——尽管中共本质上是一个列宁、斯大林主义的政党。特别是在一些报告、讲话中，引自中国古人的句子说来就来，以致仔细阅读书中的注释，就可以增加许多中国古代文化知识。同样毛的诗词中剥自古人的句子也很多。文革后期开始出版一些古代文献，很大程度上是凑着毛的癖好。"五七一工程纪要"中"污蔑"毛"批马列之衣，行孔孟之道"有一定的道理（我有一条罪行就是赞成"纪要"中这句话);但这还是抬举了他。尽管其讲话、著述中引用孔孟很多,但骨子里毫无孔孟精神,特别是儒家思想中积极的一面。这在以后"批林批孔"大肆鼓吹的"法家"思想,表现的更为充分。有说《三国演义》是满清统治者最崇尚的经典,毛的军事智慧很多也来源于此。后来知道,毛思想是在与"教条主义"的斗争中形成、发展的;知道他不看马列原著,自己的著述中很少援引,就不难理解了。

第二,理想主义少,现实、功利多。整个地说就是一个政治、军事组织夺取政权过程的记录,包括战略、策略,以及一些具体问题的应对。尽管夺取政权是这个组织一以贯之的目标,但夺取政权后要建设一个怎样的国家,思考的并不充分。当然,《新民主主义论》比较系统地论述了这个问题,那是在抗日战争、国共合作背景下的一种宣言,主要就是政纲;论述并不充分,以后基本没见过进一步的深入思考。《选集》的第四卷是抗日战争胜利后的著述,那本由最终取得政权前夕撰写的文章形成的文集,基本没有关于以后国家建设方略的专文。那个时期,看得出毛总是掰着指头在算账:敌方兵力多少万,我方多少万。某一天我方兵力超过了敌方兵力,立即欢呼"伟大的战略转折",等等。理论的研究也很不充分。抗日战争时期撰写的《中国革命和中国共产党》,试图从历史的视角来阐释共产党在中国历史和当今中国的位置;这好像是范文澜给执的笔。其中有一个部分是论述中国历史分期的,其实是论证中国社会发展进程与马克思"原始社会、奴隶社会、封建社会、资本主义社会"(其实马克思确切的说法不是这样的)的进程完全一致,因而以后也同样会如马克思预言的那样进入共产主义社会。其中有明代已有雇佣劳动,因而本来也可以自然地进入资本主义的论断,我想是本末倒置了。工业革命以后的产业组织一般采用的雇佣劳动的形式(特别是工业化初期和中期),但工业革命首先是技术进步推动的。中国曾有雇佣劳动(其实明代以前就会有），并不说明接下去必然就会发生技术革命并进入工业化进程。这类初级逻辑问题在不多的几篇"理论"文章中有很多。

第三，中共的胜利是特殊环境下不可复制的个案。文革初的红卫兵喊出一句口号："井冈山道路通天下"，高层也确实动用大量资源向东南亚输出这条道路，甚至还有一些理想主义的红卫兵因在中国的理想破灭而越境去参与实践。也有人把印尼共的失败归咎于不愿走艰苦的"井冈山道路"而选择了走"宫廷政变"的捷径。但当时就听说有日共党员提出异议，说日本没有井冈山，只有富士山，但那是一座火山，不能做游击根据地。但是，毛的早年著作对"井冈山道路"产生并有成功可能的分析非常到位，例如批判林彪关于"红旗打得多久"那封名为《星星之火可以燎原》的信、《中国红色政权发生和存在的原因》等等，透彻地分析了国内不统一、军阀混战给红色政权留下的发展的缝隙，是红色政权得以生存发展的基本环境。事实上，当国家趋于统一，环境发生根本性的变化后，军事割据的生存空间就大大压缩了——这种情况也见于古代历史。国民党政权基本完成国家统一后，共产党领导的根据地就都站不住了；西北的割据能独自留存，有偶然性也有时间的因素。虽然那时将中央根据地的丢失归咎于"王明路线"、李德指挥失误造成的军事失败，但这不能完全（甚至完全不能）解释其他所有根据地的失败。以后红色政权能够再度崛起，则源于日本侵华形成的新的环境；这让中共，特别是中共的武装力量在民族危亡的全面危机面前获得了合法地位。日本投降时，中共的武装力量总数达到92万，在最后的一年半年中规模迅速扩张，与日本行将崩溃时收编了部分伪军有直接的关系。这在我们看的一些抗日小说中也可以得到印证。这就不具体展开了。日后田中角荣访华时，毛明确表达过日本侵华有助于中共的成功，大家都知道。

第四，"一将功成万骨枯"。在处于弱势时，毛的基本策略就是以空间换时间争主动："不要怕把坛坛罐罐打烂"。这种策略能争取军事上的主动，但会让底层人民遭殃。我们经常听到地主阶级"还乡团"怎么怎么迫害人民，就能知道不断的转移会给群众，特别是支持红色政权的积极分子带来怎样的灾难。辽沈战役时期林彪第一时间不赞成毛的战役部署，首先的原因就是林作为一线指挥官，能看到按毛的部署必定造成惨重的伤亡，但这一般不在毛的考虑范围之内。

毛当然有很多"正确"的思想，也经常倡导高尚。"老三篇"中的两篇：《为人民服务》《纪念白求恩》就是这样的文章。延安整风时期毛的有关著述，很多当时的报告，肯定是毛泽东思想的重要组成部分。但在当时，专案组常常引述其中的片段，用来教训我应该怎么改造自己，当时就有些反感，不愿意作更多的领会。《实践论》《矛盾论》等"哲学"著述，感觉就像在颁布真理，使用的逻辑非常简单（以后人民群众将这些作为"聪明学"，在日常生活中加以应用，就更简单滑稽），没觉得有多高明。

当然，这里说的只是些点滴，不全面也不一定对，肯定带着冒犯。由于当时我的特殊处境，那一时期的阅读，我确实已经开始有独立的思考，并没有把手中的书视为当然的"真理"。

读字典对我有很大的帮助。那本几百页的字典，我从第一个字到最后一个字也读了好几遍，可以说基本烂熟于胸，很多还细细地品味过。读字典虽然也有些枯燥，但毕竟有知识含量，能让我产生兴趣。那个版本大约收录了7，8千个字吧？可以说至今我没有不认识的；掌握的词汇也很不少。这个时候打下的底子，对以后的学习、工作有很大的助益（后来我还编过两本近义词词典，出版社的评价还算不错）。

那段日子，就是每日枯坐、反复阅读自己不感兴趣的文字，以及每天几个小时围着房间踱方步，不时地听听训斥，或将以前写过的"交代"再拿出来炒炒冷饭；记忆中好像倒没有让我写过检讨之类的。这样就到了8月。

8月12日，那些看守我的同学大清早就起了"床"并招呼我起来。前一天的下午，他们集中开了一个会，回来就比较活跃，但在我面前却没有片言只语。感觉会发生些什么，但也没有多想。

一会儿，专案组的老潘、冯图南等进来，告知我回学校去接受批判"教育"。于是跟着下楼：这是我3月24日晚上走上楼梯以后第一次下楼，距上一次脚踩泥土地，足足过了20个星期。门口停着一辆吉普，坐在后排中间，一边一个看守，向学校疾驰而去。

那时对我还算客气，没按我低头。路上也就10多分钟。看着熟悉的街景，看到熙熙攘攘的人们，心里有些感慨，好像又很麻木。一会儿就到了学校，正是上学的时候，学生们陆续走进学校。看到我班7、8个同学站在门边，汽车驶过时，他们便向车里张望，表情极为紧张；我还记得其中的两个同学，一个是乔光，一个是陈培建。这个画面至今历历在目。我试图向他们做个笑脸，他俩也试图回应，但只是脸上的肌肉抽动了两下，不知道算是笑还是哭；我想我自己虽说是想做个笑脸，但在别人看来一定也是比哭还难看。

进校后我被带进一个教室，一会儿万晓光也被带了进来，我们两人被指定在教室的两个角落，面对墙壁站着，几个人站在中间看着。我真想回过身子和万晓光说些什么，但稍稍一动就被呵斥制止；那10几分钟连个面都没能见上。

那边肯定是闹闹腾腾地先干了起来，我们则在那间教室干等着。过了一阵，我和万晓光被带到了主会场，想必之前已经有一声大喝：把什么什么分子陈江岚、万晓光带上来！于是我们两个就被带到会场主席台前的右侧，面对多数参会者，被责令低头站着。那是学校东侧的大教室（一年前在这里听过美国总统准备来华的公报），应该可以坐200人左右，如撤去课桌光放椅子那就更多一些。进门时我们就被摁着头，看不到会场的情况，因此不知道究竟现场有多少人，更不知道都有些谁。我能肯定的是只有我和万晓光两个在被斗席上站着。

第一排就坐着不少人，离我很近。但我看不到他们。后来知道，黄山旭、于晓梅、刘巍就坐在我的面前。据唐曙光说，几个月前参与我们一些活动的"外围"也都坐在前排。前一天，有关的教师一个个地通知那些同学，第二天几点几分在什么地方集合，听候安排等等。万晓光班级的班主任，当时已经是冯图南的未婚妻，她先告知张敏怎么怎么的，张敏很不耐烦地应承了；唐曙光和王葵就在张敏后面，那位教师对他们顺口也说了一句：还有你们两个！其他有关的同学也会在那个会场上，绝大多数同学（例如我见到的乔光等同学）应该分散在另一些教室，远程听会。

主持会议的应该就是几个月前还算是老师兼朋友的冯图南。他说话的语气铿锵有力，语言干净利落，掷地有声，很有高屋建瓴的气势。冯首先将我们的案件作了简单的介绍，首先使用了"反革命小集团"的定义，然后让几个同学老师相继发言。上台批判的好像有几个月来看守我们的同学的代表，也有其他一些同学，说的基本就是些"普通话"，没什么实质内容。我辞职后接替担任红卫兵"团长"的张珉的批判发言，是批斗会真正的高潮。

我紧张地听着他说的每一句话，每一个字；从那里可以判断对我们的定性，并进一步判断今天结束时会有一个什么结果。他的批判调子之高，出乎我的预料。我们以前"交代"的片言只语，都添油加醋上纲上线，被指斥为严重的罪行，例如恶毒攻击伟大领袖，攻击"无产阶级司令部"，攻击"伟大的无产阶级文化大革命"，甚至策划暗杀"无产阶级司令部"的骨干等等，为林彪鸣冤叫屈。所有这些，要说多少都有些影子，至少算是有半句一句话的依据吧；但要反过来想，也可以说一点都不靠谱。让我特别失望的是，以前与他和其他同学朋友般的交谈，随便说的一些话，也被作为我们的罪行，绘声绘色在那里渲染，以增加我们的罪孽。有一句话我至今还刻骨铭心，难以忘却。在数落了我们的种种罪行之后，竟有"罪大恶极，死有余辜"一说。他说出此话时字正腔圆，语调平稳，好像就在读一个与自己无关的稿子，指向一个不认识的人。多年后他曾说指定让他发言，他也无法推却，意思是当时他也就是完成个任务。我相信或许这是真话，但我还是难以想象昔日的同学、朋友（尽管算不上知心朋友）竟然能说出这样的话。后来我曾问当时红卫兵团的朋友：我们经常一起说说笑笑，我是不是青面獠牙，你们能不知道吗？他／她们有些尴尬地说：当时真的是不知道了。这么说，他们真的是被洗脑了。真正应当承担责任的，是那些让他们接受那种认知的洗脑者；而那些人也是不久前我熟识的……，该怎么称呼呢？真不知道。

听到这样的指斥，知道今天不会有好的结果，但还不知道能恶劣到什么程度。于是没有什么心思注意其他发言，就等着最后的结果。两三个小时后，"判决"下来了："将万晓光、陈江岚两个反革命小集团为首分子"押送徐汇区"文攻武卫"指挥部，关押审查！听到这个判决，应该是松了一口气。首先想到的是，坐在下面的同学教师，应该知道我们真有什么"罪行"了。批判我们的那些内容，沾上任何一条，就该吃枪子了。到那时为止确实有成千上万的人因其中几条甚至一条半条就死于非命。我们今天只是去"文攻武卫"，连局子也没进，有点理性判断的人，都应该知道其中水分有多大。

于晓梅在那次批斗会后就被释放，黄山旭和刘巍又被押回东湖路20号继续关押。

五个月的"学习班"就这么结束了。至于什么叫"文攻武卫"，怎么就能关押到那里，下一章再说。

第五章

"民办"监狱

从伟大领袖著作中可以看到，第二次国共合作时期，中共不仅是抗日战争的中流砥柱，更是为民主而奋斗的中坚力量。从《毛泽东选集》第三卷收录的文章中，可以看到不少抗议国民党反动派独裁专制、倒行逆施的内容，也有很多争取民主的具体主张和努力。这些主张，包括公民的集会结社言论自由等，最基本的就是公民的人身自由权。伟大领袖著作中多次出现"非经国家司法机关依照法定程序，不得剥夺或者限制公民的人身自由"等等主张，并严厉斥责国民政府这类侵害公民基本权利的行径。

1954年制订了宪法，宪法中也宣示了公民权利。到了无产阶级专政时期，情况似乎就发生了变化，公民权利越来越模糊。到了文革时期，宪法不讲了（大家都知道，当时的国家主席手持宪法讨要宪法权利而不得），公民的概念就完全消失了，通行的是"革命群众"和"阶级敌人"的概念。前者的人身权利大概还可以保障，但只要被排除出"革命群众"的群体，就丧失了财产权、人身自由权甚至生命权。那个时候，区分"革命群众"和"阶级敌人"似乎很随意，剥夺人身自由的主体多，形式也多。由宪法赋权的司法机关，法院、检察和公安的权限扩大了也模糊了："公检法"成为一家，这个权力强大的司法机关统揽了侦查、检察和判决、执行的整个过程。"公检法"很长时间内被军事管制；军权也加入、甚至执掌了司法。各个级别不同的权力机关，例如不同层级的"革命委员会"，甚至不同形式的群众组织如什么什么造反队等等，都有了划分"革命群众"和"阶级敌人"从而剥夺人身自由和财产权甚至生命权等等的权力。剥夺人身自由的形式，有法律规定的定罪判刑、逮捕、拘留、留置等等，这些方式虽有法律赋权，但文革期间完全不需要遵循同样由法律规定的程序也没有任何限制。法律完全没有赋权的，还有"隔离审查""学习班"等等。任何"组织"，包括"群众组织"，如零陵中学工宣队、党支部或"革委会"都可以以这种或那种名义剥夺他人的人身自由。当然这些只是一些说法；完全没有什么说法，也可以随意将"阶级敌人"或被认为有嫌疑的人监禁或监视居住。"文攻武卫"就是这样一个非经法律赋权的主体，其设置的监狱就是当时的那种形式创新。

第一节　洋房里的监室

"文攻武卫"本是一个偏正结构的动词，也可以说是一个简略句。前面已经说过，这出自江青之口。文革初期伟大领袖曾说过"要文斗不要武斗"，江说"文攻武卫"，意思是"革命群众组织"受到攻击时可以武力反击，实际上就是给予了使用暴力的赋权，对一段时期内全国范围内愈演愈烈的"武斗"起了很大的煽动作用。文革中期，社会秩序开始恢复。重建过去的民兵组织时，第一时间就使用了江青的这个句/词，作为组织名称。

第五章 "民办"监狱

与很多没有亲历文革的中青年的想象不同,文革时犯罪率其实很高,又有打击面过宽的问题,监狱空间严重短缺。伟大领袖曾有"最高指示":"专政是群众的专政";于是没有法律授权的民间组织"文攻武卫"也办起了监狱。那时期刮"红色台风"时,很多人就被关在这里。与国家权力机关的正式监狱相比,进这样的"民办"监狱,性质似乎稍轻;不少人是在这里关押一段,就算是正式的惩处;也有从这里转到正式的监狱,被判重刑的。不久以前我参与过"红色台风"把人送到这里,这一次是自己进来体验了。几个月前抓的那两三个人,不知道当时是不是还在那里。

徐汇区的"文攻武卫"监狱位于乌鲁木齐南路 178 号,由一组 3—4 层的大洋房组成,那里也是区"文攻武卫"的指挥部及领导机关办公的地方;其中一幢房子还有一个可以容纳几百人的会场,现在知道,那是一个共济会的教堂。而教堂前面作为监狱使用的 3 层洋房,1950 年代初期曾是夏衍的住所。在那里,我呆了 111 天。从那时起我开始有了狱友。

被批斗几个小时是很累人的事,大家都能理解。批斗会后

乌鲁木齐南路 178 号,当年的"文攻武卫"指挥部所在地;其中设有"民办"监狱。1972 年 8 月 12 日进入此门,12 月 1 日离开。

我被押上吉普，呼啸而去（恰如当年我在长乐路第三小学看到的那种情景），疾驰着送到那个民办监狱，中间被摁着头，不能张望，没留下确切的记忆；我的铺盖是怎么到的也稀里糊涂。首先被带到一个办公室，让我又站了半个多小时后，给我一块木牌子，大约10*15厘米吧，写着一个监号：9021（几十年后我买车牌时曾考虑过选用这个号码）。然后由看守送进监室。在等待那块号牌的时候，当然听到很多训斥，告诫我这里是什么什么地方（也就是"群众专政"的机关），不得这样不得那样之类。然后就被带到了监室。那是一个三层楼大洋房顶层的一个房间，以前是居家使用，有很好的装修和设备；那里有两个用作监室的房间，还有一个带浴缸的大卫生间。两个监室大约各有15—16平方米（我从没机会到隔壁监室张一眼，感觉应该跟我住的差不多）。我所在的监房，有23—24个因犯。按照监狱的要求，房间作了改造，拆除了原先的木门安装了铁门，窗口也装上了铁杠。

　　我进去后，把我安置在最靠里面的一个角落，与三四个老人为邻——那时是盛夏，那个位置意味着什么，大家都懂的。进监室后第一个功课，就是要背诵墙上贴着的监纪监规，前面还有7，8条领袖的语录。第一条是"千万不要忘记阶级斗争"，后面又有引自《正确处理人民内部矛盾》的字句："为了保障人民群众的利益，对于那些盗窃犯、诈骗犯、杀人防火犯，…犯，…犯，……，也必须实行专政"；最后总结的一句是"专政是群众的专政"，似乎是这类没有法律赋权但公然剥夺公民权力的组织合法化的依据。连"语录"带10多条"监规"，大约1000字左右吧？每一个新进的因犯，在完整背诵监规和前面的"最高指示"以前，必须恭恭敬敬站在那里，不得坐下。据说有三天三夜背不出被迫站着的。写监规的肯定是一个民间书法家，其中一条是"不准在窗口观望"之类，"窗"字用的是异体字，我这么熟读字典的也不认识（宝盖头下面一个总字。后来我在某书法展中见过一回，但现在我使用的输入法的字库里还是没有），于是请教了看守。总计看了一两分钟，就要求听取背诵。一开始非常流利（特别是伟大领袖的语录），中间某一条稍有停顿，想回头看看；看守没有为难，提示了一个字，又接着背诵下去，无一字的错误，于是有了坐下的"权利"。我想这应该是给他们这里创造了一个纪录。下午中班看守接班时，听说新来了一个犯人，马上准备来监督背诵监规；监房里的"犯人"不无兴奋地告知："5分钟就背出来了"，传为美谈。一两天后，又有一个来自当时上海的贫民窟"市民村"的"犯人"进来，从中午到半夜愣是背不出来，他一耍无赖就坐了下来，说是"头发黑眼发昏"（肯定是说乱了）；看守也没有特别过不去，还是让他休息了。后来是不是最终完整背诵，就记不清了。

我进监房时，押送的"文攻武卫"即担任看守的民兵极为严肃地宣布：任何人不得与我说话，不得有任何交流；监室中每一个人听得都一愣一愣的，不知道我算是怎么个来历。一会儿就到了午饭时间。拿到饭我就大口吃了起来；很多犯人都看不太懂。多数刚进监狱（不管是"民办"的还是正式的）的人，进监狱后因思想压力或情绪恶劣都吃不下第一餐饭，老吃官司的还能知道第一餐、甚至前三天的饭都不能随便吃，应该主动让给狱霸吃。后来我听说，新进监狱的"犯人"都要褪一层皮，必须对狱霸做出贡献，表示恭顺，才能安安静静地坐下躺下，不少人还必须先吃些皮肉之苦啥的。有人跟我说过一个顺口溜：一天不食人间烟火，两天怎么，三天怎么怎么的，意思是第一天的饭是奉献给狱霸的，第二第三天也必须让出一部分给资格老的狱友等等。老吃官司的，第一餐饭过来的时候会很"识相"地向前一推，这样狱霸就知道此人知深浅懂规矩，甚至有来头，不会让他多吃苦头。我这么大刺刺的既没有精神负担又不懂监狱规矩，上来就大口吃饭，真让他们莫辨深浅。

我走进那里的第一分钟就知道，我在外院附校最要好的同学之一，他的家就在我这个监房的东南侧；这就是文革初期曾日夜跟我玩在一起，一起出去"宣传毛泽东思想"，一起步行去外滩看大字报的那个同学，几年前我经常去他家里玩。从窗口可以看到他家的厨房。以后不时地我还能闻到他家烧红烧肉的香味。

房子南面有一个面积不小的花园，那里是给"犯人"放风的地方。花园里有一口水井，"犯人"们洗漱全部从这水井打，不能用自来水。因为我是"带星级"的犯人，特别看管同时也有特殊待遇，不能下楼，因而可以使用自来水。那当然首先是出于减少我与他人的接触，特别是杜绝与万晓光见面机会的考虑——那些年里，我曾三次上楼，几个月乃至一年半才下楼。这次不是时间最长的。第二天知道万晓光关在二楼的一个监室，有时能听见声音，无缘得见。

不知道把我们送来这里算是个什么意思，也不知道以后会怎样。与5个多月前刚进"学习班"时不同的是，那时已经没那么焦虑，不去猜测未来会怎样，也不期盼很快就能回去。第二天，专案组来了三四个人，潘、宋，还有一个我判断可能来自政府部门的，感觉比潘的层级高一些，是不是还有冯不记得了。讲了十几分钟话，除了告诫我要老老实实，没有什么特别的内容。其中说到：现在已经比过去"升级"了，如果不"老实"，还会进一步"升级"云云。但我看也就随便说说，没有什么特别的含义。所谓"升级"，就是说到更高一级或正式的"专政机关"。

第二节 狱友

看守送我进去时严肃地宣布：任何人不得跟我说话，不得有任何的交流，这对我其实也能起保护的作用，能让所有人对我敬而远之。

在那里，我没有受到任何的欺负。即使如此，刚进去时我还是给"安排"到了最差的位置，大热天的睡在距门、窗最远的最角落里，与三个七、八十岁的老人相邻。

进这个"民办"监狱的第一天，就有两件事让我非常吃惊。进监房一两个小时后，就听到隔壁监室有一个声音在大叫："徐汇区文攻武卫某些人，搞法西斯专政，迫害革命群众"等等，并听到金属碰撞的声音，后来知道是一个大个子被手铐拷在铁门上，据说他经常受到这样的刑罚。这个人、这件事后面再说。到傍晚四五点钟时，又听到隔壁监房响起一个我很熟悉的声音，说的是"犯人"的"普通话"，也就是怎么怎么认罪服罪，一定要深挖"思想根源"，改造自己，等等等等。让我吃惊的是这些"普通话"竟然出自我中学的地理老师；他的声音比较独特，我肯定不会听错。这位老师当时大约50岁，以前是理发师，1958年"大跃进"时经突击培训师范课程，做了中学地理教师。我们进中学时，虽说我班和邻班的班主任都是师范院校科班出身的地理专业青年教师，但我们的地理课还是由他任教；两个科班都转行做了体育教师。感觉他水平并不很高，上课时时间混不过去了，就让同学跟着读地名，例如七个字的城市名"布宜诺斯艾利斯"或五个字的国名"埃塞俄比亚"之类。同事和学生对他都不特别尊重。因为他姓侯，还有一个"老猴子"的绰号，老师和同学都会这么叫他。但我还是不能明白，他怎么会出现在这么个地方。那天，他就是结合当时他们监室正读着的那一篇领袖文章，按照那里的什么"教诲"，联系自己，发现自己的"犯罪根源"正与领袖的分析契合。他的声音高亢夸张，由于环境和我当时的心态，都有些凄厉的感觉。

"群众专政"的一个特点，就是全天候的管控（不知道是不是每一处都同样）。每个"犯人"都有固定的位置，白天必须端端正正地盘腿坐在地板上，不能靠墙也不能伸腿；除一日三餐时间外，上午、下午各有一次休息，也就是10分钟左右，可以伸伸腿靠靠墙或稍稍走动；因为有监规说"不准在窗口张望"，没人能长时间站在窗口，只能偷空向外看一眼。白天的时间都用来"学习"。学习的方法主要是两种。一是读《毛选》，也就是通读，从第一篇文章读到最后一篇；每人读15-20分钟，后面的人接着读。二是"联系""理论"，"悔罪认罪"。不管读到那一段，不管领袖在那里说的是什么，都要联系到自己的"罪行"，深挖"思想根源"。当然要达到这样的水准要求很高甚至非常苛刻，但那时的"犯人"们通常能够做到，"群众专政"调教出来的能力更高一些。一些原先从不读书的年轻人，进过一两次监狱，回到原来的圈子常常能让原先的狐朋狗友刮目相看。因为不允许我与其他犯人交流，所以我没有这个任务。那里听不到广播也看不到报纸，但每天安排有十多分钟的读报时间；由看守圈定内容，指定一个"犯人"在二楼中间的空地上大声朗读，一楼到三楼所有监室的犯人一起听，自然有的监室听得清楚些，有的就不太清楚。据说真进了局子，监室里还不那么拘束，看守打开监舍门时必须立正低头啥的，关上门就随你伸展。当然这时狱霸就开始施展了；要是不能取得狱友的尊重，日子也不会好过。

　　有两个人第一时间就认出了我，尽管我不认识他们。一个是与我家同一街道、比我大几岁的……邻居吧？他不是什么大流氓，最多也就是小打小闹，小偷小摸，因此被"台风"刮了进来。另一个是我同校高一年级的同学，住在中科院宿舍，与丁抗是邻居。我不认识他们，但他们第一眼就认出了我。因为有那个禁令在，第一时间也不敢凑上来跟我说话。但出于少年天性，要不交流也难。也就是两三天后吧，读报的读了一段台风袭击上海的消息，说有棚户屋子被狂风掀去了屋顶等等。在休息时，那两个认识我的同学朋友就坐到我边上，用手势比划着跟我交流，就像聋哑人一般。我做着掀掉屋顶的夸张手势，心里想到的就是小说《红岩》中叶挺的诗："地下的烈火冲腾，把这活棺材和我一齐烧掉，我应该在烈火和热血中得到永生"。那时差不多就是同样的心境，真希望台风把这里的屋顶也一起掀掉。不太清楚他们当时怎么理解，但一个沉默寡言的狱友倒真看出了我的意思。

后面的几天，我与室友渐渐有了交流，虽说有那么两三天看守看见了会"严肃"地向我和狱友提示那个禁令，但不久就听之任之了。一天休息时那位狱友坐到我身边，悄悄跟我说：那天看到我和他人做着那样的手势真为我担心。他说虽然他知道我表达的只是想模拟刚听到的台风吹垮了棚户的情景，但是万一被"他们"看到，解释成希望吹垮这座监狱，后果会很严重。听他这么说，我真的很感动。才几天功夫，话没有说过几句，我也不知道他为什么会那么信任我，关心我；更不知道怎么他就能看透我的内心。

他告诉我，他是"上海汽车运输公司第三汽车场"即"上运三场"的货车驾驶员，是住集体宿舍的职工，家属在农村。他说他也没什么特别的觉悟，就知道干活，拿工资，每月寄钱养家，自己吃饭；还有一些剩余的话，也会跟人打打麻将，小赌赌。但那都是好多年前的事，不知道什么人，为什么，现在把这个事揭发出来，于是把他抓了进来。他是早就把事情说清楚了，以后也只好听天由命。后来他又告诉我，我刚进来时，肯定是被不许跟我说话的警告提起了警觉，注意到我肘关节前有很明显的茧子，好像是练某种神功的标志。其实那只是我天天坐在桌前读书写交代留下的痕迹。我向他说明了我不是练功的人，也不是那种黑道的人，但我不能跟他说我是怎么样的人，怎么就会到了这里。

那年6月22日，徐汇区刮了一次"红色台风"。如同刚才那位室友一样，我所在监室的狱友多数是那次行动的猎物，年龄最大的已年逾八旬，最年幼的才15岁。这些人中没有强凶霸道的流氓惯犯，因而也没有欺凌狱友的牢头狱霸。

那三个老人，年纪最大的已经超过80岁，智力已明显衰退，行动能力也基本消失，我想不能偷不能盗不能打斗更没有性能力，唯一有些可能的倒是会蹦出一两句"反动话"；如果真是这样的话，那肯定不是因为他有什么"反动"思想，只能是因为糊涂把话说乱了。另一个老人约70岁，体力、智力都没有什么大问题，从不会与其他人有任何交流。后来知道，他是一个沿街卖麦芽糖的小贩——我们这个年纪的上海人都能知道这是个什么"职业"，"从业"的人又是怎么一种生存状态。另一个70多岁的老人，是个山东老汉，后来知道他是被里弄"居革会"送进来的。另外还有因赌博、因小偷小摸、因婚外性关系等等被"台风""刮"进来的。

从一开始就认识我的两个人，年长的那个也就是个普通人，应该有一些过失吧？但有多大也说不好；年龄相近的一位就是高我一级的同学。那年五一劳动节，夜晚大家外出观赏灯光。禁欲时代，更可能发生性骚扰，特别是在那种人群集聚又开放的场合；有些或许可以定性为恶性性侵事件。在整个1970年代，似乎每次节日都有这类事件，还有因此被判死刑的。我的这位狱友那天与朋友一起出门，路上对一个或几个女孩子挑逗，对方进入女厕躲避，我狱友的朋友们（不能确认是不是包括他本人）跟着进去，于是被认为是重/特大恶性案件，当时抓了几个人。应该是根据他人的供述吧，6月22日刮红色"台风"，也把他撸进了"群众专政""机关"。

打破我不得与其他人说话的禁律的首先就是他们两人。一开始是台风掀掉棚户时幸灾乐祸，手舞足蹈，后来就开始说话交流了。他们告诉我，我一进监室他们就知道我是谁，也知道我的故事。据他们（主要是年长的那个）说，我和我的朋友在民间社会已经是一个传奇故事。至少在徐汇区吧，到处（应该剔除零陵中学的同学老师？）都流传着关于我们的传说。在民间的版本里，我们精通好几国语言，能飞檐走壁，还能抢银行，有很大的财力等等。我当然马上告诉他们完全不是那么一回事，但我还是不能具体说明整个的事实——在"文攻武卫",以及其他"专政机关",交流案情都是绝对禁止的;再说我们的案情其实非常简单,没什么可以吹嘘的细节。

再过几天,我与大家也就混熟了。

"红色台风"刮进来的,有两个少年;一个与我年龄差不多,是个偷儿,案情相对简单。另一个比我还小一两岁,也就是说刚满、甚至还未满15岁,长得白白净净的,是个孤儿。后来问起,那个孩子自称是流氓团伙的"主犯"。我不太敢相信,他给我作了详尽的解释。他父母早年离婚,父亲下落不明,他和他弟弟跟着母亲生活。大约刚过了10岁,母亲去世;因为家里有一两间住房,他就和他弟弟两个人过日子,从居委会领取每月15元的生活费;现在想起来,更可能是从居委会代管的他们母亲的存款中支取,要不然他们早就会被送去福利院了。因为家里没有成年人,他们的居室就成了一些不良少年的活动基地。那些少年多半是些偷儿,偷来的实物就存放在他家里,还不时地给他们兄弟一些钱物,资助他们的生活。当年2月尼克松访问上海前后,为保障安全,就将一些不安定分子集中关押两三个星期,名义是"学习班",人选则由基层组织如单位、学校或居委会提供。那个少年家里总是聚集着一些偷儿,乌烟瘴气的,想必邻居十分不满,于是就上了名单参加了"学习";我想非常可能是那个学习班中最年幼的吧。或许在"学习班"中他交代了一些基本的情况,例如那些偷儿存放在他家的赃物,或曾经提供给他的资助等等。据他说,从此以后,他就进入了有关部门的视野。6月份"刮台风"时就又被抓了进来。这一次就不那么简单了。

被那次"台风"刮进来的,另有"教唆犯""破坏上山下乡"的什么"犯",等等。他们的事,后面再说。

除了6月22日被"红色台风"刮进来的,还有几个后面陆续进来的。一个是某工程的技术员,现在想起来好像应该是搞隧道工程的,或许是搞盾构的那个企业,话说得很神秘。他的事由,说起来不太光彩。好像是某一天去医院，顺手"揩油"（也就是性骚扰，程度如何不清楚），被扭送进来。据他自己说，本来他认个错，签个认罪书，也就没事了。但他一定坚持改一两个字（我想应该是坚持不认"猥亵"这个定义吧），陷入了僵局。"文攻武卫"跟他们单位的领导商量，后者认为他平时就过于高傲，给个教训也也好；一关，几个月就过去了。还有一个农民，街上与人换了几斤粮票，也被扭获。

另有两个去黑龙江军垦农场的上海知青。其中一个看起来还是出生在较好的家庭，文化水平相对也好一些。在军垦农场，他参加了群体斗殴，因而被关进农场的"强劳队"即剥夺个人自由的强制劳动队。农场日子本来就不好过，再进一步"强制劳动"，日子肯定更苦。于是想尽办法，在他人的帮助下逃出"强劳队"，潜回上海。过了一段日子，农场发公函要求上海协查。因为那里的惩戒主体也是"群众专政"性质，所以上海的"群众专政"组织就把他抓了进来。在监室中他讲述了军垦农场的生活。具体的事例记不得了，归纳起来大致有几个方面。一是劳动强度很大，生活非常艰苦；二是军垦干部霸道，有时会存心跟知青过不去，还严厉禁止男女之间的交往，如女生帮男生洗洗衣服都会受到叱责；三是不同城市的知青有矛盾（他参加的斗殴或许就是这个原因）。过了不多的日子，他那个农场派人来上海把他押了回去。离开监室时，他的表情比进这个监室时还要凄惨。确切些说，进这个监室时他根本没什么害怕的感觉，我想他甚至希望在上海多吃一段官司。

另一个就是前面说过那个大半天背不出监规那位。说是"知青"，其实没什么知识。他家住在当时徐镇老街后面的"市民村"。我这是第一次知道这个地名。那是一个棚户区，苏北人居多，比我原先龙华路小学附近的"三家里"规模大了不知多少，人也更加野蛮，遵循的几乎就是丛林法则。邻里间发生了矛盾动辄拳脚相加甚至兵刃相向，或者就将对方家里砸个稀巴烂。他进来的原因就是因邻里矛盾，在父母的号令下，兄弟几个冲进别人家里打砸；对方挥舞着菜刀保卫家园，他一把夺过菜刀砍向对方划破半边脸皮。后来我在其他监狱见过一个半边脸就是个大疤的人，当然就是他"杰作"的概率很低。不久以后，他被"引渡"给了他所在的军垦农场，肯定进了那里的"强劳队"。

那个民办监狱，每天定量是9两米饭，三餐都是干饭，按我以前在学校吃食堂的经验判断，基本没有短斤缺两。下饭的菜就是简单的蔬菜，不会非常新鲜，但有一定的量；唯一的调味料就是盐，非常地咸，咸得发苦。一开始不能适应，很快就习惯了。每天9两干饭，应该不算很少了，有看守说有些人在家未必能吃这样的饱饭。但基本没有荤菜，营养还是不够；闻到我同学家厨房飘来的红烧肉的香味，真是馋涎欲滴。以前我是个小胖子，到这里不久，很快就消瘦了，体质又变得虚弱。那年8月和9月，好像每月吃过一次肉，一共两次，每次也就一块半块的，或者就是些肉丝啥的，但有肉吃就很香，大家都懂的。出乎意料的是，到10月，第一个星期里就吃了三次肉；一次是一块大肉，一次是猪耳朵肉（所谓"猪头肉"，那时即使是下层群众也不屑于吃的，即使吃了也不愿意承认），另一次是肉丝什么的。当然有国庆节节日加餐的因素，但这也超过了预期，大家都感到有些奇怪。后来听说，不久前有关于监狱中"法西斯式"虐待的举报上达天听，伟大领袖亲自视察监狱并有批示责令整改，因而我们这些犯人就有福了。不知是真是假。后来的牢饭好像稍有改善。

每天给我们送饭的是一个强壮的汉子，手臂粗壮，非常有力。一开始我不知道他算什么身份，后来知道他也是犯人，因为受信任就让承担一些不可缺少的劳务，被称为"劳役犯"；这类犯人可以有一定的自由也有相对好的待遇，如伙食好一些，似乎还单人住一间小监室。每天读报的也是他。听狱友说，他原先是一家小厂的党支部书记，好像是与有夫之妇有一腿。与最初说到的那首歌里唱的不同，那时的社会风气并不象现在人们想的那样纯净。一些小单位无助的群众为了得到一些微薄的好处，甚至只是希望保住自己正当的权益，常常会以各种方式取悦领导，包括投怀送抱。想必他在工作中也得罪过人，怀恨在心的人于是跟踪、侦察，最终捉奸在床，被那些"群众"扭送"群众专政机关"。即使在这样的地方，原先有做"领导"的经历也会受到信任，因此"劳役犯"的美差就落到了他的头上。过了一段时间，一天他站在每天读报的位置，念了一份检查，随即获释了。以后送饭的差事由谁承担不记得了，但读报的差事给我们监室的那个技术员，于是我们就有了一些额外的福利，也就是能够获得更多的信息。

　　自从读报的工作由我们监室的技术员担任后，每次他读报回来，我都会向他了解更多的信息。他自然也会利用有限的时间，尽可能地把整张报纸看完，把他知道的告诉象我这样有信息需求的人。现在还记得的，关于田中角荣访华的预告，读报时说是某一个周一。当时我想，那天不是"九一八"吗？不应该有这样的安排啊？问了他才知道是下面的一个周一，9月25日。其他还有不少信息，当时感觉都很宝贵，时过境迁，当然记忆都淡化了。

　　为了防止我与万晓光见面，严格禁止我下楼，因而我不与其他犯人一样下楼用井水洗漱，洗脸刷牙就在三楼的卫生间；与我有同样待遇的还有我来此第一天就听到其忏悔的我校姓侯的地理教师。同监室那个同校同学曾告诉我，那个侯老师好好像是带学生下乡劳动时从奉贤直接送到这里的，罪名是猥亵女生。某一天一个女生扭伤了腰，因侯老师原是理发师懂一点推拿，让他处理一下，以后受到了指控就被扭送过来。几天后在卫生间我见到了他。他告诉我是5月进来的；我问他究竟因什么事由，他简单地说："说不清楚"。由此看来，他每天"联系理论"的忏悔完全是违心之言。

　　他在隔壁的监室，我不能清楚地知晓他的具体情况，但可以感知的是，他是尽了最大努力在争取获释。这表现在他每天每时高声的忏悔之中，也表现在他积极劳动，尽可能地用劳动"洗涤"他的"资产阶级思想"以求"自新"。打扫他的监室及三楼公共场所的卫生也是他主动争取来的职责。那个时候，夏天经常会断水，因此每天晚上都会在浴缸放一缸水，为第二天作储备。有一天早晨又遇到停水；侯老师过于积极主动，一大清早就用浴缸里的储备水洗拖把拖地；等我去洗漱时，已经没有干净水了。我向看守讨要洗漱用水，看守过来一看，立即把侯老师叫过来训斥，并说让他从此用洗过拖把的水洗脸刷牙啥的。侯老师则马上"检讨"，说出现这种失误是他"资产阶级思想作怪"等等。听起来就是个笑话，但这确实就是真的。

说起来，在徐汇区坐监，住的还是洋房，有打蜡地板，卫生设备也非常的高级。但15-16平方米的房间里要关进24-25个犯人，人均面积就非常有限，白天大家都坐着还看不出拥挤，晚上躺下了，空间就拮据了。当然我所在的那个监狱还算相对宽裕的，还可以翻身啥的。据说当时有些监狱人满为患，晚上睡觉任何缝隙都挤得满满的，也就是说例如你膝关节蜷曲留出的空间，一定会有其他人身体什么部分填充进来；这被称为"套裁"。我那个监室还没有恐怖到那种地步，但每人的空间也非常有限，让人非常不舒服。那么多人，难免有磨牙打鼾什么的，基本就没什么夜间的安静。特别是监狱为监视犯人，彻夜不关灯（那里的监室灯光还很亮）；常年如此，对人真是非常大的折磨。但人多了还是有好处：蚊子好像没有了。那里没有纱窗蚊帐等防蚊设施，也不点蚊香，但我从未有被蚊叮虫咬的感觉。或许房间里有"吸蚊"的人，有限的蚊子去关照那些人了。

特别要说明一点，进监室不久，我就离开了那个最不通风的角落，也离开了那几个最不受人待见的老人，到了最中间也就是相对最好的位置，与那个15岁的少年相邻。好像并不是由新进的犯人填充了我原先的位置，也记不得由谁、怎样作出的这种新的安排，但我当时就觉得我应该得到这样的待遇；虽说我还是个犯人。

从进"学习班"的第一天起，我就对学习上可能的落伍有些担心。虽然我从不重视甚至不参加课堂上的学习，但真的完全脱离了学习，还是让我担心日后真的会发生学习困难。从第一时间我就向专案组提出学习的问题，得到的回答都是：都什么时候了你怎么还能想到这些？！意思大概就是能不能活着出去都是问题，缺几节课算什么啊！那大半年中，我有字典和领袖著作，当然有条件自学中国语言"文学"，但其他就绝无可能。在我们入狱的前几个月，有一次物理考试时出题的教师（据说以前是空军飞行员）出了一道我们尚未学过有关知识点的加分题，我用自己知道的逻辑演绎，越搞越乱，那时我已经感觉到危机了。在"学习班"时我每时每刻都在担心自己学习上会脱节；到了"文攻武卫"监狱，仍然是一个很大的心事。

这时我发现监室里有一个教师。在监室中他总没有什么言语。虽说没有欺压狱友的牢头狱霸，没有特别针对谁的歧视（至少我没有感觉到这种歧视吧），但他一直有点一人向隅的样子。那个技术员特别要表现出对他的蔑视；但从技术员的片言只语中，我知道他是我家附近的日晖中学的教师，于是主动和他接近，并提出向他学习文化知识；他欣然应允。我想我没有特别夸张：那应该是他入狱以后最高兴的时刻；在此之前，他没有、也没有兴趣与其他任何人说任何一句话。

后来的一两个月里，他教给我一些知识，包括一些数学公式，但主要是一些科学常识——当时既没有纸也没有笔又没有教材，他也不是数理学科的科班，不能勉为其难。但他断断续续地给我讲述的科学知识，还是开阔了我的眼界。例如四季分界的科学标准（现在当然算不了什么，但那时知道这样科学标准的还真不多），还有一些其他知识。

我跟他学习的时间不是太长，学习的内容也不太多。但我学习的过程也增加了他对我的信任。他也把他的情况告诉了我。他毕业于安徽师范学院体育系，是零陵中学附近的日晖中学的教师。因与一个1969届女学生有了恋爱关系被人告发，以"破坏上山下乡"的罪名被抓了进来。但他告诉我，他与她没有性关系；她最终也还是下乡了（或许他曾经设法帮助她逃避下乡）。大概就那么回事。

那个时候，"民办"的监狱每天都必须学习；这与正式的看守所等都有些不同。学习的方式基本就是读《毛选》，一页一页读下去；有时也会由看守指定读一些特定的内容。记得经常读的就是《毛选》第四卷中的"敦促杜聿明等投降书"。此文发表的日期算是1948年12月17日，照我看应该是秘书班子写，以毛的名义发表的。对我们有针对性的，也就是"你们现在已经到了山穷水尽的地步，……放下武器，停止抵抗，……只有这样，才是你们的唯一生路"这几个断片。我真不知道有什么实际的意思。我们手里什么都没有。人为刀俎，我为鱼肉，只能任凭宰割。那个时候，如同在东湖路20号时一样，我经常会大声读伟大领袖著作中的一段话：非法律授权的机关不得剥夺公民人身自由等等（不是原话，但这是毛在抗日战争国共合作时一直强调的共产党主张）。我还很喜欢大声朗读："当天空中出现乌云的时候，我们就指出，这不过是暂时的现象，黑暗即将过去，曙光就在前头"。这是毛在解放战争战略性转折时的一篇形势分析中的文字（这么生动的文学化语言，应该出自秘书之手）。所谓"天空出现乌云"指的是内战之初国民党军队对解放区的全面进攻，给共产党造成巨大的压力。这段话特别能表达我当时的心境。所以要大声地读，一个重要的意图是希望在二楼监室中的万晓光能听到。但每次我读这段话，我们监室中那个技术员就会说，他不赞成我这么引用。他认为更适合我们境遇的"语录"是，经历了诸多艰苦的改造后，我们会迎来新的人生之类——与原话想去甚远，但主要的意思是我们必须脱胎换骨等等。我当然不能与他争辩。我还经常高声诵读伟大领袖在

《整顿党的作风》说的一段话:"共产党员对任何事情都要问一个为什么,都要经过自己头脑的周密思考,想一想它是否合乎实际,是否真有道理,绝对不应盲从,绝对不应提倡奴隶主义。"我以为自己所以会进监狱,就是因为问了几个"为什么",思考了一下,虽然肯定不够"周密"。事后回顾,真不懂伟大领袖那句话是对谁说的,真正表达的是什么意思,有什么意图。因试图实践领袖这个要求而引火烧身,甚至引来杀身之祸的,真的不计其数。

在那个监狱,每天有9两干饭,每月至少有一两次荤腥,应该不算太差了,以致有的看守曾说有些人家里还未必能顿顿吃干饭,蹲在现在的监牢里倒是越来越高兴,最好长期呆下去什么的。当然他说的都有具体的指向,我不是太清楚也没想过要猜。有一段时间,监室里时兴起一种游戏,那个中学教师称之为"精神聚餐"。大家都说出自己知道的好菜名菜,然后尽自己的语言能力,描述那个菜的色香味等等,最后还要群策群力,编一个像模像样的宴席菜单。我想我的家境比他们中的多数要好得多,但他们说出的菜名,如什么松鼠鳜鱼、大乌参……什么什么的,绝大多数我都不知道。他们参与度都很高,我只能一边听着。教我知识的那个中学老师,原先在监室里不太受待见,总是闷闷不乐,很少说话;自从我跟他学习,话也开始多了起来,成为这个游戏的积极参与者。

但精神聚餐毕竟不能满足人的生理需求。进监狱以后,因为营养不良,身体又变得虚弱。10月下旬的一天,安排大家擦身,当然只能用冷水。那个时候天气比现在冷得多了,但不管怎样,还只是深秋;对我这样一个曾经冬泳过的勇士说,啥都不算。但那时我就是不行了。

有一个6.22"台风"刮进来的狱友,入秋后衣服一直很单薄。他的罪名是所谓的"教唆犯"。他是一家纺织厂的技工,至少有两个儿子,家境贫寒。两个儿子有一批狐朋狗友,经常到他家闲坐。他早年练过几下拳脚,又知道过去黑道白道的一些轶闻,有空就会与那些狐朋狗友胡吹乱侃。后来他的儿子出事被抓,为救儿子,他指认真正犯罪的是那些狐朋狗友。在流氓群中指认罪犯是很危险的事;没有悬念,他被那个狐狗群体指认为"教唆犯",就这么被抓了进来。在监室中,他也不受待见,不被人尊重。

他说他有自己的御寒法,例如在大冷天脱光衣服,用冷水擦身,然后慢慢地一件件把衣服穿上,会感到温暖异常。这一次,我倒是实践了一下他的"穷人暖身法",冷水擦身后慢慢一件件地穿衣服,果然感觉很温暖。到了下午,就感到非常地难受,于是申请能够靠着墙坐着,原本感觉应当是很享受的,但这时横竖就是不舒服,怎么换姿势都不妥帖。晚饭吃的是红烧萝卜,闻着气味就难受,狱友们纷纷劝我多少吃一点,但我确实一口也吃不下(以后几十年我都不要吃萝卜)。夜晚躺下后就更难受了,迷迷糊糊地感觉好像睡在一个巨大的穹顶下,脑袋被无数根木头交叉地撑着,难受极了。后来想起来,那好像就是躺在坟墓里的感觉吧。那个"教唆犯"肯定是发现了我很折腾,马上叫来看守,要求把我送医。看守觉得没那么急迫,就没搭理。那天晚上,他就前前后后地忙着,生怕我有什么意外。

第二天早班看守接班后,发现我烧得厉害,于是带我去大约一公里外的中山医院。一量体温,40度以上。做了必要的检查,没有进一步的问题,配了药打了针就回去了。这回让我白天能在房间里睡着,又给我开了病号饭,看起来挺可口的,但还是一点吃不下。狱友们看着眼热,我也让他们帮我吃了,但没人敢吃。那时听说,我的病症有点像肝炎。以前有因为得肝炎被立即释放的,我真希望自己也得了肝炎。

以后的几天,每天到附近的卫生所打针。一天打针回来进大门时,正看到我母亲来送秋衣,正坐在门厅等候。看到我进来,眼泪马上掉下来了,想站起来但腿一软又蹲了下去;想必我当时因生病脸色等等非常的难看。在那里值班的两个女民兵倒很有同情心,立刻上前搀扶。这是我被关押七个半月后第一次见到家人,也是被监禁前半期的两年八个月中唯一的一次。我当然被催促着进去了。后来知道那几个女民兵非常关怀地问长问短,母亲说那么多月了,不知道我真有什么"问题";而我也音信全无,死活不知。那些民兵告诉我母亲,到了这里,家人可以写信,我也可以给家人写信,互通信息。我母亲立即简单地写了几句话,让她们送进来,好像也让我写几个字由她们带出去。后来我也写过一两次简单的信,家人来送东西时由看守转交。

遗憾的是,这次我得的不是肝炎,不几天身体就恢复了。不久,这个交流的途径又被掐断了。

第三节 看守和监狱故事

我进那个监狱不久,"文攻武卫"又恢复了"民兵"的名称,于是那个大门外的招牌换成了"徐汇区民兵指挥部"。这里面有一组、几幢洋楼,用作监房的是其中的一幢,另有一两幢是民兵指挥部的办公楼,同时也应该是已经进入政权体系的工人造反派的主要机构和工作场所之一。

监狱的看守是轮换的,从区属主要工厂的民兵中抽调。有一个人称"老班长"的,是那些看守的总管也就是总看守长,好像从开张起就常驻那里,从未离开。"老班长"大约45岁,看起来精明干练,说话简洁,体态毫不臃肿,体型也很挺拔。据说看守们换了那么多茬,在每一批中他都有很高的认可度;不少老资格的犯人,特别是多次进出的犯人，对他也有敬畏的感觉——这里有斯得哥尔摩综合症。有的时候，这位总看守长会做出一些照顾犯人的安排，例如天冷时特地安排烧开水让女犯洗澡（其他还有什么善举我好像就想不起来了），但也会使出恶招，隔一段时间就会找一两个犯人，亲自动手用粗木棒棒打；非常理智，也就是说不是出于狂怒，但下手非常的狠。据说被这样的打有时让人一口气上不来就会直接背过去，但"老班长"能做到让人受到最大限度的疼痛又不至于出现意外。我在那里的几个月就好几次听到过他棒打下的惨叫声。

我进那个监狱的第一天听到的"徐汇区文攻武卫某些人搞法西斯专政"的叫声，那"某些人"直接的指向就是这位"老班长"。那个被铐在铁门上的犯人约30岁，就因为在这个"民办"监狱常进常出，对"老班长"了如指掌。后来有人介绍说那人是个老留级生，过去是出名的"大学生"（上海话中那个"大"这里读"du"而不读da，意思只是年龄大），有一个18岁的未经合法登记的老婆，也有了孩子。因没有正经的职业没有收入，只能偷鸡摸狗维持家计，这是他成为监狱常客的基础原因；当然他胆子并不大也作不了大案，因而也只在"民办"监狱进进出出的。出入多了，对"文攻武卫"监狱的结构、机制及看守都熟悉了，生计窘迫时铤而走险，冒充"老班长"到"犯人"家里敲诈；这是这次入狱的主因。该"大学生"情绪极不稳定，不时地会呼喊"老班长"迫害他等等，如前面说的"法西斯专政"之类的，接下去又会表示忏悔，希望能对他宽恕，放他回家赡养妻、子。"老班长"则不时地对他施以肉刑，如打几十大板或连续一两天将其铐在铁门之上，遇到对方服软了，则用语言羞辱；在隔壁牢房我经常听到"老班长"那些羞辱人的话。对其他犯人，"老班长"动手不多，但出手就会非常的狠，也会纵容其他看守动手。

另有一个头上有很大几块明显的癞疤的看守，好像也是一个小头目，对犯人非常狠毒。我没有直接领教过，但其他不少犯人受过他的虐待；看他的眼神就很可怕。那年夏天，有一次要在监房中烧草药熏蚊子，所有犯人都集中到外面花园里，周围布满了手持长矛的看守；黯淡的灯光下看到那个癞疤凶恶的眼神，就象以前电影里看到的集中营那样，感觉非常恐怖。

当然不是每人都这样。不少看守都以有机会到这里为荣，也是他们辛勤劳作中一段时期的调整，有点休假的意思。作为看守，当然也会给他们高人一头的感觉。有时他们会在那里发现自己的熟人。我一个同室的"犯人"，一个中学生，因与同学发生性关系进来的。他学校原先一个工宣队的女队员到这里做看守，专门找他出去在花园里边走边谈，问他详情。当然这只是出于她的好奇，但在那种情况下，有人以平等的姿态讲话，会给"犯人"非常欣慰的感觉。回来后，他立刻当一个好消息告诉了我。

因为都是一个区的，多少有些熟识的不时会有。就有一个能认识我（至少可以打听到我的情况的，因为我们的名声太大了）的看守，经常笑眯眯的在监室门口说东说西，表面上好像是给予劝诫，实际上就是想传递给我们一些信息，暗示对这个那个犯人以后会怎么处理。旁人听不懂，但他所指的人就能心知肚明。前面说到的原先就认识我的两个狱友认识他，他走后他们告诉我他指破了那个高我一级同学的绰号——"卷毛"，我真的浑然不知。

有一个看守稍微有点意思。不是说他有能力或有水平，而是特别有表现欲；我背诵监规时提醒一个字的就是他。他当班时会花很多时间到监室门口给我们谆谆教诲。他当然知道这个监室中多数人的"案情"，因而会"结合实际"给每个犯人提供教诲。例如说摸女人一把的，就指那个技术员，等等等等。具体就不说了吧？他喜欢说的一个词是"故所以……"，也就是数落完某个或某些犯人"罪行"后，又牵扯到某种"资产阶级思想"，用"故所以"做连接词，阐释因果联系。虽然我熟读字典，但还是不能确定有没有"故所以"这么个词，更不知道确切的意思是什么,为此专门请教过狱友。他们说真的有,意思是什么什么;是我孤陋寡闻了。我那时还真的很木讷,一点不知道他话里还有玄机。

大约10月中旬的某一天,上海召开了一次公判大会,大约有20-30人被判死刑立即执行。还有很多被判重刑的。判死刑的当然以反革命犯为主,有几个好像是在中美恢复联系后给美国有关部门写信的,当时的说法叫"反革命挂钩信"。其中一个代号"黑剑",另一个笔名"李鸣"(与我校的学兄毫无关系)。好像在我们入狱前已经在全社会发起了追查,这时查到了,被判了刑,被判了死刑(!)。当时公布的那些罪行资料,包括所谓的"反革命挂钩信",至少是我的感觉吧,也就是一些个人的看法;真不能看出有什么大逆不道的内容。真正反动的可能是"防扩散"的,但我很怀疑是不是真的有。

那次公判会后。"故所以"每天很长时间到监室说教,语重心长的,但除了你们要"好好较"(即要向好)的"普通话"以外,我不知道还有什么实际的内容。但同室的狱友告诉我,他实际上把监室里每一个人的罪名都说了一遍,然后又作了针对性的分析。我非常的不解,马上询问针对我说的有些什么?狱友说就是关于"反革命"也不是一定会枪毙那些话。我当时真的吃了一大惊。虽说被批斗时也曾给我们套上过"反革命"的罪名,虽说最终或许真有可能会用这个罪名给我们定罪,但怎么说我们也就有些想法有些议论吧?怎么能距离死刑(!)那么近,真的超出了我的想象能力。后来听说,将我抓进来的零陵中学有一个被叫作"陈大个子"的老师在学生中说:"陈江岚、万晓光不枪毙就是宽大了!"我好像并不认识这个人,更没有得罪他什么;他的认识应当来自他的政治觉悟。当然更有"死有余辜"一说。这么看来那时我们距离死刑还真的不远。

我也见到过能体会人的看守。大约就在差不多的时期吧,有一个英俊青年担任这个监区的看守。他肯定事先知道我的一些情况,在监室"休息"的空档里就会进来与我攀谈。那时的监规不是说"不得在窗口张望"什么的？但他会刻意把我引到窗前，跟我慢慢地聊；经常因此就会延长我们监室"休息"的时间。那时候的狱友也都非常识趣，会远远地躲开我们。我告诉他我们的"罪行"也就是认为党内还会有"资产阶级代理人"因而必须准备斗争之类的。他问，你们总应该有具体的怀疑对象吧？我就告诉他，我们主要怀疑的就是张春桥。他也知道文革初两次"炮打"的情况，告诉我，对"这个人"一直有不同的看法。所以让我不要有太大的负担，以后或许会有好的结果。不是太长的交往中，他也跟我说了他的生活状况；当然这只是普通人的生活。能遇到这样一个直接向我表示理解和安慰的看守，给我很大的鼓舞。

监狱中犯人是当然的弱势，让人感觉无助的一个非常重要的原因就是信息严重不对称。看守、"承办员"（犯人们对办案人员的称谓）刻意维持着一种神秘感，让犯人们莫测高深，完全无法预测更无从把握自己的前途和命运。据说我们这所监狱过去曾关押过一个普通犯人，因无法忍受监狱生活想尽一切办法逃了出去。他不知道的是，本来已经决定一两天后他就会被释放。这么一逃，什么都变了。没几天被抓了回来，案件移送公安、检察机关，最后竟被判了15年徒刑。除了从"群众专政"那里出逃以外，基础的罪行都是一样的；从立马释放到15年徒刑，"宽""严"之间的距离竟有天壤之别。

看守不在时，犯人中会有广泛的话题；监狱故事当然是一个重要的专题。

大约在一两年前，有一个据说绰号为"人民大道一只鼎"，名叫姚守忠的"教唆犯"被判了死刑。那个时候，没有规范的审判程序，经常会毫无预兆地突然把犯人拉出去参加公判大会，当场宣布判决。这样的大会通常又被称为"宽严大会"，常常有十几甚至更多的人当场被宣布判处死刑，宣判完毕即押赴刑场立即枪决；也有若干"从宽"处分的典型，宣布当堂释放的。几年后我遇见过一个在这样的场合"从宽"释放的人。他说他与一批犯人在等待上公判台的时候已经知道自己这次的角色了。因为自己当时只是带着手铐而且铐在前面，而那些几十分钟后就会被枪决的人一个个都五花大绑的。那只"鼎"就是在这样的公判会上突然被宣布死刑，立即被枪决的。在此之前，他一直被关押在上海市第一看守所。据说他被枪决的那天夜里，那个监狱发生了严重的"监啸"，即全体犯人半夜突然声嘶力竭地集体性惊叫，无法制止。事后彻查，源头是与"一只鼎"同监室的一个精神不十分正常的年轻犯人。据他说他亲见"一只鼎"浑身鲜血提着头进了监室。按犯人间互相交流的版本，"一只鼎"其实只是夜晚喜欢到人民大道"混路道"（也就是结识道上朋友）的"白相人"，当然知道黑道上的一些轶事；后来因自己一些轻微的罪行被捕。为洗清自己争取"宽大"，进监狱后就积极主动交代揭发，导致一些人暴露、被捕。那些真正的罪犯很快形成默契，在承认自己罪行的同时，把一切责任推给那个"一只鼎"（其实这个绰号纯属子虚乌有，是那些人临时编造出来的）。这样那只"鼎"就被铸成了罪大恶极的"教唆犯"，承担了所有的罪责。那个时候，类似的冤案、至少是错案不在少数。对那些冤死鬼来说，至死也想不到自己头上的天就会这么地坍塌下来。

那时上海还发生过一个恶性案件：两个不满16岁的孩子把自己的老师杀害了。现在的法律有条文，未成年人犯罪应当从轻或减轻惩罚；死刑通常不适用于未成年人；那时也有这样的规定。但据说那个案情极为恶劣，于是决定打破这个规矩。两个孩子都被判了死刑，在一个像上面说的公判大会后被立即枪决。那个"故所以"还以此为例给我们"谆谆教诲"，说不要以为"年不过18，钱不过500"就能脱罪，据认为是针对那个15岁孩子说的，或许也是对另一个少年说的（那个少年偷窃的金额可能并不大）；当然我也可以对号入座。监室里传说，在那个公判会之前，那两个少年的承办员给他们一人两个肉包子（算是沿袭了中国自古以来罕有的"人性化"惯例吧）。至少其中一人吧，还舍不得都吃完，留下一个打算下午再吃。想象一下坐在对面的承办员的心情吧？

关于我们这个监室也流传着一些故事。据说一两年前，这里曾关押过一个少年，才 12 或 13 岁；抓他的原因是用气枪射击过往的女性。实际的情况是，真正射击的是他超过 18 岁的哥哥或他哥哥的朋友。知道有人发现了射击的窗口并上来抓人，真正的罪人就说服弟弟去顶罪，因为再严的法律对这么一个孩子总没有什么办法。这个案件的承办员明知不可能是这个孩子所为，但那个孩子心理素质太好，谎话编的太圆，又及时伪造了指纹等"证据"，无法获得当时在场的成年人作案的证据。就这么过了一个多月。承办员就买了……这次是买了一碗排骨面给孩子吃，告诉那孩子，吃完就放他回家。一边看着孩子吃，一面像聊天一样，貌似轻松地说，其实我们知道不是你做的，这段时间委屈你了。那孩子情绪一放松，就说，对啊，就是谁谁谁做的。于是承办员们脸一沉，立马出发把那个罪人抓了进来，据说后来被判了 20 年徒刑。孩子当然确实是释放了。

另外还听说，就在隔壁监室曾关押过一个知识分子，不知什么原因进来的，那人为了出去，设法让家人带进来一些缝衣针，将针扎进角膜里，监狱当局有些紧张，就把他释放了。据说该犯人懂得医道，扎针的部位不会产生实质的伤害。监狱当局知道后又将其抓了进来。这一次，他就把很长的针扎进心脏，就这么死了。据说当看守发现他往胸口缓缓地进针时，手忙脚乱进行抢救，他平静地说："你们不要瞎忙活了，已经扎进去两根针了"。事后在那间监室的地板缝里，还发现了好几根缝衣针。

在我们这所监狱的北面是一幢高档的公寓楼，那里住着一些军队的高级军官。那些军队干部的子弟非常张扬，目中无人——那时候就那个样，过来的人都懂的。据说他们经常冲着我们这所监狱大呼小叫,看到"文攻武卫"的头头们也经常大声嘲讽。直到有一天,那些头头们终于按捺不住,带着人就冲了进去,这下好,发现了很多他们做性游戏的证据,例如裸照等等。据说那些人后来都判了重刑。

我们这所监狱中有三个禁闭室,是那座洋房中原先的储物室,没有对外的窗口;改装后铁门外面仍然有木门,可以说终年不见天日。其中一间关着一个神秘人物,没人知道算是何方神圣;几年后知道那是一个"反革命",我居然见到了他并成了朋友。这后面再说。另两间一直用来关押不守规矩的坐牢油子。对关了禁闭还要闹的人,还会日夜带上手铐。但对于那些人来说,那些戒具根本就不管用。据说某一天文攻武卫总指挥心血来潮突然视察监房,发现被关押在禁闭室并日夜手铐反铐在身后的某犯把手铐放在枕边,正安然地酣睡。总指挥大惊:刚从英国进口的最新式手铐,怎么就轻易给解锁了?于是重新铐上让交代并演示。该犯从容地先蹲下身子将铐着的双手绕到前面,然后找了一根棉线探进锁眼,耐心地找着找着,再一用力就开了锁。总指挥看得目瞪口呆;于是吩咐将手铐正面铐上,无奈地说:知道管不了你,但要知道这里的纪律,适可而止吧!

还有更匪夷所思的。有一时期,一个禁闭室里关了6-7人,天天闲坐着穷极无聊,策划了一个越狱取得补给的计划。晚上洗漱时互相掩护,留下一人躲在外面不回监室,等看守走开休息后悄悄逃离,回到自己家中,让家人准备些烟啊酒啊吃的喝的其他的,并约定若干时日后一个什么什么人再来。下半夜一切办妥后潜回监狱。发出信号后监室里的人大叫腹泻了等等,看守打开了门,外逃的人乘乱进入房间。冒险带来的东西由大家共享,以后大家又按约定先后潜逃去那家取给养;直到某一天,某个人违反约定一去不返,事情才暴露。话是这么说的,但更可能的是买通了什么人——毕竟这是一个熟人小社会,看守认识并同情犯人不时会有也可能是收受贿赂帮人办事的,否则没那么神奇。

第四节　告别狱友

在那个"群众专政"机关有两种出路，一是被释放，二是"升级"，也就是交由正式的"专政机关"处理。那时我已经知道，释放之前往往有两个前奏：一是会被要求写一篇"全面交代"以做结案存档的文件，二是会被拉出去批斗一次。有批斗后当场释放的，也有回来再关上十天半月释放的；至少那里的犯人，挨批斗不算是件坏事。相反，没写全面交代没被批斗就离开的，情况就不太妙。

我的那间监室中，除那两个黑龙江军垦的"黑兄"不几天就被遣返，最早走出监室的是那个与我年龄相仿的少年。一天他被叫了出去，不一会儿回来收拾东西。他的神情说不上沮丧，但看得出很失望，问他，才知道判了一年少年教养。那个"五一"那天过度兴奋、高我一级的中学同学，也在那种情况下离开了监室。两年后从其他狱友那里听说，他以"流氓罪"被判了5年有期徒刑。最近从曾在街道工作的朋友那里知道，他刑满获释后表现非常好，成为某种典型，甚至还入了党。日晖中学的那个老师，几个月后曾被"提审"了几次，有知道的人说是检察院接手了他的案件。好多年后我听说，他最终被扣上"破坏上山下乡反革命"的罪名，被判了12年徒刑，后来能不能获得平反改正，无从了解了。那个"教唆犯"，其实他肯定没有教唆过什么，但他总是积极配合那些搞专政的"群众"，让他招什么就招什么，让怎么招就怎么招，据说后来也被判了十几年徒刑。他身体非常不好，能不能活到刑满那天都是个问题。

一些情节轻微被"台风"刮进来的，其实进来时就确定了关押的期限；被抓现行进来的，不久也会有一个决定，只是本人不知道。那些因赌博等等抓进来的,有些我看到他们出去了,有些虽没看到但也能知道他们关不长久。那两个老人,一个明显痴呆,也不知道有什么罪名;另一个从不言语但脑子清晰,据说是被怀疑玩弄男童,进来后显然查无实据。某一天两个老人被拉出去批斗了一场,前者回来时还是稀里糊涂,后者回来气得浑身发抖。不久,这两个也被释放了。

还有一些人需要由工作单位或家人来取保或具结接回的,就有了不确定因素。例如那个"猥亵"妇女的技术员(从"故所以"那里知道的,也就是摸了一下女人屁股),被关押的一个重要原因就是单位里人缘不好,按说一点点事早就该释放了,但迟迟未放。他也为自己过去不买领导的账而后悔。

另一个老人情况比较特殊。那个老人是安徽歙县人(他以为除他以外至少在上海基本没人认识"歙"这个字,一笔一画写给我看,我第一时间准确地读出,让他很意外),原先曾在国民党军队中当过兵。现在我们都知道,那不算什么罪孽。即使按照文革初那个"公安六条",被限制权利的必须在连长以上,那个老人肯定没当过这个级别的"长官"。他的"问题",主要是他或他家与基层组织(那时叫里弄"居革会"即居民革命委员会,也就是现在的社区居委会)的"领导"有些矛盾,应该也不太大。既然基层组织有权抓人或推荐"犯人",于是就在那次"台风"中被刮进来了。经过一段时间的审查,"群众专政"机关也很快知道不过是些小事,于是就要放人。但是,双方都不肯认错,特别是"居革会"怕承担责任,于是要求老人认错,并具结承诺再不追究。老人及其家人坚决不接受这样的条件,坚持在居革会认错的前提下——不久可能就退却到自己不认错的前提下结束此案。11月下旬,老人经常在角落里(也就是我前面说的监室中最差的那个角落)抹眼泪,在药片包装的小纸包上写些什么。我过去安慰他,他就跟我说,中国人有"七十不过夜,八十不过饭"之说,意思是不能让老人长时间远离家庭。又说一定要跟"他们"讲个清楚等等。他入狱的原因等等，也是他亲口告诉我的。

以后，他被带出去几次，一会儿功夫又回来了。后来知道，那都是他的子女来接他出狱；但那个"居革会"要求必须认错并具结保证不再追究；老人的子女虽说不情愿，但出于孝心及"七十不过夜"之类的担忧也答应了，但老人坚决不让步，于是又大步走回了监室。大约在11月27日，老人开始绝食，跟我们没说，但我想应该向监狱当局宣布过。后面的一两天，"群众专政"的各级领导进进出出的，非常紧张。每一餐都准备了美味佳肴（按当时当地的标准），放在他面前，当然也在我们面前，他不为所动；我们当然只能看着眼馋。

29日中午，他又被带了出去，回来后端起饭碗就吃。那个模样，让我们羡慕又让我们失望。原本我们希望有个人能坚持抗争到底，为我们争一口气。没想到那么快（快吗？）就结束了。我过去问他，他说：如果他们不兑现承诺，他还会绝食。后来，……？后来我就不知道了。

11月30日是我17岁的生日，日晖中学的那个老师好几天前就告诉我要给我一个特殊的礼物，给我很大的想象空间。那天清早，他用他北京品牌的牙膏，又从另一个狱友那里取来天津品牌的牙膏，加上我上海品牌的牙膏，各挤一段在我的牙刷上，说是三个直辖市的品牌，预示我未来远大的前景。我觉得这真的很有意境，也确实非常感动。

我自己也有一个愿望。我的愿望是，在我生日那一天，能够不在胸前挂着那块侮辱人的木牌。于是我同狱友商量。让他们给我一天的掩护。那天我就丢了那块耻辱牌。那个"故所以"曾发现并指出了（但不是质问），被我和我的室友敷衍过去了。应该说那段日子里，我和他之间的气场还是没什么冲撞；他应该知道我是有意不挂那块牌子。

在我生日前的几天，我眼皮老跳，跳得还非常厉害。逆境中人总会相信预兆啥的，总觉得有事情会发生。有说法左眼跳怎么怎么，右眼跳又怎么怎么的，还有人告诉我按某种方法数过去，"酒色财气"什么什么的，哪个眼皮跳都有特别的预兆。我也没能力搞懂这些。生日那天，监室里又在搞"精神聚餐"，好像算是给我准备生日宴会。这次搞得比较正式，还用一张纸写了菜单，不巧被"故所以"发现了，于是把有关的 3—4 人一个个叫出去训斥。当天晚上，我和一个室友说，这些天我眼皮跳得厉害，看起来就这么过去了。刚说完，眼皮又猛烈地跳了几下，当时就想，接下去肯定还有事。

第二天，也就是 1972 年 12 月 1 日，我被从监室中带了出去。除了夏夜熏蚊子那次，还有因病那几天出去打针以外，111 天来再次下楼。又见到了专案组的几个人。他们通知我换一个地方，并警告我，挂在我胸前那块有型的牌子是摘下了，但在精神上永远挂着！（想想这是多么地恶毒！）现在暂时换一个地方，但随时可能再"升级"等等。跟着上了车，又回到了东湖路 20 号。

第六章

"书斋"的日日夜夜

从 1972 年 12 月 1 日到 1974 年 11 月 22 日，整整两年的时间里，我们就生活在不见天日的环境之中。说是"隔离审查"，隔离是肯定的，严格的，但专案组还在审查些什么就不知道了。

虽然如此，我们还是有特殊的幸运。专案组加强了对我们的看管，但还是逐步放宽了给我们读书的限制。这个时期文革虽没有结束，但国内出版业开始复苏，也让我们有较多的书可读。这与世隔绝的两年，基本就在读书，但不是在什么"书斋"之中，而是在单身牢房。1980 年代的迷惘之中，黄山旭经常说：以后说不定会"重返"书斋，意思是会再度潜心读书，追寻真理。这里借他的意思一用。

我们原先没有扎实的知识基础（虽说我曾吹嘘过"学富五车"），也没有过学习方法的训练，书目选择更有相当的制约，特别是没有交流讨论的机会，很难有"事半功倍"的效果，不可能避免碎片化的问题。但这个时期，我已经改变了几年前"好读书不求甚解"读书初级阶段的习惯，能将摆在面前的书籍作重点和非重点的分类；对于列为重点的著作，会花 10 倍的时间去苦思、去理解，有时会用 1-2 个小时阅读 3-4 页内容，当然也仍然有一目十行、一扫而过的东西。再多说一句：我们能阅读的资料非常有限，虽然很大程度上仍然是碎片的，但我们已经有了自主认知的能力。

第一节　单身监室

1972年12月1日，一辆吉普又把我拉回了东湖路20号；这次把我安置在东北面不带卫生间的一个房间，后廊的中间是卫生设施，包括洗衣房等等，前面是一个天井，西面对称处有同样的一间住房；卫生设施两旁似乎也有两三间住房。按以前家庭别墅的布局，那都是下人住的房间。

这次重回故地，与上一次有三处不同。第一是由原先有人陪伴／看守的"学习班"，变成了完全的单独关押；看守由"文攻武卫"即民兵指挥部派遣，分日、夜两班，每班两人。他们需要轮班休息，全部看守总共大约有8人吧。看守从不进监室；除了早晚开门让我们洗漱并送一日三餐，不需要也不会与我们交流。第二，专案组看起来已经撤销，至少是缩编了；每天最多两人坐在他们的房间值班，看看报纸喝喝茶啥的。第三，允许家里给我们送书。最初是给了林彪事件前后毛推荐的六本马列著作，即《共产党宣言》《法兰西内战》《哥达纲领批判》《反杜林论》《国家与革命》及《唯物主义和经验批判主义》。这些书正好是我们入狱前计划准备陆续精读的；这回是真的有时间了。读书的事后面专门叙说。

我住的监室大约12—13平方米，东面、北面各有一个窗户；开窗的把手用铁丝锁住了，外面用四五根大木头做了简易的隔栅。东面仍是长乐路第三小学,但现在的房间在其北部边缘;由于不能探出身去远眺,已经看不到户外活动的学生,只能看到正对面的一个教室。这还不是在同一个平面上,不能看到教室的全部,特别是看不到学生老师的脸;但可以听到老师上课的声音;如果那个教室开着窗,老师的声音又足够大的话。从讲课的内容可以判断那个班级才二、三年级。那些日子里,印象最深的是一个女教师,大约到了更年期,讲课时总是夹杂着对学生的咒骂,布置学生在课堂上写字时也是骂骂咧咧的,例如骂学生"写字像蟹爬一样的"等等;学生们则噤若寒蝉。看或听那个班级上课,完全没有任何享受和松快的感觉。

北窗望去,是一排共六幢两层的大洋房,后来听说是德国式的;前面有约20米宽的空地,种着花草。那些洋房本来每幢应该供一家居住,现在差不多每幢都住着3—4个家庭。那个时候,读书之余我主要就站在北窗前,看着那些人家的生活,主要是近处两幢房子里的近10户人家,特别是那些家里的10多个孩子;有与我年龄相仿的,也有更小一些的。正对面二楼好像就住着一家。那家开窗时我能看到家里的情景。那里窗口常常站着一个文静的女孩,被人叫作"毛毛";年龄应该跟我差不多,她基本不参加那些孩子的游戏,但会站在窗口看着其他孩子的游戏,也会笑着跟他们打招呼。平时她家没什么人,就有一个像是保姆的老妇。每月有几天,家里人会多几个。那时可以看到一个50多岁的妇女,坐在窗边的写字台前读书写字。我想那应该是毛毛的母亲;看她在写字台前的神情,像是干部,但更可能是知识分子。她家的男主人也会在那几天出现,看起来也是有身份的人。我猜他们如同我父亲一样,应该是还在郊区的五七干校。一楼至少住着两个家庭。其中一家的男主人30多岁,我看是有知识的,像是学校的老师;按我的观察,家庭文化很好。另一家的男主人40多岁,像是普通的职员,没什么文化;他家有两个与我年龄相仿的男孩子,平时喜欢运动,经常在草坪上拉起网,约朋友一起打排球。但这好像会让他们的父亲不快，有时会慢慢走过来一声不吭把那个球网一把一把拆下丢在地上。这时两个男孩只能悻悻然停止游戏。

有一天我还看到一幕奇景。这家养着一只鸡；一天清早，那个男主人用一根红绳把鸡的脚捆起来扔在地上；我想这家人一定是想杀鸡吃了。那只鸡受了惊吓，不时地扑打着翅膀试图挣脱。隔了一个多小时，那个男主人又过来解开了红绳。那只受惊的鸡就那么"呆若木鸡"地站着，一会儿突然狂走狂叫；然后又木然站着，又狂走狂叫，如是者再三再四，连续两三个小时。当时我猜测这家的男主人似乎是在做着什么驱邪之类的仪式。那只鸡后来的表现，好像真的有邪神附体了，不然不好解释。后来，我与这院子里的孩子还有过极为有限的互动，后面再说。

那次批斗会后，黄山旭和刘巍就一直关在这里。我和万晓光过来后，四个案犯各占一个房间。除了我和我的"反革命"小伙伴，我这一层西侧对称的那间房间里，还关着一个近30岁的年轻人，名叫梁斌。后来知道他是华丰钢铁厂的工人，文革初是该厂某一个造反组织的头头。与其他任何地方一样，不同的造反组织之间似乎都有着不共戴天的仇恨。一天，被梁斌领导的派别关押着的一个科长自杀身亡，对立组织抓住把柄，把梁抓了起来并击垮了他的组织。在前几年的时间里，他也曾被关在乌鲁木齐路上的"文攻武卫"指挥部，住的是单身监室，后来又转押过其他地方——据他说曾被关押在社会福利院，甚至殡仪馆。8月12日黄山旭和刘巍押回东湖路，民兵接手了看管任务，就把梁斌也转移过来了。

刚回东湖路时的第一拨看守还都挺友好的；特别是一个总戴着鸭舌帽的年轻人，以及和他搭班的一个40来岁的中年人——后者是一个老烟枪，他上班时总能听到他剧烈的咳嗽声。他们两人做夜班时，他们会打开房门，把我和梁斌放出来，坐在天井里一起聊天。梁斌和"鸭舌帽"都很健谈，我也不是个令人生厌的人，每当这样的夜晚，大家都很轻松愉快。

鸭舌帽好像没有打探过我们的案情，也没有表现出好奇；我想专案组对他们宣布过纪律。但梁斌就不一样了。一个已经被单独关押了三四年的人，对偶然出现的谈伴肯定想有更多的了解。乘着两个看守走开时，梁斌就会悄悄地探问我们的来龙去脉。断断续续地，我把我们的情况作了基本的介绍——因为每次不会有很长的连续时间供我们单独交谈。

我们两个犯人之间的话题逐步深入，夜晚的闲聊已经不能满足各自的需求。于是梁斌起了个头，我们开始相互传递纸条，讨论真正的问题。我现在已经记不得那都写过些什么，话说到什么程度，但可以肯定的是还不会公然地说，特别不会在纸条上写"反动话"。我也不会告诉他我们主要是怀疑张春桥什么的，如同跟"文攻武卫"那个民兵说的。梁斌肯定注意到我内心软弱的一面，曾给过我很多鼓励。当他听说不久前我刚过完17岁生日，给我写了一首散文诗，开篇是"你是个有抱负的人，应该具备有抱负人的气质；要坚定、坚韧，有勇气，有内涵"等等，后面有一句印象至深："珍惜你前进道路上降临的善，忍受周围的恶，随时准备战胜它"。这段时间的交往，给我精神上很大的支撑。

一个多月后，不知怎的气氛变得诡异，一些看守（不包括鸭舌帽和老烟枪）看我们的眼神都不太对。鬼使神差地，我竟犯了一个低级错误。一天早晨，我没有注意到梁斌隔夜从门缝里塞进来的纸条，扫地时扫了出去，被看守发现，交给了专案组。专案组那个姓宋的当然大发雷霆，于是这样的交流划上了句号。但总算他们还没有小题大做，没有认真的追查。鸭舌帽肯定非常生气，因为我或我们辜负了他的好意，差不多就是把他给出卖了。不久，他就被调离了。

二战时期捷共中央委员尤利乌斯·伏契克的纪实文学《绞刑架下的报告》，入狱之前就读过，其中说到："从门到窗是7步，从窗到门还是 7 步"。我当然第一时间也作了丈量。这个房间，从南到北 11 步，从东到西 5 步——从北到南、从西到东也一样。

单独的囚禁，几天几星期也没有人说上一两句话，最难受的就是怎么度过这漫漫的时光，包括白天和黑夜；最担心的就是智力、体力和能力的衰退。要知道，我们还只是十几岁的少年。

我们这个专案组有科班出身的警察，想必对看守等相关人员会有专业的指导。我想尽可能地干扰犯人的时间认知应该是控制或扰乱人心智的一个基本的方法。我们固然不可能有什么钟表，也听不到广播。记得有一次被带到外面，经过看守处看到有一个闹钟，看守立即很敏感地把钟转了个向，让我多少有点吃惊。这样，我对时间的认知，基本只有两个途径。较长时段的，就是白天黑夜的交替；中时段的，就是每日三餐看守送饭。但我总还算是一个工业时代的文明人吧？对时间的感知总还是要精确到小时和分钟，至少要精确到半小时、一刻钟吧？那时，我就设计了自己的计时方法。旁边不是有个小学吗？一般每 40 分钟一节课吧？我就按一定的速度阅读（当然是首先是马列著作），大约每节课的时间可以读 12 页，也就是每 10 分钟读三页，这样就能大致把握时间，不管是不是周末或假期，白天或是晚上，心中都大致有个数。

那个时候，读书时特别能集中精力，那些"专家"读起来都会感到枯燥难懂的专著，按那个速度读上三遍，很多就能整页整页的背诵下来。我想，传说中的"过目不忘"，不过如此吧？虽然有"经典"可读，但还是不能满足信息的饥渴，也不足以完全阻止智力衰退。于是想办法做智力操。例如回忆就学以后各个阶段的同学的名字，力图完整。在小学阶段我就转过三个学校，这真有一定的难度。基本能写出同学名单后，又进一步回忆并写出每个阶段的座位表，等等；还有很多值得记忆或不一定有什么记忆价值的情况。那个时候，较近的信息记忆基本可以达到 100 分，三四年前的情况，至少也能达到 80—

90分。那时自己发明的"智力操"还有很多。

以前曾熟读小说《红岩》，其中有革命志士狱中坚持锻炼身体的描述；也曾看到过王若飞在监狱中锻炼身体，并向狱友说明其志向的情节。那时我才17岁，当然特别担心因坐监而丧失了心理和生理的健康。于是制订了锻炼的计划。体力锻炼，每天必须深蹲／起立600次，仰卧起坐300次，俯卧撑300次，分早、中、晚三次完成，还有原地跑步等等。以后的几百天里，基本每一天都分毫不差地完成。

因为每天都见不到人（见到的也不会跟你交流），很大一个忧虑就是以后语言能力的衰退。为此也进行了特别的自我锻炼。一是每天读书时有一定时间大声朗读，背诵；更重要的是随着阅读和学习的进展，在心里模拟与他人的讨论甚至辩论。假想的讨论／辩论的对象就是以前曾经谈论过相关问题的人，如学校的政治教师，如冯图南，如谁谁谁，总而言之，那些自以为高明的人。在心中模拟的讨论／辩论中，对方最终当然都理屈词穷。说起来好像是顾影自怜，孤芳自赏，自以为是。但10年、20年，甚至30多年后，有机会有兴趣跟那些领域有造诣同样自以为是的人讨论／辩论时，还真能镇住一些人，包括个别有相当影响力的"专家"；有些"专家"见我挑起话题真还有些怕。

那时候还有机会看到蓝天白云，还能感受到周围"生活的气息"。例如有一次听到稍远处有一个女孩子大声招呼另一个孩子："你妈妈回来啦！带来好多好吃的东西！"这应该是那个妈妈在发工资当天为孩子奢侈了一把；我以前当然也有过相似的经历。平时后面的草坪上总有一些孩子在玩耍。1973年除夕的下午，大家都有事情忙，外面基本没孩子玩；只有一个10来岁的小女孩一个人转来转去的。到下午5点多，叫了一声："吃年夜饭去了！"跑着回家了；记得那个孩子当时穿的衣服好像还带着补丁（或许第二天即大年初一她就能有新衣服穿）。她走开时，朝我的窗口看了一眼，肯定看到了我。

开春后的一天,那个小女孩又注意到我的窗口,向其他孩子说:"那个人好奇怪啊?一直就在那里,大年夜年初一也在那里!"我那时已经有好多书,就把书一摞一摞放到窗台上给他们看并向他们招手。那些孩子(包括年龄跟我相仿的)惊呼:"那么多书啊!"眼睛都直了。我怕引起什么麻烦,立刻就撤了。

那年春天,有一次世界乒乓球锦标赛,郗恩庭、梁戈亮等夺冠;还有朝鲜歌舞团访华、访沪,演出"卖花姑娘"等。我都是从观察那些孩子知道的。他们有时会哼唱着"卖花姑娘"的旋律,有时会哼着"运动员进行曲"模仿着运动员的步态,当然也会说些有关的话,我还能听到。那个时候,还经常听到小提琴曲"新疆之春"的旋律;仅此一曲,相当生涩;应该是某个初学者的练习,肯定不在我平时见到的人们中间。不知为什么,我认定拉琴的应该是一个年龄比我稍大的男青年。

还有一件事顺便说说。几十天几十天的一个人在监室里闷得慌,真想能看看外面的天地,于是想生病。有那么几天,大冷天的夜里在房间里短衣短裤地冻着,这次也真怪了,不管怎么折腾自己,就是不能得病——在以后连续单身监禁的两年时间里也愣是一次病也没得过,真是太遗憾了。

逆境中很多人都会有些迷信,相信预兆什么的;我也有这个毛病。因为白天见不到人,除看书没什么其他内容,对每晚做的梦就特别重视;每天早晨醒来都会用几分钟回味前晚的梦境,想想大概会预示什么。1973年5月23日—24日那个夜晚,做了一个梦,醒来梦境还非常的清晰。我梦见我正整理铺盖,专案组的某人推门进来,伸手指着我很不高兴地说着什么。醒来就"分析"了一番:要放我了?不对啊?没让我写过"全面交代"什么的,也没有任何其他迹象。想不出什么结果,也就不想了。起床后让出门洗漱,我说要洗衣服,那个平时一直很友好的看守有些不耐烦地说,以后再洗吧!我也没在意，洗漱完打了一盆水进房间就洗了起来；他听到声音立即打开门，让我出去洗，没再说什么。洗完衣服我也就回了房间。那天的早饭送得特别晚。我那么木讷的人什么也没有多想。又过了一会儿，专案组的某人进来（那个时期我已经很难得看到他们）让我收拾铺盖，"换个地方"。我就笨手笨脚地收拾了一下，用他们提供的绳子啥的捆绑一下。以前就不太会做事。很长时间不怎么动了，当然做得更糟糕。又过一会儿，那个专案组成员进来，一看就有些恼怒，指着我的铺盖说："什么样子？松松垮垮的，怎么拿啊！"我非常诧异，这不就是梦中那一幕吗？表情都活脱似像的。类似的预兆以后还有过一两次，但事情相对较小。

这次转移，或许跟我引起了外面孩子的注意有直接的关系。新的关押的地点，真的是与世隔绝了。那里是吴兴路83号，有好几幢大房子，那时好像都空着。我被带到最里面的一幢，距吴兴路的大门口至少有50米。院子很大，房间也很多，但"分配"给我的空间却非常的狭窄。我被带上4楼，那是一个屋顶平台后水泥搭砌起的一个简易房屋，也就2.5个平方米，有铁质的窗框但没有窗玻璃；前面是40平方米或更大一些的屋顶露台，露台的前沿距我那个铁窗至少有10多米，完全看不到外面，看不到地面。我的小伙伴们当然也被转移到了这里，住的都是正式的房间，有的还带卫生。从那天即1973年5月24日，上了那个楼，直到一年半以后即1974年11月22日，一直没走下过楼梯。那时，谁也不能预知未来。

那个楼房有很多房间，让我住在那个特别恶劣的地方应该是特意安排，更让我怀疑是我跟外界极为有限的互动造成了这次转移。这样的安排算对我的特别警告。但我没搞懂的是，又没有人专门向我指出这个。我那间监室，靠里的一角放了一块床板供睡觉，已经占去了一半以上的面积，窗前放了一张课桌和一张椅子；剩下的空间也就只能转转身。伏契克还有7步可以走，这回我最多能挪动3—4步。在

第六章 "书斋"的日日夜夜

东湖路的监室里看书累了就围着房间转圈子数时间，现在这也做不到了。

但还是要把房间视察一遍。一寸一寸看过来，马上发现这里原先也做过监室，关过人。在门后，我看到有人用锐物刻了几个字："人就那么回事，活一天少一天，何必"，后面就没有了。这给了我很大的想象空间。或许胡守钧集团的人曾关在这里？就是今天，我还认为这并非不可能——因为这是属于市里的房产，能关进这里，应属市级犯人。几天后的一个夜晚，我做了一个可怕的梦，只见我的脚后如烟雾般升腾起一个人形，如同《一千零一夜》里从封瓶中出来的巨人一般；那人面带凄惶，似乎要向我诉说什么。我大吃一惊，挣扎着从梦魇中醒来。这一夜就再没睡着。当时我想，原先囚禁于此的人或许已经自杀身亡了，而门后那行字可能就是他的临终遗言。但我并没有因此而紧张，没有住进了"鬼屋"的恐惧。或许是认为即使有鬼，生前也是跟我一样受迫害的好人，不会对我不利。

在这间斗室中，虽然有书可读（后面再说），但也要打发漫长的时光。我会沿着天花板、墙壁一寸一寸地看过来，看到蜘蛛等等活物，绝不舍得将其搞掉，而会仔细地看着它结蛛网，捕虫子；有时墙上还能看到壁虎，我也就会看着壁虎捕蚊子——那是一个很生动的过程：壁虎会慢慢地接近蚊子，停着观察，然后突然一跃咬住蚊子。有时我还会仔细观察蚊子吸血：当蚊子停在我手臂上时，我一动不动，看着蚊子将尖喙刺进我的皮肤，然后身体渐渐鼓胀起来，直到变得透明，能看见里面红色的液体；这时我才将蚊子拍死。有时我还会紧紧捧着滚烫的茶杯，坚持到自己忍耐的极限。后来在其他监房，还注意观察过攀附在窗户上"爬山虎"的生长速度，在盛夏时期，好像一天就能生长 0.5 厘米。等等等等。荒唐吧？

第二节　走进"书斋"

当然这样的单身监室与书斋完全不是一回事;这里说的"走进"是精神上的进入。有了大把的时间,手头又有了书,看书自然成了生活最主要的内容;特别是与梁斌失去联系以后。

最初读的就是前面说过伟大领袖推荐的那六本书。在经历了好几个月的关押,被批斗又通过与"文攻武卫"监室里犯人的交往,对世界开始有了成年人的认识,重新翻开那些书就有了不同的感觉。虽说知道那是些伟大革命导师的著作,但已经不会在阅读前就认为手捧的就是真理,而开始从字里行间理解其中有的和没有的内容,体会其中的逻辑,进一步思考产生这些理论的时代背景及这些理论对社会、对历史的影响——当然,这是一个漫长的、逐步深化的过程。

有了书,就把一天的时间作了规划。每天的阅读时间大约保持在10个小时左右,六部著作一本一本地读下去,花了一个多月全部通读了一遍。

从《共产党宣言》里,我看到了另一个"资本主义"或资产阶级。《宣言》中说:"资产阶级在历史上曾经起过非常革命的作用"。"现代资产阶级本身是一个长期发展过程的产物,是生产方式和交换方式一系列变革的产物";"蒸汽和机器引起了工业生产的革命";"现代大工业代替了工场手工业";"资产阶级除非使生产工具,从而使生产关系,从而使全部社会关系不断地革命化,否则就就不能生存下去"。而"资产阶级时代",则是"生产不断变革、一切社会关系不停的动荡,永远的不安定和变动"的时代。"资产阶级在它的不到一百年的阶级统治中所创造的生产力,比过去一切世代创造的全部生产力还要多,还要大"。资产阶级赖以形成的生产资料和交换手段是在封建社会里造成的,但封建的所有制关系不再适应已经发展的生产力,于是"果然被打破了";这是资产阶级随其发展而建设的社会制度和政治制度,它的政治成果。

当然《共产党宣言》对资产阶级资本主义的评价是完全负面的,开宗明义就表明了核心观点:"到目前为止的一切社会的历史都是阶级斗争的历史",而资产阶级时代将阶级关系简单化了,全社会分裂为两大敌对的阵营,两个直接对立的阶级即资产阶级和无产阶级。资产阶级亲手锻造了能置自身于死地的武器,而无产阶级则是使用这种武器的人。然后就是对雇佣劳动的道义判断,无产阶级必将战胜资产阶级,以及关于共产主义理想社会的描述等等,最后是表明共产党人立场,以及包含行动计划等等的"宣言"。

就是这些,也给了我一个新的视角,历史的视角审视人类历史的发展,以及历史上的社会制度和社会阶级。以前我们接受的教育中,资产阶级基本就是邪恶的象征,万恶之源,而资本主义"复辟"将把中国社会拉入万劫不复的深渊,防止这种前景是最重要的任务。(我们以前搞的"反革命活动",不就是为了防止资本主义复辟吗?)"资产阶级在历史上曾经起过非常革命的作用"等论述,表现的是一种历史观,一种基于历史进程的认识,就是任何阶级等等都是历史进程中出现,在历史进程中曾经发生过作用,当然其地位和作用也随历史而变迁。我们社会中流行的意识形态:什么什么=坏,=邪恶,什么什么=好,=进步,那种思维方式纯属愚蠢。

当然还有很多其他体会,这里就不展开了。

但我还是要再说一遍,推荐那六本书作为学习马克思主义的入门书并不合适。《共产党宣言》只是一个"宣言",并没有充分的论述和演绎。其他几本书则更是适合了领袖当时的需要。例如《法兰西内战》和《国家与革命》,其实要让大家领会的就是"打碎资产阶级国家机器"这个关键句,《哥达纲领批判》的关键则是要否定"资产阶级法权",即劳动者"领回他所给予社会的一切"即他的劳动量。1958年,张春桥即发表过否定"资产阶级法权"的思想因此得到伟大领袖的青睐。后来我想,否定"资产阶级法权",劳动者不应领回他给予社会的一切,真实的含义就是劳动者必须对权力有所贡献,甚至其劳动成果首先或主要应贡献给权力,如同封建社会。至少张春桥没明确说出来的主要是这个意思;伟大领袖赞赏的主要也是这个。至于《反杜林论》和《唯物主义还是经验批判主义》,应该是出于让人们"识别""假马克思主义"的"骗子"的需要。恩格斯和列宁两位"导师"写各自的著述时,动力就是击垮挑战自己学说的人物。但我高度怀疑,伟大领袖自己是不是完整地读过这几本书。为什么读了这几本书就有能力分辨真假"马克思主义",我至今还不理解。特别是列宁的《唯物主义还是经验批判主义》,究竟有什么哲学上的价值,当时就没搞懂,现在就更不清楚了。

以后,家里又陆续送来了《马克思恩格斯选集》《列宁选集》和斯大林的《苏联社会主义建设问题》等。给我留下特别鲜明印象的是《马克思恩格斯选集》中收录的《资本论》第一卷第二版跋中关于辩证法的一段话:"辩证法在对现存事物肯定的理解中包含着对现存事物的否定的理解,即对现存事物的必然灭亡的理解;辩证法对每一种既成的形式都是从不断的运动中,因而也是从它的暂时性方面去理解;辩证法不崇拜任何东西,按其本质来说,它是批判的和革命的。"这与我们经常听到的关于"辩证法"的种种说法,例如"一分为二"等等完全不是一回事,更重要的是给了我对现状、当时的领导和当时流行的各种思想(?)、观点、制度、规则或潜规则什么什么的合理性怀疑、否定的思想依据。列宁在某一个地方说过,"辩证法与诡辩仅一步之遥";在我看来,中国人嘴里说的辩证法,基本就是诡辩——无论是当时还是现在。进一步的认识后面再说。

从"文攻武卫"监狱转到东湖路20号以后，给我们送书的限制越来越少；家里每月都会给我送一批书；前面说过，转移到吴兴路前，我的书已经让后院的小伙伴们非常惊奇。那时，我已经有了《马克思恩格斯选集》四卷，《列宁选集》四卷，斯大林的《苏联社会主义建设问题》等，还有鲁迅的很多杂文集，后来又让家里送来了《资本论》、普列汉诺夫的《一元论历史观的发展》，《论个人在历史上的作用问题》等等。当时出版业正逐步恢复，只要我能说出书名，就能转达给家里，父母就会给我买了送来。身居陋室监房，只要能读书，内心就不会空虚。即使在那样的环境中，我真的还能心无旁骛，全心读书，沉浸在阅读的喜悦之中。专案组和看守也没有给我什么干扰。

从东湖路20号的时候就开始读这些书。到吴兴路不久马恩列的《选集》和斯大林的那本文集都通读了一遍。还在当年搞"反革命"活动或组织马列主义学习时，黄山旭就说马恩列斯的著作各有特点。认真读了他们的著作，有了既理性又感性的认识。我们经常将"国际共运"中的四个人物并称为"马恩列斯"，其实这是四个全然不同的形象。

四个"导师"之中，比较愿意读的是马克思、恩格斯的著作，尤其爱读恩格斯的作品。他的文风深入浅出，语言通顺，生动有趣，全然没有艰涩的感觉。马克思的著作思想深刻，逻辑严谨，虽然不断出现新的概念，理解起来需要花很多功夫，反复细读，还是引人入胜。读他们的著作经常会有不能中途放下的感觉。前面说的我基本能够"过目不忘"的，主要是这两位巨匠的著作。

读列宁的著作给我的感觉，那是一个非常偏激、冲动的人，观点非常极端，而且经常把与他观点不同的人视为仇敌。而斯大林的作品则最为枯燥乏味，不能卒读；虽然可以想见很多东西都出于秘书或秘书班子之手，但仍然可以看出他个人的性格特点。他的"著作"（很多是讲话稿）好像就是在颁布"真理"，其间充斥着"完全可以认为"

"用不着说明"之类的短句；还夹杂着大量"长时间、暴风雨般的掌声"之类（前一阵看到一篇文章说罗马尼亚的齐奥塞斯库的"著作"是唯一记载着大量"掌声"的，这个作者显然没有读过"伟大的"斯大林的"大作"）；每当斯大林说几句自以为幽默的话时，则配合以"全场活跃""笑声"等等。

有一点让我感到奇怪的是，从 1920 年代开始，中共就不断派人前往苏联，1949 年以后更多，俄语专业可谓人才济济；至少到那时为止，懂德语的人应该屈指可数。不知为何马克思恩格斯的著作翻译得如此顺畅，可谓信达雅兼具，但列宁、斯大林的"著作"汉译本怎么就那么佶屈聱牙，让人费解。

读过那些书以后，当时就明白了一个道理：列宁主义与马克思主义完全不是一回事，列宁也不能说是马克思思想遗产的继承人。虽然马克思恩格斯断言资本主义时代已经结束并预言通过简单、短时的革命就能终结，当欧洲出现革命形势时也会激动地关注革命的进程，但他们本质上不是革命家，而是伟大的思想家；第一国际，特别是第二国际虽说是工人运动的国际组织，但本质上也不是推动革命的组织；尤其不是列宁主义意义上策动暴力的"革命"组织。

列宁则更是一个"革命家"而不是思想家，从我读过的列宁著作中，我看不到什么特别有价值的思想，特别没有什么"哲学"。例如那本《唯物主义还是经验批判主义》，虽然洋洋洒洒几百页，除了嘲讽敌手，真不知道其中说的究竟是些什么东西。列宁主义的主要组成部分，应该是帝国主义和无产阶级革命理论、无产阶级政党理论，以及无产阶级专政理论，除了鼓动价值，更多的是行动的纲领、战略与策略。但他那些"理论"和预见并没有被日后的历史证实为真理；虽说现在世界上还存在着几个列宁主义的政党。那些党在世界现代化进程中所处的位置，大家可以依自己的见识判断。

斯大林倒是列宁政治遗产的继承人，虽然列宁在最后的岁月里正式宣布终止了与斯大林的同志情谊，且不推荐斯继承自己的政治遗产。这些从一年多以前读过的《赫鲁晓夫时代》及里面全文引述的"秘密报告"中都已经读过了。

列宁的著述有一个鲜明的特点，就是讲话毫不掩饰，直截了当。没有以后共产党文化中发展到炉火纯青的"包装"。例如产生了著名的"布尔什维克"的俄国社会民主工党第二次代表大会上，列宁提出的要建设一个不同于第二国际的集中、紧密、集权的政党，他的解释就是，沙俄帝国的专制环境下，革命必定具有"密谋"的特点，松散的组织不能发挥任何作用。类似的论述贯穿在他整个的组织思想之中。又如列宁关于领袖、政党、阶级、群众关系的论述，同样极端而彻底："谁都知道，群众是划分为阶级的；只有把一般并不按照社会生产地位区分的绝大多数人同那些在社会生产中占有特殊地位的集团对立时，才可以把群众和阶级对立起来；在多数情况下，至少在现代的文明国家内，阶级通常是由政党来领导的；政党通常是由最有威信、最有影响、最有经验、被选出担任最重要职务而称为领袖的人们所组成的比较稳定的集团来主持的"。公然将领袖置于金字塔的顶端，完全看不到任何"民主"的意思。类似的话还有"无产阶级专政即无产阶级独裁"等等；与前面的论述一起解读，也就是"领袖"的独裁。至于十月革命后极力推动与德国单独媾和，最后签署让苏俄丧失大量领土和利益并蒙受极大羞辱的布列斯特和约的过程，列宁在党内的争论中表述就显得更加赤裸裸。这就是我们在《列宁在1918年》中看到的卡普兰打了列宁一枪的直接原因。看过列宁的那些主张后，也就能理解卡普兰是一个志士而不是电影中表现的那个丧心病狂又铤而走险的牵线木偶。

看斯大林的"著作"是一件非常无趣的事，将那本厚厚的文集读过一遍后，就再没有重新翻看一页。

第三节　愉悦的心路旅程

阅读马克思恩格斯的著作能给我带来乐趣；回顾那个时光，真是愉悦的心路旅程。

1850年代，马克思被邀担任"纽约每日论坛报"专栏作者，那时恰逢第二次鸦片战争，这就有一组与中国有关的文章。在那里，我看到中世纪的中国与工业化的西方列强的冲突的必然性，看到了这种冲突的必然结局；也开始理解应当摆脱狭隘的感情、特定民族的立场和由空间时间造成的局限去理解历史。在一篇文章中，马克思说："一个人口几乎占人类三分之一的幅员广大的帝国，不顾时势，仍然安于现状，由于被强力排斥于世界联系的体系之外而鼓励无依，因此竭力以天朝尽善尽美的幻想来欺骗自己，这样一个帝国终于要在这样一场殊死的决斗中死去。在这场决斗中，陈腐世界的代表是激于道义原则，而现代社会的代表确实为了获得贱买贵卖的特权——这的确是一种悲剧"。在另一篇关于英国征服印度的评论（"不列颠在印度的统治"）中，马克思则把这种征服称为"亚洲……最大的、也是历来仅有的一次社会革命"。他老人家说："从纯粹人的感情上来说，亲眼看到这无数勤劳的宗法制的和平的社会组织崩溃、瓦解、被投入苦海，亲眼见到它们的成员既丧失自己的古老形式的文明又丧失祖传的谋生手段，是会感到悲伤的。但是我们不应该忘记，这些田园风味的农村公社不管初看起来怎样无害于人，却始终是东方专制制度的牢固基础；它们使人的头脑局限在极小的范围内，成为迷信的驯服工具，成为传统规则的奴隶，表现不出任何伟大和任何历史首创精神"。

这些，都让我看到一种在人类历史的进程中观察具体事件的眼光和方法；这超越了我历来受到的囿于"被压迫民族"视线的"历史观"，从而让我有能力从新的高度考察近代以来中国的历史进程。在那里，马克思也从世界范围内，对资产阶级的历史使命作了分析："历史中的资产阶级时期负有为新世界创造物质基础的使命：一方面要造成以全人类互相依赖为基础的世界交往，另方面要发展人的生产力，把物质生产变成在科学的帮助下对自然力的统治。资产阶级的工业和商业正为新世界创造这些物质条件，……"。当然马克思仍然强调了共产主义革命是实现理想社会的必要的途径："只有在伟大的社会革命支配了资产阶级时代的成果，支配了世界市场和现代生产力，并使这一切都服从于最先进的民族的共同监督的时候，人类的进步才不会像可怕的异教神像那样，只有用人头做酒杯才能喝下甜美的酒浆"。

工业革命以后，社会主义就成为欧洲的一种流行思潮。如果说在欧洲大陆，共产主义像"幽灵"一般徘徊又被"旧欧洲的一切势力"驱逐和绞杀，但在英国早开始有社会主义的实践，在法国等也有社会主义的思想。在以后的马克思主义文献中，这些社会主义一般被贴上"空想"的标签，突出其虚幻性，当然也凸显马克思主义相对于其他社会主义的高深与正确。那些"空想社会主义"者也认为，生产力发展的成果应当属于劳动阶级；同样，资本主义创造的强大生产力提供了改造社会的基础，可以作为大家的共同财富并且只应当为公众的共同福利服务。但据认为，那些社会主义者认为，社会主义是绝对真理、理性和正义的表现，"只要把它发现出来，它就能用自己的力量征服世界"。但是，这样的社会主义思想并没有描述出贯彻的具体路径；只限于美好的愿望。而且，那些学派又各不相同，互相磨损，最终得出的只是一种"折衷的不伦不类的社会主义"。

恩格斯的著作《社会主义从空想到科学的发展》系统阐述了科学社会主义的理论基础。那时，《资本论》第一卷已经出版，马克思主义理论体系已经形成；恩格斯关于科学社会主义的阐述，基本以马克思的《资本论》为基础。那里出现了"唯物主义历史观"的概念（"历史唯物主义"是列宁以后，特别是斯大林时期才固化的概念）："这种观点认为一切重要历史事件的终极原因和伟大动力是社会的经济发展、生产方式和交换方式的改变、由此产生的社会之划分为不同的阶级，以及这些阶级彼此之间的斗争"。

恩格斯描述了"科学社会主义"的现实路径。"无产阶级将取得国家政权，……并以社会的名义占有生产资料"；这样，"它就消灭了作为无产阶级的自身，消灭了一切阶级差别和阶级对立，也消灭了作为国家的国家"。恩格斯大气磅礴地说："完成这一解放世界的事业，是现代无产阶级的历史使命"，而让无产阶级这个"今天受压迫的阶级认识到自己行动的条件和性质，这就是无产阶级运动的理论表现即科学社会主义的任务"。

但我也特别注意到恩格斯基于"唯物主义历史观"的历史认识：阶级的划分具有某种历史的理由："这种划分是以生产的不足为基础的，它将被现代生产力的充分发展所消灭"。而由社会占有全部生产资料"之所以能够实现，并不是人们认识到阶级的存在同正义、平等等等相矛盾，也不仅仅是由于人们希望废除阶级，而是由于具备了一定的新的经济条件"。恩格斯还说，"社会阶级的消灭是以生产的高度发展阶段为前提的，在这个阶段上，某一特殊的社会阶级对生产资料和产品的占有，从而对政治统治、教育垄断和精神领导的占有，不仅成为多余的，而且成为经济、政治和精神发展的障碍"。当然恩格斯认为，这种可能性"是第一次出现了，但是它确实是出现了"。

最后的论断怎么评价，可以从那以后 150 多年的历史回过头去再看。但以唯物主义历史观对阶级斗争、消灭阶级和实现社会主义的分析，我们多年来接受的教育与之相去甚远。我每天做的智力操中与以前给我们说教的人们假想的争论中，我总能把我以前遇见的施教者驳斥得体无完肤。顺便说一句，我大学本科的毕业论文，就是以此为基础的演绎——当年获评优秀毕业论文。

马克思、恩格斯的著作中，我特别钟爱的还有《家庭、私有制和国家的起源》《路易波拿巴的雾月十八日》《路德维希费尔巴哈和德国古典哲学的终结》，以及恩格斯的手稿《自然辩证法》等，虽然我并不完全接受其中的一些论断。马克思主义还有一个非常重要的理念，就是"人的全面发展"。记得某一个地方有一段话，说是到了共产主义，劳动不再是谋生的手段，而成为生活的第一需要。那时的人就可以按自己的需要自由地进行创造性的工作。例如上午做渔夫，下午做猎人，晚上就做"批判的批判者"，等等等等。读书的心得就不细述了。但也可以看到，马克思主义、以及他同时已经出现的那个"共产主义幽灵"，带有很明显的基督教末日审判与拯救的痕迹。巴黎公社时期创作的《国际歌》中，"这是最后的斗争，团结起来到明天"，这种色彩就非常的浓厚。

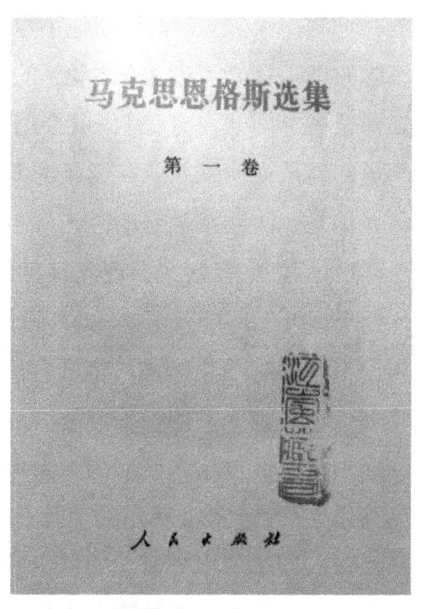

当年读的书；印鉴是以后的大学同学镌刻的。

后来知道，当时万晓光就关在那幢大洋房四楼西南的一个房间里，有一个西窗可以看到我的监室；虽然窗户被封上了并糊上了报纸，但还有一个小小的大约15厘米高的气窗可以开一条缝。一段时间以后，万晓光发现了我住在他目力所及的范围之内，又发现有几个看守离交班时间大半个小时就会走到大门等着交班（从他的窗口可以看到那些人的行踪），于是就利用那个机会，吹起我们都熟悉的口哨招呼我，我们很快建立了联系。他所处的位置比我有利，因而知道其他人监室的位置。他说他的隔壁就是刘巍，刘巍再过去是黄山旭。他和刘巍的房间墙角有一块破损，而刘巍与黄山旭房间中有一道被封上的门（这是以后我到那个房间后才知道的）。他说他试图与刘巍联系，但刘没搭理他。他说真是太遗憾了，要不我们所有人都可以连接起来。

那段时间，每当日班看守急着回家到大门等待时，万晓光就开始与我远程交流。当时，我和他手里都有了《资本论》第一卷，我们很多时候就用在交流读《资本论》的体会。差不多每一天吧，当他出现在那个狭窄的气窗时，首先就会用手指向着虚空处重重地点三下，我知道，他是说他刚才就在读《资本论》。我心领神会；当然我也正在读。那是一段非常美好的时光，至今还回味无穷。

前面我曾说过，《共产党宣言》其实不合适做学习马克思主义的入门书。开始阅读《资本论》，感觉这才是学习马克思主义的最好的入门书，尽管篇幅浩瀚，能吓住一些人（据中共一个很正统的邓姓"理论家"说伟大领袖就没有读过这本巨著）。

与没有读过这本巨著的人想象的不同，这本"工人阶级的圣经"，马克思主义的经典、真正的奠基石并不那么佶屈聱牙，除了第一篇和第二篇的四章基本是概念的推论，要花一些时间理解，后面很多章节文笔生动，又有大量的事实支持，非常引人入胜。

第一次读的时候我首先注意到三句话，一是前面已经引述过第一卷第二版跋中关于辩证法的阐释；二是在法文版序言中："在科学上没有平坦的大道，只有不畏劳苦沿着陡峭山路攀登的人，才有希望达到光辉的顶点"（不同版本译法不同，我认为这是最简练同时确切表达本意的）；三是第一版序言的最后一句："对于我从来不让步的所谓舆论的偏见，我仍然遵守伟大的佛罗伦萨诗人的格言：走你的路，让人们去说吧！"。

马克思的《资本论》除了理论的演绎以外,还回顾了工业化时代产业和产业组织发展的历史,特别是对"所谓原始积累"和早期工业化的进程有详尽的分析,对工业化早期劳动者的生活状况,也有很多具体的事例。

很多年以后,我在社会科学研究部门的同事间说:马克思主义的道理千头万绪归根到底——马上有专门研究马克思主义的同事接口"归根到底就是一句话:造反有理"——当时我真的是非常吃惊;研究马克思主义的人怎么对马克思主义能有那么浅薄的理解?我接下去说,归根到底,用不多的几张A4打印纸也可以写出来。这几张A4纸,最主要的部分,应该都能从《资本论》中摘引。但现在中国的马克思主义政党的8000多万成员,包括那些自以为可以做马克思主义代言人的,知道、承认这几张A4纸的屈指可数,更不用说去实践了。

当然后面说的只是我个人的认识而不一定是正确的认识。劳动价值论是资本论的基石,由此形成了剩余价值理论,这主要分析了资本主义制度的非道德基础从而论证了推翻资本主义的正义性。另一个核心的论断是对历史发展趋势的判断,也就是资本主义必将被共产主义所替代的必然性:资本主义带来了劳动协作形式、技术应用、土地利用和各种生产资料的集约化使用等等,并形成世界市场。但由于资本主义生产本身的内在规律的作用,就会产生资本的集中。"一个资本家打倒很多资本家";但是,这一过程也是资本巨头不断减少而"贫困、压迫、奴役、退化和剥削的程度不断加深"的过程;"随着这种少数资本家对多数资本家的剥夺",联合和组织起来的工人阶级的反抗因而必定不断增长。

马克思预言:"生产资料的集中和劳动的社会化,达到了同它们的资本主义外壳不能相容的地步。这个外壳就要炸毁了。资本主义的丧钟就要敲响了"。"剥夺者就要被剥夺了!"还应指出,在马克思、恩格斯看来,"剥夺者被剥夺"也就是资本集聚的趋势,社会将迅速两极化，越来越少的垄断资本和几乎全社会沦为无产者，这种状态下共产主义革命是一件相对简单、容易的过程。在另一个地方，马克思也提出过"无产阶级专政"这个概念，我的理解，马克思所说的这个"专政"，仅存在于"剥夺"极个别垄断寡头的时期，应该也就是几年、十几年时间吧。做一个不恰当、非常不恰当但还有参照价值的比喻，套用到现代中国，也就是对农业、手工业和资本主义工商业的"社会主义改造"时期，一旦完成了这个改造，实现了生产资料公有化，这个专政就结束了。现在我们理解的"无产阶级专政"，是列宁—斯大林主义的概念；那个专政的历史价值，可以用苏联几十年的历史事实作为评价的依据。

  对马克思主义核心观点的认识，我是在以后几十年中逐步深化的。第一时间里，我首先认识到的是当时中国的意识形态与马克思毫无关系，伟大领袖对马克思主义确实不理解也不想理解。马克思从来反对在道德价值上推崇共产主义并要求推行，相反对资产阶级的历史地位有充分的肯定；也有这样的名句：一种社会形态，在它所能容纳的生产能力全部发挥出来以前，是不会退出历史舞台的。中国的资本主义发展刚有一个开头，资本主义制度建设或许还没有开始，"防止资本主义复辟"不知道指向为何。

  从《资本论》中我们还可以看到马克思对资本主义的"罪恶"，以及资本主义必然灭亡的事实依据和逻辑推论，很多还是基于工业化初期的历史观察。在马克思以后的一些著述中，我看到了马克思、恩格斯对从宪章运动及以后二三十年工人运动成果的关注。在我看来，马克思、恩格斯早年激烈的革命倾向也有缓和。恩格斯《在马克思墓前的讲话》中说，"在马克思看来，科学是一种在历史上起推动作用的、革命的力量。任何一门理论科学中的每一个新发现，即使它的实际应用甚至还无法预见，都使马克思感到衷心喜悦，但是当有了立即会对工业、对一般历史产生革命影响的发现的时候，他的喜悦就完全不同了"。这是马克思思想和个性的一个方面，在我国官方包装下不容易注意到这一面。

马克思，特别是恩格斯去世后，出现了修正主义。以伯恩斯坦为代表，对当时资本主义发展进程的观察，发现了与马克思预见不相契合的趋势，例如没有出现资本集聚的单向发展，"剥夺者被剥夺"的预言并没有被证实。就我本人而言，虽然当时还是基本被马克思的思维和逻辑折服，但在以后几十年中反复思考中还是产生了自己的见解。简单地说，就是马克思主义的基石：劳动价值论及其基础上的剩余价值理论有很大的缺陷。我当时没有这方面的明确思考，但以后形成的观点是当时形成的思想方式的自然结果。

与万晓光的交流一天天持续着。但关于《资本论》的学习体会不可能非常深入地交流；毕竟一、二十米距离外的交流，还要避免别人听到，基本只能说些简单句。说到《资本论》，也就是互相表白我们目前生活的价值，也是对自己精神状态的一种肯定和提升。

还必须说的是那时还认识了一个伟大人物，就是普列汉诺夫；那是万晓光介绍我认识的。在俄国社会民主工党第二次代表大会即发生布尔什维克和孟什维克最初分歧的时刻，他好像是"多数派"也就是"布尔什维克"，但以后与列宁分道扬镳加入了孟什维克。按万晓光的推荐我让家人给送了普列汉诺夫的两本著作：《一元论历史观的发展》，及《论个人在历史上的作用问题》。关于"一元论历史观"的书名，原本他要写的是"唯物主义历史观"，因回避沙皇政府的检查，故称。在我看来，他与列宁有非常巨大的区别，他理性、理智，对理论和现实问题的认识非常深刻但绝不极端。我现在没有找到他的原著，但马上能回忆起他关于历史的偶然和必然的论述，以及"伟人创造历史"还是"历史创造伟人"的悖论的解读。前者，他的论断是：偶然性产生于两个必然性的交叉点上；例如欧洲人进入美洲，欧洲必然的历史发展进程与美洲必然的发展进程在那个时间空间交汇，"偶然"地改变了美洲历史。那时的"马克思主义者"很多信奉必然性，往极端说就是宿命论，例如共产主义必然替代资本主义等等。有人质疑既然历史是必然的，你们折腾什么呢？例如月食日食是必然的，需要有人组织什么月食党、日食党吗？普列汉诺夫的名言是：虽然历史的进程是必然的，但我们的决心和行动是必然链条中必要和重要的环节。后者，我记得一句经典的话：任何时期，都有一些可能的天才／伟人；但可能变成现实，就取决于当时的历史环境。在那里他列举了拿破仑时期法国的一些军事天才，原先就是一些普通人，例如教师、商人甚至理发师等等；如果没有让他们施展的天地，他们一辈子也就那么默默无闻；甚至军事天才拿破仑，如果没有大革命营造的社会环境，充其量也就是个优秀的上校之类的；因为作为非贵族的科西嘉人，旧制度下不会有很大的伸展空间。这些，都是我当时看到的不少让我产生疑惑的问题的很好也很有分寸的答案。与列宁的风格不同，这些论题，都是可以质疑，可以讨论的，也留下了讨论的切入口。

　　所有这些阅读，都让我认识到当时的官方理论（确切些说只是些说法，根本没有理论的高度）完全没有依据。如果说一两年前只是有一些浅表性的怀疑和对少数个人的不满，这是已经深化为真实的质疑和对当时意识形态的全面的否定。

第四节　囚室内外

　　过了几个月，专案组将房间作了调整。我被调到南面正中的房间，原先在那里的刘巍换到了三楼很小的一个房间。我到那个房间后，当天万晓光就在墙角那个破洞与我建立了联系。在以后的一个星期中，我们白天夜晚都在那里"密谈"，交流了我们被捕以后的全部情况，对曾经看守我们的那些同学、对专案组的那些人也作了各自的评价。万晓光也曾与梁斌有过联系，说是不久前他已经部分恢复自由，到某一个厂劳动去了。说得高兴了，我们会不由自主地声高了起来，有时还会大笑；当然马上就会意识到、控制住。那个时候我们还讨论过一个问题。那时我们所在的中学73届临近毕业，从报纸的只言片语中，我们猜到有部分学生可以直接升学，于是又产生了新的希望。但万晓光认为我们已经脱离学习那么久，升学恐怕不易——想象中升学总要经过考试吧？我说我们出去以后可以申请留级一年，后来问了看守，所谓升学只是进中专技校，并不是我们向往的大学，也就不那么关心了。

我房间的东面住着黄山旭，中间有一扇木门，耳朵贴在门上能听到那里的声音；我听到过黄山旭与看守的简单对话，也试图与他取得联系。在安全的时候我会敲敲门，或大声咳嗽等等，但一直没有得到他的回应。几天后，又突然调整了监房；我被换到万晓光的房间，万晓光换到黄山旭的房间，黄山旭换到哪里不是太清楚；中间那间就空着了。据后来万晓光分析，可能是因为刘巍突然被换到了一个条件非常差的房间，以为万晓光试图与他联系的事败露了，于是就向专案组作了汇报。这样，监狱中的联系就彻底隔断了。好几个月后，有一天我乘看守疏忽，晚上到卫生间洗漱时跑到万晓光的房间，打开房门（那些看守图方便就寝前一直不用铁锁，只用一根粗大的用作钉棺材的铁钉锁门），他正坐在地铺上看书。见我开门一脸的愕然。我听到楼下看守似乎正向上走，迅速锁了门就回去了。一年多后在另一个监狱再次遇到，他说当时他正处于思想转变时期。如果再晚个一周半月他完成了思想转变再发生这样的情况，他一定会大声报告。

新的监室有三扇窗，两扇在南面，一扇在西面，窗户很大，但都糊上了厚厚的报纸，只有上面 10—15 厘米高的气窗是活动的，每天我会站在桌子上扒着气窗向外看。我们的正南院墙外是一幢坡顶的大洋房，平时看不到什么人，但每周有一两天会有些热闹。那时，会有那么一两个小时不少人会到避风处打羽毛球。当时我很难想象这是个什么单位，那是些什么人？以后才知道，那里是上海体育科学研究所，那些研究人员，或许不少是退役的运动员。越过这座洋房是衡山路；我看不到这条路，但能看到沿衡山路较高的房子。我知道我视线范围内的一幢房子里住着我家的一家亲戚。从西窗向外望，远处是当时上海非常著名的风雨操场；那里既有简易的室内馆，也有室外的体育场。入狱前有一段时间我不时地会到这里观摩体育比赛。现在在监室气窗远远望去，可以看到中学生业余运动员在那里训练；还能比较清楚地看到他们训练肌肉的一些动作。于是我在室内也会模仿着练习。

在那里，每天早晨都能听到悦耳的鸟叫；听到鸟叫，就知道新的一天开始了；到了夜晚，经常也能看到美丽的夜色。有一个明月夜，我（从那个 15 厘米的天窗中）看着天上的满月，想起李白的诗："青天有月来几时？我今停杯一问之。人攀明月不可得，月行却与人相随。皎如飞镜临丹阙，绿烟灭尽清辉发。但见宵从海上来，宁知晓向云间没。白兔捣药秋复春，嫦娥孤栖与谁邻？今人不见古时月，今月曾经照古人。古人今人若流水，共看明月皆如此。唯愿当歌对酒时，月光长照金樽里。"心中无比感慨。我想，与大自然比，人生是多么地短暂。而短暂的一生可以做很多梦，也可以做一些事，但终究会随风而去。想到这些，就觉得没有什么不可以放下的。当然，相由心生，心随相转。冬天的某一个傍晚，我看窗外一片萧瑟，一株孤木在寒风中瑟瑟抖索，冬日的夕阳惨淡无力，一种悲凉、孤独之感油然升起。

还有，那年深秋，看见一只很大的所谓"过冬蚊子"停在高处，拍起来有一定困难，但还是可以消灭的。当时就想，明年夏天我总不至于还在这里吧？就放过了。没想到的是，第二年即 1974 年的夏天我竟然还在那里。

1973 年夏秋，1973 届中学生毕业分配的工作启动。我所在的那幢楼的一楼二楼被利用起来，用作徐汇区毕业分配工作组的办公室；各个中学参加工作的教师不时地会过来开会。会议休息时大家会走到室外，聊天的声音能一直传到四楼，听得清清楚楚。有时我们零陵中学的教师也在，我能清楚地分辨出是哪个老师。从他们的谈话中我知道了我的同学们工作大致都有些什么出路，老师们有些什么打算，也能猜出一些。想着同学朋友们即将参加工作，心里真的非常羡慕，但没有同时产生嫉妒和恨。与这个工作组一起的还有位于奉贤的上海星火农场招工组；有一个叫"杨红卫"的高我们一两级的农场职工就住在我们这幢房子的某一个地方。他腿有残疾，本可不去农场，但他主动争取去了，因此就被树为先进；能来招工组工作，想必已经是干部了吧？每天早晚他都会高声唱歌，歌声当然不敢恭维。我们这里有一两个看守会不时跟他聊天；他因此知道我们这些人的存在，也知道我们有不少书。由看守带着，他悄悄地到我这里借过几次书。不得不遗憾地说，他看过的书还回来后就会变得很脏很旧。

1973 年夏天起，对我们的看管稍稍宽松了一些。一是允许我们与家里正式通信；当然无论哪头的信都需经过专案组的检查。在此之前只能是我这里单方面开单子请家里送我需要的东西，不能有其他内容。二是能带给我的书大大放宽了，基本上只要外面书店能买到的就能带给我。第一封信是父亲写给我的。在那里他详述了我被捕以后一年半家里的情况：大哥、二姐都结了婚，大嫂也已经怀了孩子。去安徽插队的三姐已经被抽调到安徽阜阳的一个部属军工企业；1970 年到黑龙江插队的四姐以投亲的名义转到淮北，到三姐原先插队的那个生产队。在部队的大姐完成了多年的夙愿，入了党。这让我稍有意外。因为入党前通常会到父母单位"外调"，如果有人告知我的情况，此事差不多就黄了。看来有关的人没有为难我们。看到这些，让我又感觉到了家的气氛。知道大家都好，我非常高兴。父亲又说他和母亲身体都好；母亲不久前得了高血压，吃药以后就控制了。父亲没有说他自己工作情况。在他那个岗位，一定不能正常工作了。后来知道，我被捕后父亲立即被调离了核心部门，基本就在停职检查。

回想一年半前我家大团圆时，父母与我们兄弟姐妹 7 人，加上大姐的婆婆和她两个女儿，一大家子人，热热闹闹的。这时又各奔东西，家里只剩下父亲母亲；白天又只有母亲一人。后来母亲说，有一次没带钥匙到门外走廊，一阵风把房门锁上了，竟然冒险在四楼的高度，独自从露台与厨房的直角处爬进家里，一进去就向前跌倒在地。又有一次，吃了一点酒酿，一人醉倒在地几个小时。我们那一届同学分配工作时，出门见到邻居带着子女去很好的工作单位报到，后者还嘚瑟地显摆，母亲心里真的非常酸楚；还有个别邻居开口闭口称"反革命家属"的。

第五节 读书、读书

因为放松了对我们阅读范围的控制，且那时中国的出版业正逐渐恢复，书越堆越多，我涉猎的范围也越来越广。感觉上，出版业花了很多心思在政治高压中寻求缝隙，力争出版更多有价值的作品。例如，在批林、批陈（伯达）时，伟大领袖曾引用东汉末年曹操说过的话，说孙权劝曹操称帝，曹说"是儿欲置吾于炉火之上也"；于是出版《三国演义》以说清来龙去脉似乎就有了理由。

第六章 "书斋"的日日夜夜

大约1973年夏天，从家里给我的信里，知道这次他们送来了一本当时刚出版的《三国演义》，高兴极了。但给我的物品里没看到此书，当然要问；被无礼地告知他们"自有安排"，不得质疑。大约过了一个多月才把书给我，已经变得半旧了，怎么回事，不问可知。此书内涵丰富、情节曲折，有深沉的历史感，人物众多又个性鲜明，非常耐看。不舍得很快读完，每天安排一两个小时时间，一页一页、一个字一个字地读下去，如同读《资本论》一样。在以后的一年多时间里，每天都有四、五个小时，分别用来阅读《资本论》和《三国演义》，读完第一遍再读第二遍，读完第二遍再读第三遍；其余时间再读其他书籍。

按中国传统的历史观，曹操是欺君、篡权的巨奸大恶，小说《三国演义》也是刻意突出这一点；但伟大领袖非常推崇曹操，号称要为其"翻案"。读了此书后，在这一点上我跟上了领袖的思想。我感到该书众多的人物中，个性最为鲜明、最有雄才大略又最有作为、同时对国家的恢复和人民的安定贡献最大的就是曹操。曹操的一些文学作品，也突出了他的人民情怀。如"白骨露于野，千里无鸡鸣。生民百遗一，念之断人肠"；又如"慨当以慷，忧思难忘……；周公吐哺，天下归心"。还有优美的"观沧海"："东临碣石，以观沧海。水何澹澹，山岛竦峙。树木丛生，百草丰茂。秋风萧瑟，洪波涌起。日月之行，若出其中；星汉灿烂，若出其里"；等等。很难将有这样悲悯情怀和浩然之气的诗人与"野心家、阴谋家"，奸恶之徒划上等号。在刘备、孙权，他们阵营的其他人那里，包括诸葛亮，从未见过如此的高远情怀。曹操曾说过的一句话让我对他的作为，包括一些似乎让人憎恶的"恶行"更有了同情和理解："设使天下无有孤，不知几人称帝，几人称王"。在那个乱世，曹操还真是"定海神针"。

对小说大力推崇的正一号正二号，即刘备和诸葛亮（不清楚谁一谁二），一点没有好的印象。刘备不过就是一个乱世中希望打下自己一片天地的枭雄,要说"野心家",也就是这么个样子。虽说他以维护正统为旗号,但他的成就,靠的基本就是欺占身边朋友特别是汉朝宗室的权益,越是对他友善就会受到越大的伤害,从借荆州到入蜀建国无不如此。而诸葛亮就是一个最大的"阴谋家",除了"三分天下"算是一个战略思想,其他种种也就是些阴谋诡计。而刘、关、张之死就更为滑稽,基本就是死于愚蠢。从更大的历史视野看,中原动乱时期周边的割据小国,如果有些存在价值的话,主要就在保一方平安。但诸葛亮在刘备死后以维护正统为名"七出祁山",明知毫无希望还试图光复中原,把国家绑上战车,拖进无休止的争战之中,给人民带来巨大的灾难。如果要给予评价的话,可以说是古代史上最为失败的割据国家之一。

唐宋之间五代时期割据国家后蜀国主的妃子花蕊夫人(光看这个称谓就让人产生无穷的遐想哦?)的名句:"十四万人齐解甲,更无一个是男儿",说的是国破之时,没有一个死国的壮士。但那些人真的要死,是为谁而死,为何而死?能不惜生命保卫那个后蜀国主刘昶、那个"花蕊夫人",真的就是"男儿"了吗?如果有那么几百几千人是"男儿",那也就是几百几千人的个人悲剧;如果十四万人竟然都是"男儿",那就是一方百姓的灾难。诸葛亮死后曹魏(当然那时实际上已姓司马)攻灭蜀汉时,后主刘阿斗处理得挺好;他儿子一定要做"男儿",自然也是帝王文化使然,他自己的事,无可厚非。好在那时那里的"男儿"并不是太多。后来晋灭吴时,也没有遇到太多的"男儿",尽管事先做了很多战备。"王濬楼船下益州,金陵王气黯然收。千寻铁锁沉江底,一片降幡出石头"。这么的过程和结果怎么评价,完全因立场而异。自然"男儿"当有气节,但更应当有独立的立场和自主的权利和能力。不加思索地为君主尽忠,按传统道德自然可以算是勇士;隔开一段距离看,更多的后果是害人害己;除了愚蠢,完全没有任何可以使用的其他评语。后面的那个认识是在当时朴素认识的基础上,经过专业的历史学习逐步形成的。说这么多,有一个原因是现在有很多人借花蕊夫人那个"妾"之口,指斥某些重大的历史关头,有些国家(例如 R 国)的军人没做"男儿",也就是没有对人民群众使用武力,没有为"君王"做炮灰,有感而发,希望有点脑子的人对那个"妾"的名言有别样的认识。

当时阅读较多的还有鲁迅。家里陆续给我送来大部分鲁迅文集,包括杂文集、小说集,书信集。

伟大领袖对鲁迅有很高的评价,标准的说法是:"鲁迅是中国文化革命的主将,他不但是 伟大的文学家,而且是伟大的思想家和伟大的革命家。鲁迅的骨头是最硬的,他没有丝毫的奴颜和媚骨,这是殖民地半殖民地人民最可宝贵的性格。鲁迅是在文化战线上,代表全民族的大多数,向着敌人冲锋陷阵的最正确、最勇敢、最坚决、最忠实、最热忱的 空前的民族英雄。鲁迅的方向,就是中华民族新文化的方向"。文革时期,被鲁迅讽刺过的"四条汉子"即周扬、夏衍、阳翰笙、田汉都成为突出的反派人物。让我有些奇怪的是,鲁迅跟胡风一直有很好的关系,但胡并没有因此逃脱被整肃的厄运。记得文革中对周扬的批判中,周的一条罪名是曲解、污蔑鲁迅,将鲁迅的思想歪曲为揭示民族劣根性;其中好像还有一个隐含的意思,就是中华民族没有什么劣根性。关于那个著名的"阿Q",文革时被定义为被压迫人民的代表,又特别地具有革命精神。但我读了鲁迅的小说和杂文等等之后,对伟大领袖的评价产生了很大的疑问,对周扬的说法倒有了很高的认同。

文革中还有一个说法,即鲁迅晚年接受了马克思列宁主义。这是有鲁迅的文章作为依据的。在最后的几年,鲁迅写过几篇很长的文章,阐述他的政治认识,其中还有他与周扬等关于"抗日的、人民大众的文化"与"国防文学"之争,还有其他一些文章。但我当时读来,就觉得这些文章非常地无趣,远不如较早时期的文章。

我不是太喜欢看《狂人日记》《阿Q正传》这些鲁迅的代表作，感觉过于沉重，但很喜欢《朝花夕拾》《故事新编》、成书于1920年代的一些杂文集，还特别爱读他的一些随感。例如《热风》中收录的"随感录三十八"，其中说："中国人向来有些自大。——只可惜没有'个人的自大'，都是'合群的爱国的自大'。……'个人的自大'就是独异，就是对庸众的宣战。……'合群的自大'，'爱国的自大'是党同伐异，是对少数天才宣战。……他们自己毫无特别的才能可以夸示于人，所以把这国拿来做个影子；他们把国里的习惯制度抬得很高，赞美得不得了；他们的国粹既然有这样的荣光，他们自然也有荣光了。……多有这'合群的爱国的自大'的国民真是可哀，真是不幸！"等等等等，在当时就让我很有共鸣。还有那一篇"聪明人和奴才和傻子"，读的时候就想到自己身边很多很多的聪明人和奴才，其形象和事迹呼之欲出，张三李四，名字立马就能叫出来。感觉自己就是那个傻子，但没觉得有什么不妥。今天我想很多人都看到了太多的聪明人和奴才，太多的"合群"和"爱国"，这对中国的变革和进步造成了多么大的阻力！

1974年初发动了"批林批孔"运动。我们现在都知道这场运动的真实目的和后果，但对中国的出版界来说，却是一个重大的契机。因为要"批儒崇法"，所以有了出版中国古籍的理由。知道一些有关的情况，我就要求家里给我买那些书。这就有了一些古籍，对先秦时期的诸子百家，当然特别是儒家和法家有了初步的认识。

以当时能看到、能认知的说，感觉儒家就是理想主义者。孔子和孟子都花了很大的篇幅描绘了理想社会的图景——自然是无比美好的，但问题是他们把全部希望都寄托在圣君贤臣之上，没有在实现途径上作任何探索，对君王的现实需求更缺乏基本的理解和认识。至少孔孟两个圣人，在完成了理想社会的蓝图之后，就带着这张图遍走"天下"，期望说服君主推行他们的梦想。当然他们的蓝图标识着远古时代的印记，因而在当代中国被贴上了"倒退""复辟"等等的标签。但实际上，用尧舜等等作为自己社会理想的包装，只是一种宣传策略，一种降低广告费用的简单策略；未必就是为了退回远古社会。虽然就古人的见识，认为过去的时光比现在更美好是很自然的，这在今天也屡见不鲜。

但法家思想则有很强的实践性，其主要代表人物都是坚韧的实践家。他们深谙君王的需求，其理念就是助力君王，完成强军、强国、治民、夺天下的目标，因而很容易得到君王的赏识；法家能售于君王而儒家不能，是很自然的。先秦时代，我们还没有看到过能说服君王因而登堂入室执掌国政实现梦想的儒家代表人物（当然孔子曾短时间内担任过"公安部长"并当了三个月的"代总理"，文革末期是这么说的），但法家出现了很多长期执政的政治家并卓有成效，是有必然性的。在"批林批孔"时期对法家的功绩有铺天盖地的宣传，多数也符合史实。但必须指出，当时君王的目标，也就是前面说的强国、集权、称霸，人民的福祉并不在他们的考虑之中，在《孟子》的开篇："孟子见梁惠王"中就看得很清楚。

法家的代表作《韩非子》也有机会读过。以韩非为代表的"法家"思想可以说是两千多年的中国专制社会的治国"圣经"。后来有说中国专制社会是儒家为表，法家为里，我想没有说错。当时就注意到，《韩非子》阐述的"法、术、势"，其中不仅有助君王集权之策，还有驾驭君王之法，例如表面上要投君王所好，目的是驾驭君王，但千万要避免"批逆鳞"之类。这肯定可以成为某种政治教科书。

更吸引我的是韩非子中的一些寓言。有一个寓言，说是两个虱子在一头猪身上争斗，第三个虱子过来问，你们在干嘛？回答说："争膏腴之地"，那第三个虱子说：过几天就是腊月，这头猪就会被杀了做祭品，到时候什么都没有了。就那么几天功夫，还花那些功夫自相争斗干嘛？于是齐心协力吸血，至那头猪瘦弱因而避免了做祭品的命运，感觉很滑稽也很能说明一些问题。今天我们视野里也能看到不少"争膏腴之地"的人，真的可悲可叹。

先秦时期的道家、墨家、纵横家、名家等当时也都有涉猎；但现在非常时髦的阴阳家和兵家倒一点没读过。还有一个肤浅的感觉：如同恩格斯的著作比马克思的更风趣幽默，更有可读性一样，感觉亚圣孟子的作品比孔子文学性更好，《庄子》比《道德经》对我也更有吸引力。

看了这些古代典籍后，结合当时报纸上读到的"批林批孔"文字，写过一篇长长的体会文章，让专案组转给父母，当然主要是父亲。想必写得没什么意思，空对空的。父亲的回信写的很礼貌，就说了还需要花更多的时间学习之类的。我想父亲还想表达的一个意思是，以后不要写这类的文字，以免被抓把柄。

那时认真阅读的，还有范文澜的《中国通史》一到四集，还有一些其他历史书。初步的认识之一，就是感觉到春秋战国是中国历史上最色彩斑斓、最具创新精神的时期，日后中国的各种思想基本都发源于此。几十年后在一篇文章中表达过这个意思。杨荣国的《中国古代哲学史》也读过了，读得很累，也没觉得有什么价值。只记得好像较大的农民起义领袖都有其"哲学思想"，很牵强也很无聊。

那个时候还看了一些德国古典哲学著作，如费尔巴哈，康德等等。康德的《宇宙发展史概论》，语言非常生动。现在不翻书就能记起其中引述的两首诗："天上人间万物纷纭，是根链条从上帝发轫；从安琪儿、人类到畜生，从六翅天使到苍蝇"。他还表达了一个重要的思想：上帝未必亲手创造、安排了万事万物，但创制了自然规律从而奠定了宇宙秩序。康德还非常有想象力，他接受地球人不是唯一智慧生物的假想，而且地球人有很大的局限。另一首诗是这么说的："最近，高天层上的人都在看，地球人的行为很离奇。有人发现了'自然规律'，竟然发生了这样的事情！他们在看我们的牛顿，就象我们在欣赏猢狲"。这都是现在我没翻原书仅凭记忆写就的,第二首诗与原文有一字之差——因为我不喜欢那种译法。

那时候出版业的恢复还表现在期刊杂志逐步恢复。一些新出的杂志,家人会及时买了给我送来。

最吸引我的是一本叫《自然辩证法》的杂志,虽说用的是所谓"马克思主义"的概念,但其主旨是科学普及。在那里我看到了一些科学的进展,也看到了一些当代世界面临的重要问题。印象最深的有两篇文章。一篇是关于宇宙发展史的,那里介绍了宇宙的来龙去脉,从大爆炸到黑洞,等等等等。虽说人无百年寿(我当然也不可能有),但不知怎的对那些亿年为尺度的自然发展竟然还有那么强烈的兴趣。但这确实是真的。板块漂移说、基因理论等也是在那里首先了解的。另一篇文章说的是环境污染问题,那里使用的是一个来自日本的概念叫"公害"。文中提及的案例都来自国外,例如日本的"水俣病"即镉中毒;又说让日本孩子画图,天空竟然涂上了黄灰色等等;还援引了环保经典著作《寂静的春天》的主要观点。文中引述了一个美国诗人的环保诗:"如果你游历美国的城市,两件事请注意:第一不能喝那里的水,第二不能呼吸那里的空气";等等等等。文章最后一节的内容是说,"我国政府历来重视环境保护",领导有什么什么指示,又有什么什么具体作为之类的。第一时间我想,生活在中国真的幸福,能让我们逃离"公害";但当天晚上就梦见远处灰暗的天空。醒来想想,这难道不就是我们经常见到的天空吗?又想到黑臭的苏州河,以及上海无数黑臭的大小河流,立马明白了我国的"公害"形势,产生了"杞人"的忧天情怀。

从那本杂志,我还读到很多科普文章,让我增长了知识,也"勾引"着我对知识,特别是对科学前沿的好奇。30年后,我竟有缘认识当年的一个撰稿人,坐在同一个办公室做同事,真感到万分荣幸。

那个时候,家里还会送来其他一些杂志,例如《学习与批判》《朝霞》等等。都是上海出刊的，前者算是做所谓"理论研究"的，后者则是所谓的"文学"杂志。那里刊登的东西，当时看的也算仔细；特别是《朝霞》里的所谓小说，总应该反映我久已隔绝的社会生活吧？当时应该还是有动力读的，但都没有留下什么特别的印象。那时还出版了一些长篇"小说"，但好像只是把报纸上的政治概念用所谓文学的形式串联起来，主旨就是将当时的"正能量"发扬光大，完全无法卒读。

那个时候读的书还很多，不一一列举了。家里带来的书，我从不舍得让带回去（有点自私哦！），因为我还会不时地翻阅。两年下来，累积了两三百本，整整两大包。

第六节　再见天日

1970 年代，上海的气温比现在要低得多，天气变化也大。记得 1974 年 2 月的 17 或 18 日，气温非常的高，以致我在室内仅穿单衣也不觉得冷，看守买来的热饭还要晾一会儿再吃。但到 2 月 24 日就急剧降温，下了大雪，从外面的露台看到，积雪足有 15 厘米甚至 20 厘米厚，直到 7，8 天后才全部融化。

那个时候，我基本见不到专案组的人员，仅有的几次基本就是跟他们发生些冲突，听他们训斥。那个时候，他们订阅的《解放日报》会每天给我看半个一个小时；我都会从报头到报屁股（也就是从"解放日报"四个字直到最后的报社地址电话等等）逐字逐句地仔细读下来。即使如此，信息量还是太小，虽说有一些政治口号，经济社会文

第六章 "书斋"的日日夜夜

化的变化很难找踪迹。鲁迅的《狂人日记》中说要从字缝中才能找到真的内容，但那时的报纸字缝里也很难看出些什么。于是写了一份"思想汇报"，希望提供更多的新闻类读物。汇报一递交上去，那个宋德强马上来了，将我训斥一通，结合我写的不多的几个字，分析我如何如何反动。例如说我其中有一句话，说"现在的报纸，实质性的内容非常有限，电影广告倒常常占了半版"（当时的报纸只有4版；那时电影不多，电影广告确实经常有半版之多）。宋指出这说明了我对现实的不满。这种思想状态下放我出去的话，一定又会犯新的错误云云，还拍桌踢凳的。我当然不能说什么，也改变不了什么现状。

对于封上窗户的报纸，我肯定非常地憎恶；尽管我可以爬上气窗向外张望。时间长了，那些报纸就脆了，破了，后来不用爬上天窗也可以向外看看。1974年初夏的某一天，外面瓢泼大雨，西窗的报纸全部湿了，于是我断然把那些报纸全部扯下，给房间一个透亮。自然这立马被发现了。看守们对我没什么敌意，只是汇报了专案组。宋等等又是来拍桌踢凳的，然后又将窗户重新糊上。过了几天，就又把我换到了露台后面2.5平方米的那个小监室。就这样过了夏天，入了秋，气温一天天下降。有看守见我在那个没玻璃的小房间里一天天挨冻的状况于心不忍，告诉我，他们没什么办法，让我自己提提要求。我不记得我是不是提过要求，反正在11月初，把我转移到另一间房间。那里接近楼道，可以听到位于三楼专案组办公室的一些动静。

11月14或15日。有几天功夫我感觉专案组对外联系的电话明显增多，还可以听到一些与结案有关的关键词。从以前在"文攻武卫"那里得到的知识，要结案应该要叫我写一个"全面交代"啊？但又一点没说起。想来想去，好像感觉还是会有变化。

在那单独关押的日子里，我也积累了一些文字。一是为了练字，也有些是自己的读书笔记。想到案子要结了，特别是不象是放我出去的样子，感觉应该把那些材料都毁了。还有一本用"圣经纸"印刷的

215

袖珍本《毛选》，有些纸张被我撕破过，被发现了也会对我不利。于是在房间里点把火把那些都烧了（点火用的是夏天给我点蚊香用的火柴），包括那本破损的"宝书"。房间一面的墙上有一个空洞（不知为什么，那里都是中空的墙，一些时间前我和万晓光偷着说话的那个间隔是这样，这里也是这样）。烧完后我用手捧着将纸灰扔进那个墙洞（以前我也多次将一些写过字的纸撕碎了扔进去）。没想到能用手捧着的纸灰竟然还能死灰复燃（这件事我现在多少还感觉有些神秘），那个墙洞内慢慢冒出了烟，越来越浓，到我感觉到问题时，用热水瓶里不多的水去浇，已无济于事。于是非常急切地敲房门。看守们听声音感觉异常，赶了过来，没问一句话就立即救火，当然几盆水下去很快就解决了。这时我们的专案已基本结束，专案组无意多事，简单问了情况，就不了了之。于是我又回到了那个 2.5 平方米的监室。看着我在那个没窗玻璃的狭小空间内的惨状，一两个有同情心的看守除了流露出同情的表情，也没有其他办法。

这样就到了 11 月 22 日。那个时候，我已经第三遍通读了《资本论》，《三国演义》第三遍读了一半；家里陆续送来的书已有 200—300 本，房间里堆起有好几摞。

那天一早，潘季贤、冯图南和专案组的另一两个组员来到我那狭小的监室（宋没有来），潘在我读书的那个座位端坐下来，我就斜向坐在地铺上。潘严肃地对我宣布："今天，要开一个会，对你们进行批判"，你要端正态度接受"等等等等。对我们的"问题"有似乎是"定性"的说法，但又不是非常清楚。他说："你们的错误是严重的，在某种意义上说，是犯了罪"。又说，还要最后宣布对我们的"处理"。怎么个"处理"法，又语焉不详；但说到了"那个地方"，要"高举毛泽东思想伟大红旗"，认真劳动改造自己等等等等。我知道今天的结果肯定不是释放，但究竟是什么，又有很大想象空间。"高举'毛泽东思想伟大红旗'……劳动"云云，好像有可能是"强劳"即强制劳动吧？我听说过这种惩处。但"某种意义上"算是"犯了罪"究竟是什么意思，又让我费解。怎么"高举"红旗同时劳动，也不太懂。但觉得能让我去"高举……红旗"，好像还不算"阶级敌人"？

1950年代伟大领袖的《正确处理人民内部矛盾》讲话后，即把各种社会问题及人际关系分为"人民内部矛盾"和"敌我矛盾"两个性质截然不同的两大类型。当时最为紧张猜测的，就是会把我们归为哪一类"矛盾"。因给我们读书写字的方便，我手里有削铅笔的小刀，于是就揣了一把放在隐秘的地方，心里想的是，如果定位"敌我矛盾"就割腕自杀。现在回想起来，真不知道这两年多读的书读到哪里去了。怎么还会那么幼稚？还有一点没搞清楚，收拾铺盖时，不知怎的我会把看守用来"锁"门的棺材钉也会打进包袱。

过了一会儿，把我带到了门口，那里等着一辆吉普车。万晓光、黄山旭、刘巍已经坐在车上，我上去后，我们4人坐在后排，前面坐着看守，车子立即向会场驶去。上车时我试图跟他们打个招呼，但大家都神情凝重，目光直视，十几二十分钟里，连眼神都没交换过。

批斗会在学校附近的上海肿瘤医院的大礼堂进行，会场至少可以容纳500—600人。车子开进那个院子时，正值学生们陆续进会场。那时我们同届的同学都已经毕业参加了工作，参加这次批斗的都是比我们年级更低的学生。车刚停下，立即有好几个学生围了上来，只听他们叽叽喳喳地说："没戴手铐，没戴手铐"等等。当然马上有人过来把他们驱散。只见宋德强身穿警服，腰杆挺直地站在远处。

一会儿我们被押上台，押我们的就是平时看守我们的民兵。我和万晓光两人站在台前，黄山旭在稍后，刘巍是不是在台上不太清楚，很可能坐在前排。我和万晓光被要求把头低到最深，身子弯到90度，文革过来的人都知道这种姿态。台上一个个人批判发言，我都没怎么留意，只是很不耐烦地等着听最后的判决。一两个小时的时间弯腰低头很累，不时地把手撑在膝盖上，这时那个领班的看守就会过来，不让我取这种姿势。

压台的是冯图南和丁抗的发言；两人都比其他人义正词严，言语利索，铿锵有力。在指斥我们主要的罪行时，还不时地夹杂着"有些内容是防扩散的，不能在这里说"，等等。文革时将但凡可能对伟大领袖有一星半点损害的内容都称为"防扩散"。让我感到非常愤怒的是，丁抗把我和他两人间说的一些话都上纲上线，当作我的罪行罗列出来，例如听上港六区老红军说"神话"之类的鸡毛蒜皮也属罪证；虽说有些话当时他也是同意甚至附和的。历数我的罪名时还说了一句："他多次恶毒攻击伟大领袖毛主席"；但这些"都是防扩散的，不能在这里说"云云。我当时就知道，当年我说伟大领袖"也会犯错误"之类的话，他早就揭发了，他的揭发一定非常具体而全面，这些都成为给我们定罪时的重要证据。

批斗过程中出现过戏剧性的一幕：丁抗揭发我曾说过一句话，"人就是要有骨气，革命要有革命的骨气，就是反革命也要有反革命的骨气"。当时我弯腰90度站得很累，正好此时我直起身子，并抬头扫视了一下会场，两三秒钟吧。会场上立即响起了一片吃惊、感叹的声音，想必我的举动被理解为嚣张的示威。其实我真没什么特别的意思。那个看守领班马上过来，在我耳边说：你不老实啊！我回答他：我吃不消。这次他没为难我，就让我和万晓光直起腰，就稍稍低着头。

这么着，总算熬到最后，宣判的时刻终于到了。宣判的是公安局派来的宋德强。他身着警服，一脸威严，言辞也铿锵有力。判决文件是"上海市公安局徐汇分局决定书"；听到这个名称，知道没有被判刑（否则应该是法院判决书，文革中参加过某些公判大会，这还是知道的）。首先是历数我们的罪名："为首组织反革命小集团，恶毒攻击伟大领袖毛主席，攻击无产阶级司令部、攻击无产阶级文化大革命，攻击人民解放军，为林彪反党集团鸣冤叫屈"等，还有几个性质稍轻

第六章 "书斋"的日日夜夜

的罪名；后面的宣判是："犯现行反革命罪行，按人民内部矛盾处理"。首先读的是对万晓光的决定（我想因为两篇文章都是他执的笔，我们这团伙被称为"万陈""反革命小集团"），他被判收容劳动教养二年；接下来读我的，内容基本一致，我被判收容劳动教养三年；对黄山旭的判词略有不同，程度稍轻，例如第一句就是"参与反革命小集团"也就是说是从犯，后有"传播小道消息"之类，他被收容一年。另有一个差别，万晓光和黄山旭都"认罪态度尚好"，我是"认罪态度一般"。

念完三份决定书，宋德强大喝一声："把三个劳动教养犯押下去！"那几个看守的民兵立即给我们戴上手铐——这回是铐上了。那个押我的看守领班还特别把我的手铐紧了又紧。真不理解他为什么会这样，平时我跟他相处还算不错的。我们三个"劳动教养犯"（即使在那时，这种称呼都是不对的）绕场一周示众，然后走出会场，推进囚车，押赴监狱。上车时被推了一下，把手上的铐子压得更紧了。

隔离审查的日子就这么结束了。那一天，距我19岁生日还有8天。万晓光和黄山旭则是18岁5个月和18岁7个月。进监狱时他们都还不足16岁。

刘巍在那次批斗后被释放了。我不知道对他是一个怎样的结论，又是怎么宣布的。我们离开会场时没听到关于他的说法；那些揭批的发言主要是针对我和万晓光的。

几年以后知道，我们那个专案组还算不是太坏。两年多前即1972年8月12日批斗我们的那次，原本是打算就此结案的。那时专案组向市革会打过一个报告，说当初立案的主要原因是追查后台，目的是抓背后"长胡子戴眼镜"的。有两个原因，首先是我们的"反革命"言论确实有一定水平，完全出自15—16岁的中学生之手太匪夷所思了；更重要的是张春桥等想借机再次打击老干部；经过仔细的审查，确实不存在什么后台；所以建议结案、释放。两年半以前把我和万晓光关押到"文攻武卫",原先设想的好像也就是象征性地惩罚一下,过几个月也会释放。但当时市革会的副主任、王洪文的造反派战友同时也是我们专案的负责人王秀珍批示"这批人不能放",于是就搁置下来。但又没人说不放该怎么办,于是就这么稀里糊涂地关着。好在专案组放宽了给我们看书的限制,那两年的单独监禁时光没有虚度。如果给我们看书的宽限是专案组自行决定的,那我还要感激他们,甚至认为他们还有一定的勇气。不管哪个人作出这样的决定,都必须承认他还有人情味——但我怀疑(doubt)王秀珍等批示继续关押我们时会有这样的关照。还要说一句话:那个专案组并没有刻意把事情往大里搞,有"诱供"之嫌但没有逼供,也没有编造情节。最积极主动的是校级的专案和区级的专案。上升到市级以后,真还是再没有更多的扩大和编造。

到 1974 年 11 月,正是已经担任中共中央副主席的王洪文到长沙向伟大领袖告周恩来、邓小平的状后不久回到上海,据说王那时刚受到伟大领袖的冷遇和批评。这时市革会就我们这个案件专门向王洪文请示;王洪文就有了亲笔批示,我们这个"反革命集团案"就按前面说的那个调子结案了。在文革环境下,应该说那是非常温和的。

不管怎么说,从那个时候,我们还是走出了黑屋子,又能看见天空,呼吸室外的空气,又见到了人;也算是"重见天日"了。

第七章

劳改岁月

判决以后，就进入了牢狱生活的新阶段。最重要的变化，一是又能见天日、接地气、也就是可以踏踏实实地站在地面上了，特别是又可以站在有绿有草的泥土地上（已经阔别两年多了）。二是又有了能说话的人——这也阔别两年了，因而有可能交接新的朋友。三是有了可以预期的未来。这包含两个意思：第一，可以确切地知道什么时候能恢复"自由"；第二，也能大致知道自己恢复"自由"后大概是个什么身份。最后也是非常重要的，从这个时候起开始能经常见到家人。

与很多人想象的不同，在我劳改的 2 年近 8 个月时间里，我没有挨饿受冻，没有受到虐待，周围有一个相当友好的环境。与 5 年、10 年、20 年前的反革命或右派等等相比，简直有天壤之别；与我一些毕业后下乡的同学比较，他们吃的苦也比我多了去了。或许我可以猜想一下其中的缘由，但都没有实在的依据。

在劳改的岁月中，我虽没有更多的时间读书，经过劳动及与周围人（主要是犯人）的交往，我理解了劳动的价值，感情上更接近底层人民，对人情、人性有了更深层的认识，也让我对当时的中国社会，高层政治有了理解，让我真正从曾经的模模糊糊的"罪孽感"中完全解脱了出来。

第一节　朋友重聚

　　被押出批斗会场，就上了那辆警用吉普，暂且称为"囚车"吧。我第一个被推上囚车，原先被刻意压得很紧的手铐又被压了一下，更紧了；万晓光、黄山旭接着被推上来，最右面似乎又坐了一个看守。那时路上很空，警笛呼啸着一路飞驰。路上不允许我们抬头张望，只是模糊地感觉车子是穿过了市区，用眼角余光得到一丝半点路景，一路想象着是不是到了以前熟悉的某个地方。

　　不长时间就到了上海东北郊的一处偏僻马路，让我们下车后站在路边，后面是一所监狱，方形的围墙，上装电网，边角上有岗楼，里面有持枪的哨兵；我们后面则是厚厚的大铁门。那是上海宝山县（现已划归杨浦区）殷高路9号，上海监狱的一个遣送站，即临时周转点。当时天气阴沉，乌云好像就压在头顶；我们三人下车后各转开大约15度的角度站着，注视着远方，互相仍然没有招呼，也没有视线的交流。押解我们的人（主要是宋德强吧）到里面打招呼，办手续，一会儿有人过来给我们打开手铐，带了进去。似乎外来的手铐等戒具不能带到这类正规的监狱之中。

　　到了里面，把我们带进一间大约40—50平方米的大房间，让我们分开面对墙壁站着，一会儿让我们在几张纸上签名；一方面因为紧张，另外他们也刻意地挡住一些内容，我真不知道那是些什么东西；

就那么不加审看地签了，说起来对自己真是太不负责任了。

当时我最大的心理负担，是怎样面对黄山旭。这两年八个月来，从没见过他（也没见过其他任何朋友），更没有一个半个字的交流。我一直认为，黄山旭所以入狱，主要责任就在我。一是他从不赞成成立组织，我硬拉他入伙——这件事我比万晓光要卖力得多；二是最初的一两周内，我交代了不少黄山旭传播的"小道消息"。我想他一定对我会有想法。过了一会儿，给我们办手续的人都离开了房间；差不多同时我们都回过身来，相视一笑。黄山旭的笑容里毫无阴影，一点没有对我、对其他人的抱怨。这真让我释然当然更让我感动。用有限的几分钟我们作了简单的交流，我说了我原先的顾虑，黄山旭对我竟然会有这样的想法非常吃惊。万晓光告诉我们，他已经经历了思想转变，已经认识到自己的错误，决心洗心革面了。前面说的隔离生活中我贸然冲进他的房间，稍晚几天他完成了思想转变的话就会告发，也是那个时候说的。我说我现在想的就是怎么把以后的几年"混"过去；他认真地告诉我们，我们应该受到这样的惩处，经历了彻底的改造我们才能怎么怎么。听到这些，我脸上的笑容立即僵硬了。我完全没有这样的认识，虽说自己的底气还不那么足，但对那些整我们的人还是非常的痛恨。

过了不长的时间，我们的行李拿了进来。这个监狱的看守看到我们行囊中竟然有那么多的书非常吃惊也非常不屑，说：这里不需要这些，你们整理整理，家人来的时候都让带回去！然后我们就被带到监房。

我们进去的那个监狱主要关两种犯人：一是已决犯中的精神病人；在那里不时地会听到远处传来不正常人的大呼小叫，常常还很凄厉。二是暂押的已决犯；也就是已被判决的犯人暂留的场所，待达到一定的规模再集中递解到最终服刑地点。我们三个人被关在一个共6间监室的监区（每个监室有上下两层共30来个铺位），但分在3个监室。我被分在第六个也就是最后面的一个监室。

我进去时那个6号监室大约就5—6人（前面的5个监室基本都已经装满了）。与以前去"文攻武卫"时一样，进了监房就向他们（当然也向我）宣布不准与我讲话，特别不准交流案情。但这里的犯人比当年"文攻武卫"的狱友资格都要老得多，根本不把这种警告放在眼里；看守一走就围了上来问长问短。我说不是不让说吗？他们都说"理他们干嘛？"于是我就把给我的"决定书"拿给他们看。他们或许觉得政治问题也搞不懂，或许觉得文革中莫须有的"反革命"太多了，所以也没特别的兴趣追问我的案情。那天晚饭吃的是萝卜。前面说过两年前一场病让我对萝卜倒了胃口，再说多少也有些精神压力，不太想吃；于是让狱友吃。但那些狱友也都很友善，告诉我不必客气（也就是说那里不兴那种监狱的规矩）；我说我真的吃不下，好几个人反复劝我吃一点，于是勉强吃了些饭，萝卜还是让给他人了。

那些先进来的都选择了上铺，我就睡在下铺。晚饭后又进来一人，就在下铺与我为邻。他是高我一届的中学毕业生，进来的原因是与多名女同学有性关系。他是个很健谈的人（要不怎么对女性那么有魅力），一进来就跟大家混熟了；他说今天他被拉到批斗会场时，他的朋友给他做手势意思是他会被判7年徒刑，但最后听到的判决就是2年劳教，喜出望外。就寝以后，我们都睡不着，他就让我讲故事。当然我会让他讲，但他讲不出多少。我就跟他讲了《三国演义》中王允利用貂蝉同时勾引董卓和吕布，最终干掉董卓的"连环计"。那时候我已经有整整两年没跟人说过话，语言自然不会非常顺畅，但基本情节他还是听懂了，听后还发了一番感慨。因为睡不着觉，难免要翻来覆去的，引起了看守的注意，于是过来责问；我只好说："思想负担重"。看守说："有什么思想负担啊？到这里就好好改造，期满了回到社会重新做人"等等。当时我问那个狱友，不知道三年以后会变得怎样？他回答得非常简单：有什么好考虑的？不就黑一点，瘦一点，说话粗一点，人野蛮一点？

到了半夜，听到远处传来钢琴声，基本就是初学者练练手指啥的；但寂静的暗夜里，感觉是那么地悠扬，美妙，真有一种不真实感。后来知道，附近就是上海交通大学附属中学，琴声显然就是从那里传过来的。第一夜就这么过去了。

那里是正式的标准监狱，不是以前隔离审查时装上木杠或铁杠的民居校舍；但是，在我的感觉比以前"隔离审查"时好多了。每天早中晚三餐时，每次都有一个小时左右打开各个监室的门，大家可以在走廊中随意走动交流；每天下午还有半个小时左右可以在外面的空地上活动，也就是传说中的放风吧。那里有篮球架，那时也会给我们一两个篮球。我和万晓光、黄山旭每天就有说不完的话，但那时肯定已经不是交流读书体会。对于未来，我觉得虽然是劳改，劳教，但能与朋友在一起，也就不会寂寞。唯一遗憾的是我必须最终一人渡过最后的一年。

两三天后，先看到黄山旭被叫了出去，回来泣不成声。原来是他父母来探望。具体说了些什么后面没有多交流，但听说黄山旭父子用福建话交流（他们是福建籍的），被要求"不得讲外语"什么的（或许看守也听到过我们这个案件的民间版本）。过后黄山旭说，他前夜睡觉时，看到眼前挂下一个蜘蛛也就是传说中的"喜蛛"，见到喜蛛就是见到家人的预兆。那时他就知道第二天能见到父母了。

第二天就安排了我父母的探望。两年多后第一次见到父母，第一感觉就是他们老了很多。我也流下了眼泪，以至于不能顺畅地表达我的意思；当然当着那些看守，我也不能表达什么真实的意思。父亲对我说的，基本也就是"普通话"，说哪里跌倒哪里站起来，别人说"从零开始"，我这样的情况就是从"负"开始，要加倍的努力才能赶上别人等等。但总算是见到了家人，特别是父母见到了我，几年来他们悬着的心终于放下了。他们走的时候，两年多来给我送的大部分书也给带走了；我想他们带着一定很累。万晓光父母的探视应该也在那个时候，但当时和以后都没怎么说起过。

以后知道，我们的案件按王洪文的批示结案后，以前有"长胡子戴眼镜"嫌疑的潜在幕后人，当干部的长辈也需要有结论。在我们判决前冯国柱代表组织找父亲谈话，告知我们就要结案，对未来前景说了三点：第一，不会释放；第二，人民内部矛盾；第三，不出上海。同时要求我父亲写一个检查（类似传说中的"全面交代"），检讨自己家里怎么能出现一个"反革命"子女，自己该负什么责任。我父亲绞尽脑汁，能想到的都写遍了，什么帽子都给自己扣上了，但还是不能过关。怎么办呢？只好再到老领导冯国柱那里求教。冯是知道我的案情和我的"交代"的，轻轻一点："唯有读书高"的思想，有没有给子女灌输过啊？父亲恍然大悟，说"真的有"，立即以此为核心，写了一篇非常深刻的（真的）检讨，于是过关。那些听取父亲检查的造反派等虽然要等的就是这些，但听到与实际情况严丝合缝的自我分析，还是感到诧异。过了这个关，父亲就被调离核心部门，去上海市体育运动委员会（那是不是当时确切的名称不是太清楚，或许还是"体革会"之类的）任办公室主任，仍然负责外事工作。

到了正式的监狱，每天早晨有半个小时可以听新闻广播。第二天早晨听到的广播，记得有张云逸大将逝世的消息。有狱友说贺龙已经恢复工作了，我当然要问现在担任什么，怎么没听说过，他也说不清楚。当然我们现在知道那时贺龙早就去世了，但已经恢复了名誉。

到了上午，我们这个监区的犯人集中上课，讲的当然也就是专对犯人说的"普通话"，例如要认罪服罪，怎么改造之类的。但有特别滑稽的一幕：报告开始前居然要求我们合唱"革命军人个个要牢记三大纪律八项注意"等等等等。我们这些"已经山穷水尽"必须缴械投降的，怎么就成了"革命军人"？所有我们这些被看管的犯人或什么什么"分子"，都觉得这样的词吐不出来。当然总还必须有稀稀拉拉的声音，我是就张张嘴，没发声。

"劳动教养"依据的是大约1957年国务院的"劳动教养条例"，据说是"处理""人民内部矛盾"的一种方式；但那时被"教养"的人中也有"敌我矛盾"的。我那个监室的一个狱友，也就是我进去头天很诚恳地劝我吃饭的那个，就属这种情况。他除了判若干年劳动教养外，还被冠以"坏分子"的帽子。在那时，就算是"敌我矛盾"，也就是说他是"阶级敌人"，被剥夺公权了（听说文革前"劳教分子"还有投票权，不知是真是假，也不知道那时是不是有过选举）。他对头上的"帽子"好像并不怎么在乎，但我进去以后的第二、三天，他"传达"说前两天进来的有一个人是戴"暗帽"的，即按"敌我矛盾"处理的"内控分子"。经他分析，那个人就是我。我当然立即紧张起来，有机会见到黄山旭万晓光就找他们分析，他们当然也说不出什么所以然，但安慰我，我们大家其实都一样，头上都有了箍，念了紧箍咒谁都受不了。

没过几天，集中理发，每人都剃了光头。万晓光在干校时就以光头为时髦，但这一次不一样：被迫的毕竟带有侮辱的意味。我一直还不知道自己真的头型模样，还有点怕丢丑的意思。黄山旭说，"都什么时候了？大家不都一样吗！"后来又拍了照。一个个叫过去，一块写着犯人姓名和其他一些信息的牌子（粉笔写的，随写随换）伸到胸前；不是像通常那样让你"笑一笑"或至少让你放松，而是问一些问题让你紧张，然后"咔嚓"一下。这是我16-22岁之间唯一的照片。至今我有一个巨大的遗憾，没有留下、甚至没有机会见到这张照片。

我这个监区都是劳动教养人员，没什么大奸大恶，刑期也都不长。在那里我曾看到过一个半边脸就是一个疤的年轻人，想必是好勇斗狠留下的印记；还有不同类型的小罪小错的；较多的是斗殴的、偷窃的、性问题的；思想犯可能就我们三个吧。看到80%以上的犯人（确切些说只是"劳教人员"，并不象有些人说的都"带反犬旁"）长相上有一个共同的特征,就是额头较窄且都向后倾,也就是说"天庭饱满"的很少见;这在大家都理了光头后看得特别清楚。我还看到一个比较特殊的人物,不象看守,也不象犯人。因为他的神态象是犯人,但手中又拿着我们这些监室的钥匙,好大一串,也没剃光头。后来一打听,才知道他原先是看押犯人的警察,因打死犯人被判刑入狱,但在监室中还是得到特殊的信任和优待,成了蝙蝠那样的动物。

那几天里,我所在的 6 号监室人也一天天多了起来,很快基本住满了。那里的犯人都没什么包袱(其实我也不多想什么),相互关系也都不错,每天该干嘛干嘛,如看守看不到的时候就会用自己做的道具下棋打牌。当然没有赌博,一是没赌资赌注,二是知道大家很快各奔东西,欠了赌账也无法追讨。当时每天会给我们一张报纸,指定一两篇文章让我们"学习",但通常谁爱看谁看,其他人就凑着聊天。看守发现不象在学习讨论的样子就会过来查看,于是大家就会装模作样的"讨论"几句。有时也有人会哼哼小曲——主要是当时合法的歌曲;有时也会轻声地哼些情歌之类,我也从他们那里学会了几首。

那一天,大家情绪比较放松,一两个人哼着大家都跟上来了,好像是"沙家浜"的唱段吧,哼着哼着声音高了起来。突然一群看守冲了进来,叱问:谁起的头?!站在门边叫黄长德的,第一时间承担了责任。于是被带了出去,与另一个监室一个相似的犯人,被拉到公共空间铐了起来,两只手一只从肩上向后向下,另一只从另一侧腰部背过去向上,在后背中间反铐。于晓梅看到我的初稿后告诉我,这是一种国际著名的酷刑,叫"Carrying the Sword",据说普通人很难熬过两三个小时——即使在相对封闭的时期,在这类技术上我们一点不会落后,那时用的手铐,也有刚从发达国家进口的。过了一阵解开铐子后两人都面色惨白;被拉到院子中央后,看守大声揭批他们的"罪恶"或错误(其实什么事都没有),说他们名字时还特别指出"黄色下流的黄","道德败坏的德"等等,长是什么长就不记得了,但肯定

第七章 劳改岁月

也是什么什么的"长"。从什么黄、什么长、什么德的狱友那里，我也曾学到了一首歌，歌词是"小弟弟睡在摇篮里，见了妈妈笑嘻嘻。不要名，不要利，只要和妈妈在一起"。当时我说，很多人所以犯险，就犯了名利二字。什么什么黄还笑话了我几句。有经验的人说，到了押解我们的时候了；因为押送大批犯人有一定风险，需要先给犯人一个威慑。果然，第二天很早就被叫起，通知我们收拾东西，准备前往劳改的场所。我不是太明白，那算是一种什么样的"智慧"，连"策略"也算不上。

有一点非常奇怪，进了那个中转监狱两三天后，我就产生了一种预感：我不会服满整个三年刑期。跟少数几个人说说，都让我不要痴心妄想。

那天是11月28日，大约早晨七点吧，押解车队从殷高路出发。出发前向我们宣布了今天的去向，也就是位于上海西部远郊青浦县的青东农场；同时警告大家"老实些"；如果知趣的话，就不给戴手铐了。说是青"东"农场，可见是位于青浦县的东部，也就是青浦县城靠近市区的一侧；那里的编制是"上海市劳动改造总队第六支队"，从编制上说，与关押正式判刑的劳改单位属一个序列；文革前怎样不太清楚，文革中完全按正式的监狱管理。那时劳动教养人员分两个大类，一种是进来时已经有正式工作且以后会保留职位的，一种是没有职位或虽有以后不会保留的（也就是"社会闲散人员"）；这两类人在劳教单位是分别关押管理的。我们是属于后面一类。上车前各监室的犯人重新排队，原先已经混熟的一些人又分开了；例如我和曾听我故事的——他一两年前已经进入一个工厂工作。另有一个跟我同监室一两天，又有工作单位保留职位的，临走还从我这里拿走了一小罐护肤膏等，留下了"保重自己"之类的"关怀"作为交换。

押解的车队由一两辆警用吉普车在前面开道，后面跟着三、四辆大型公交车，每辆车上有5—6名警察，都有佩枪，也有好几副手铐。

后排坐着的当然是我们这些犯人。车队后面又有警用吉普车殿后,最后是装行李的卡车;前后的警车一路拉着警笛,浩浩荡荡。殷高路位于市区东北侧,而青浦县在上海的西面,当时没有中环外环啥的,车队必须经过闹市区。那时正是上班、上学、买菜等等的高峰,街上熙熙攘攘的,看到车队那么大的阵势,街上的行人纷纷涌向路边,驻足围观。我们这些犯人一律精光铮亮的光头,甚是精神;看着那些吃惊的人群,真有一种得意的感觉(我也有);还有悄悄向人群招手的。

车队不久驶入中山北一路,途经8—9年前曾经学习过的上海外国语学院附属学校。想起当年的美好时光,心情自然万分复杂。路上经过另几个熟悉的地点,又有不少往事注在心头。车队出了市区,那时的心情有些矛盾:一方面希望车开得慢一些,好好看看沿途风光——下一次再看到这些,就要三年以后了;同时又希望快一点到达目的地,早一点看到以后三年"生活"的地方。就这么想着看着,目的地青东农场就到了。我们这一拨犯人,原先有工作又没被正式开除的到一中队,我们这些没毕业的学生及其他没工作的,都到了四中队。

到那里又折腾了大半天,每一个人的行李都被拆开细细检查,每个人还要脱衣检查,一旦发现违禁物品如烟、酒或现金等立即没收,有关人又要受到进一步的惩罚。后来知道,实际操作这些检查的不是警察,而是刑满或劳教期满留场就业人员,大家都叫他们"老改造"(用英语语法说我们就是改造进行时,他们是改造完成进行时,但他们的职责主要是配合警察管理我们这些进行时,一般不用劳动)。

到了下午4点左右,终于给每个人安排了铺位。我和万晓光、黄山旭在同一间大监室中,三人的位置正呈"品"字,靠得很近。当时非常高兴——又可以做彻夜之谈了;只有我又忧虑两年以后我就又孤独了。没想到,刚铺好床准备交谈,我又被要求捆好铺盖出去。外面一辆手扶拖拉机在等着我。他们接到通知,我们三人不能在一起服刑。于是我被调到了三中队,黄山旭被调到二中队(一会儿也有人来接他）。来接我的是一个 40 多岁的警察，天庭还饱满，表情里似乎有那么一点半点的"慈祥"，但也有点不怒而威的意思。我和他还真有些缘分，以后的日子里，交道很多。先说一句吧：第一天他乘"车"即手扶拖拉机接我去的劳改地点，最后一天，病中的他搭乘接我回家的车回到上海。

千万不要误解，这里没有斯德哥尔摩综合症。

刚刚见面，正期待着做彻夜之谈的三个朋友、三个"同案犯"，又天各一方。

那天，离我 19 岁生日就两天。

第二节　学做劳改犯

到三中队时天已经黑了，手扶拖拉机把我拉到监区门前——那里的大铁门关着，我先是到了值班室边上一两个人可以鱼贯而入的小门。那正是犯人们陆续收工回监房的时候。不一会一个小组的犯人回来了，那个接我的警察把我交给监区大门看守，然后又向那个小组的犯人交代说："就加入你们组，你们回去安排好！"那些人于是很踊跃地上来帮忙拿行李什么的，簇拥着我就进了一个大监室；看那些帮我拿行李的人，一个个都歪瓜裂枣的，长得十分难看，有几个脸也很黑。一会儿就知道，每个人都有与他们长相或其他特点有关的绰号，例如其中一人就叫"黑皮"，长的就象传说中的小鬼，后来知道他还有一个绰号叫"1605 商标"。"1605" 是一种剧毒的农药，其包装上有一个警示的标识就是一个髑髅，不是商标；如果我做《西游记》的导演或星探，肯定会给他很多上镜的机会。

  那个监室面对面排着两排连着的双层床，每层可以有15个左右铺位，整个监室就住大约50多人；各个铺位之间就用蚊帐隔开。并排有三、四个同样的监室，后面还有一排。两排监室之间有两个篮球场大小的操场（也有篮球架），我们这排监室前也有；对面有一个两百平方米左右的"礼堂"兼饭厅——在那里打饭，但一般没人会在那里吃饭，也没有座位。那个监室铺位排得还不算太挤。给了我一个位置，是离门不远上层的铺位，应该是很不错的。我想我到之前或到达的当时，对他们应该有过要求。安顿好铺位，两边的"邻居"就来认门。有一个叫徐龙金的，是严重的近视眼，眼镜片像啤酒瓶底般厚。问他怎么进来的，他说是"不小心走错了门"，当时不知道，后来就懂了，也就是入室闯窃。另一个好像姓戴，名字忘了，有些文化，会有几句稍雅一点的话。不久就知道，也就会说那么几句，例如说他自己就像热水瓶外面冷里面热之类。不管怎么说，那是一个基本没有敌意的环境。

  到了劳改队，原先预期应该有两三天，至少有一天的"入学"或"入列"教育吧？因为我是单独一人过来，也就没有这个插曲。我完全不知道应该什么时间起床，怎么干活，什么时候可以休息等等。第二天也就是11月29日一大早，天还没怎么亮，监室的门刚打开，就听到有人在操场上跑步，我也就起来了。只见一个不到30岁的青年（当时在周围多数劳教人员眼里已经比较"老"了）围着操场在跑步。以后问起，人人都叫他"王dai"。有好几天我没弄明白后面那个字该怎么写，直到有人告诉我应写作"呆"。也就是说他与旁人交流不多，行为也不为旁人理解。后来知道，他是一个文革前的中专生，似乎是到新疆以后"回流"的青年。我不太清楚他劳教的原因，但感觉不是一个有道德问题的人；虽然被称为"呆"，在那里并不非常受排斥。那天傍晚，还遇到两年前在徐汇区"文攻武卫"时隔壁监室的

第七章 劳改岁月

一个狱友,主动跟我打招呼,大家唠着家常,真有一种亲切的感觉;我问了他一些当年狱友的情况,他知道的都告诉我了。

当天就参加了劳动,就跟着前一天晚上引着我进去的那些歪瓜裂枣。一两天我就知道,那是一个"老弱病残"的组合。"老人"当然没什么,但都是些有非常确切的原因需要受照顾的一个特殊小组。有一个人,绰号叫"格宝宝"(据说是赌博的牌九中某种大牌的名称),黑黑的,脸上皮肤很粗,有幽默感好像也有些沧桑感。旁人让我猜他有多大年纪。我说近50吧?引来哈哈大笑。原来他才25~26岁,但一年多前得了"出血热"(鼠疫的一种),死里逃生,因而到了这个组。听说这个中队以前有几个患此病死亡的个案。那时田鼠随时随地可见;听人说背上有一条黑线的田鼠(现在知道叫黑线姬鼠)就会传播鼠疫。这种田鼠我在田里也见过好几次。

过了不几天就听说,我到之前的一个月左右,那里发生过一次严重的械斗。斗殴的双方是南市帮和虹口帮。因为这里关押的犯人这两个区的人比较集中。在外面就各有各的道,到了里面,也各有相当的内聚力。有了帮派就会有矛盾,日积月累,就会小事变大,于是就酝酿一场决斗。到了约定的日子,看守也已知道就要出事,进入警戒状态,在对峙双方之间隔离并准备弹压。但突然之间一声吼,双方立马出手;五六分钟里,就造成十几个重伤,几十个轻伤。接下去当然进行了整肃,双方的头面人物又抓进去不少,以后又被加刑重判的,我已无缘认识他们。有几个延长劳教期限的,以后跟我逐步熟悉了。

我到那里时被安排在"南市帮"集中的监室,不几天换了一间,那里住着一个南市帮军师级的人物,名殷志春,好像还有一个曾用名叫殷云龙。知道我是"反革命",就有人给我介绍他也是反革命,并引荐给他。他的那个蚊帐(也借用了相邻的蚊帐)是个小小的沙龙,每天晚上都会聚集着一些人胡吹海聊的,殷志春当然是其中的灵魂人物。认识他以后,我几乎每天都会到那个沙龙报到;和我一样每天都到的,是一个被人称为"小兔"的青年,应该是兔年即 1951 年生的吧,当时就 23 岁。小兔沉默寡言,每天只是在边上默默地听着。聊天的一个重要内容是听殷志春讲故事。应该说他的知识确实比较丰富,能把故事讲得非常生动,且都有所本。其他会讲故事的人能说的就是一些类似 1980 年代无聊香港作品如当时电视中播放的"上海滩"之类的东西,或类似台湾琼瑶的爱情故事等,毫无文化含量。这类无聊东西我在那里听到不少,是不是真的源于琼瑶阿姨就不知道了。在我去之前,那里不可能有政治类的话题。我去后就不一样了。殷经常会与我一个人交流,其他人就另围个圈子瞎聊。

我先向他请教了"暗帽"的问题。他直截了当地说我的问题非常幼稚。我们这些人,"暗帽""明帽"之间没什么区别。他说他就是戴"明帽"的反革命分子,日后出去与人交往,他会坦然地告诉别人自己的这个身份,包括他打算追求的女人。他的话中有一种暗示,就是我们的未来并没有被注定,以后一定还有我们生活甚至作为的空间。听了他的话,我顿觉释然坦然,原先压在我心头的石头即刻不知所踪。殷志春和我的聊天中,话题非常广泛,他的"反动话"也非常多,特别是关于当时中国的国情,有很多的数据和分析,例如中国人的平均收入水平,据他说很多地方人均月收入才 5 元人民币,又说了中国军费占财政支出的比例(自然是非常之高,这里就不提了,"防扩散"吧),这都超出了我的理解能力。现在回过头去看,后者可以存疑,前者还真有可能;在多数农村地区,恐怕离那个水平还很远。比起当年我们搞"反革命"活动时说的话,他的话可以说"反动"一百倍。我经常提醒他说话小心一些,一定要避开那些在他蚊帐中的人。他满不在乎地说:他们听不懂——两年后的事实证明,他没说错。

我们也曾谈到"理想"。我自然是有理想的,我的理想自然是报效国家人民,高尚且远大。这受到了他的哂笑。他说他也有理想,他的理想非常具体,虽说看起来不一定可行。他说当他还是一个小学生

第七章 劳改岁月

的时候，有一天做了一个梦，梦见一个立满了各种碑的地方，碑上的文字历历在目，布局也非常清晰。过了一阵问他舅舅有没有这样的地方；他舅舅回答说有的，那就是西安的碑林；还具体向他描述了碑林的来龙去脉和具体情况。他说这时他就产生了一个理想，一定要遍游祖国大好河山。文革初的大串联帮助他部分实现了这个理想；此时他又产生了新的理想，那就是在有生之年遍游世界。我相信他肯定能实现这个理想。他有些悲观地说：我现在这个样子，还有可能吗？但从后面几十年的环境变化看，这个理想还真有可能实现，如果他仍然将此作为他的人生目标且没有给自己惹新的麻烦的话。他有不错的中国古代文学功底（至少在我看来），字也写得非常漂亮；我就请他给我写一本字帖供我临摹。他欣然应允。那本字帖写的是一些中国古代名诗名词，不少是我第一次读到。

他说他父亲是国民党军统巴黎站站长，中国解放前夕起义回国。文革初期他应该是初三或高一学生吧？积极参加运动，常常超前，或许是过于积极，因而从某一个时刻起就成了整肃的对象。他说这是他第五次进监狱，也是最长的一次。又说大家都知道那时上海有第一、第二两个看守所，但他去过"第三"看守所，位于上海某某路75号（我不知道这是否属于"国家机密"，不敢泄露——但千万不要以为我真的不知道！当然今天早已物是人非）。据说那里关押的是一些特殊犯人，特别是些高级干部等等。在他关于自己关押的原因云里雾里、断断续续的几句话中，则暗示他是文革前期全上海红卫兵组织的一个重要人物，组织了一些重要的行动例如大规模武斗；但没有留下可以进一步想象的线索。我问过小兔，他、以及他父母是怎么回事。小兔说他父母是菜场里卖肉的，其他不知道；他的入狱原因也不清楚。小兔是一个简单、诚实的人，对殷有一定程度的崇拜，或至少是要维护的吧。按我对小兔、对我和小兔、小兔和殷志春关系的综合分析，相信小兔不会瞎说。当然军统起义人员到文革时沦落为卖肉的也不是没有可能。

那时虹口帮和南市帮已没能力再搞大规模械斗，那就转入和平"斗争"，就是赌博。那时每一次家属探望，都会递进不少监狱中禁止的烟、酒和现金等（后来知道一定有内应）。接下去两大帮派就会用这些作筹码开始赌博。不久所有的"赌资"就会集中到某一个帮派（我想排除作弊，概率论也能作出合理的解释）；于是又拿出伙食来赌——那时每 5 天吃一次肉，每次每人二两（劳改农场的待遇后面再具体说）。烟、酒、钱赌完了，再把肉做筹码。我到那里以后的第一次"博弈"，南市帮一败涂地。小兔来跟我商量，能不能把我正准备吃的肉给他们去还赌债；我一秒钟也没犹豫就给了他。到下一个月，南市帮获胜，小兔送来一份肉，我当即婉谢了。此后，不管他们是输是赢，再没有向我"借"过肉，但也没有因此让他们与我疏远。

进监区后第一个"邻居"叫徐龙金，不久后与我邻铺的叫徐龙（不得不说，那些年我与"徐"和"龙"真的有缘，后来又遇到了一个徐金龙，后面会说到）。他是个憨厚的人，长相和个性与以前看管我的高年级同学顾胜忠都有点象，年龄也差不多；我和他一起休息时也有许多话说。有一次我呃逆不止，他突然对我说：他听说有人指证我偷了什么什么东西。我认真地说，如果是开玩笑，那说过就过了，如果真有人这么说，那请告诉他，没那么回事；呃逆仍不止。他告诉我据说止人呃逆，最好的办法是吓人一跳。没想到我心中没鬼，一点不紧张，这一招就不灵了。

为迎接 1975 年的春节，监室里要打扫卫生。狱友们把认为没用的东西都丢到地上，有不少伟大领袖的画像、语录和选集什么的，大扫把大力度地被扫将出去，我看到了有些吃惊。眼光停留了一两秒钟，话还没说出口，徐龙在我耳边说：大家都没看见，你怎么就看见了？于是我们就相视一笑。

从黑屋子里到了农村，能看到天能看到地，能看见人，能站在泥土地上，能与各种各样的人交朋友，还是很有兴奋感的。说真的，农村的天地我还真的喜欢。刚到那里时我就问周围人：农村什么时候最漂亮？周围的人都笑翻了，想不通我脑子里怎么还会装这种问题？笑过之后，一个因诈骗被收容教养的告诉我，最好的时候应该是4—5月。那时菜花黄了，红花草（苜蓿？）开了花，冬小麦也长高、长绿了，色彩斑斓，也挺美的。他是文革中上海卫生学校的毕业生，被分配到江西农村做卫生员，吃不了那里的苦就离开了"组织"给他安排的"根"，浪迹天涯，走到哪里骗到哪里，过一天算一天。他也说了一些他骗子生涯中的故事。他嘴巴极甜，说的话都能让人打心眼里舒服。他对我倒是没什么坏心，从没想过从我这里骗什么东西；但在他那里我见识了什么叫骗子。以后对说话总让人舒服的人，始终会有戒心。

到劳改农场时正是秋收季节；最初几天的劳动就是在晒谷的场地上打谷，这用的是机械动力，只要将一捆捆的稻谷按在脱粒机上，然后按程序操作。我承担的工序是递稻捆并将脱粒完成后的稻草打结存放。一天晚上，大家正劳作着，突然发生短路，所有脱粒机都停止转动，灯光也熄灭了。重新接上电源后才知道，一个劳教人员被卷进脱粒机，被打得头破血流。在场的警察等（这个"等"就是指"老改造"）判断情况，立即决定"送场部医院"！据目击者说该人员立即"高兴地笑了"。当时，因或大或小的原因自伤的不时会有，从看守到犯人或"人员"都心知肚明。至于他为什么会那么高兴，当然首先是有那么几天可以不劳动，但还有其他原因，后面再说。

过了几天，让我去做其他的劳动。有几天挑稻谷，我干得还行，不比其他人差，只是感觉很累。中午休息一个小时，起床又出工时感觉非常痛苦。后来又让我下地，是给我一个人"开小灶"，有两个"老改造"在旁边看着。稍湿一点的地，我左脚下去立即陷着了，左脚拔出来右脚又陷下去，半天功夫什么也没干成。那两个"老改造"说，不管怎么样你"劳动关"总要过啊？非常为我着急。不久，到了种植冬小麦的季节。种冬小麦需要在田间开沟，挖出来的土块就需要打匀了铺在田垄上，那叫"敲麦垄头"。那时实行包干制，也就是说每人每半天都有指标。对其他所有人而言，那都是一件非常轻松的工作，速度快的每半天出来一个小时也就回去休息了；最笨拙的，三个小时也绝对完成任务了。但我愣是不行。从早干到天黑，还没有完成三分之二。一个来自南京的"右派"，留场就业的"老改造"负责看管所有出工的人；到了下午4点以后，其他人都完成指标回去了，广阔的田野里就剩下他和我两人，他就站在一边陪着我聊天。他说他知道我是书生，但他们过去也是坐办公室的，到了这里，有什么办法，谁都要褪几层皮。两年多后我才能真正理解他的话外之音。最后他也等不得了，也不管我是不是完成了指标，就让我回去了——虽然这时还没有到真正的"收工"时间。

那时的劳改队每个月就休息两天，农忙时这两天也不能保证；但如果遇到下雨不便田间耕作，就能留在监区，这就有额外的休息；按上海人的说法叫"外国礼拜"。很自然地，大家都会盼着下雨；特别是夜里开始下雨就盼着不要停。但是真的很奇怪，记忆中雨基本都在夜里下，到了出工的时候雨就停了，"外国礼拜"就此泡汤；每一个犯人都知道一个词叫"青东夜雨"。殷志春给我的字帖中，有一首李商隐的"雨夜寄北"："君问归期未有期，巴山夜雨涨秋池。何当共剪西窗烛，却话巴山夜雨时。"那时我曾跟殷志春说，什么时候我们能够在其他环境下夜话，一定会共话"青东夜雨"时。

但是有一天我确实因下雨休息过；但我记不得为什么，好像只有少数几个人在监区休息，多数人还是出工去了。一起休息的有一个人称"罗宋"的青年，大约24或25岁。他高大英俊，但脑子不太好使，文化水平能不能达到小学毕业也是个问题，心理状态更非常幼稚。那天他足蹬高统雨靴，披上我的军用雨衣，扮演一个想象中的大人物，似乎从飞机上下来，让我们作欢迎状。我们当然满足他的愿望，也都在一边看他的笑话。人们告诉我，他是个二毛子，父亲是白俄（所谓"罗宋"，就是"RUSSIA"的音译，上海话中就是白俄的意思），好像解放战争时期就参加了解放军，以后不知什么原因被判了20年徒刑，一直在西北服刑。他的母亲就拉扯着他和他两个弟弟过日子。他母亲没什么能力，只找到了一个拉板车的"工作"。那时过来的人都能知道，干这个活不仅非常的辛苦，收入也十分微薄。与现在很多人的想象不同，那个时候这种"职业"中妇女比例很高。我这个狱友从10岁左右就开始了偷儿的生涯。据说他偷来钱物，先是给家里买好米面食物，给两个弟弟买好必要的衣物，然后再出去吃喝玩乐。这都是那些天天嘲笑他的狱友告诉我的。从那个时候开始他就在监狱中进进出出：一开始是儿童教养（我不太清楚这是怎么回事），以后又少年教养，现在又进了劳动教养，他的刑期大约是3年吧，这时已经过了一大半。刚互相认识，他就与我非常友好，因为我从不像别人那样嘲笑他——当然，对那些每天嘲笑他的人，他也并不记恨。他看到我有不少书（尽管到殷高路时他们让把书都带回去，但我还是留了几本，以后又让家里带来一些），见我有些文化，非常羡慕，就说要拜我为师，不时地向我借书。一般我都会借给他，有时也会给他解释，但我怀疑他是不是可以读懂书中的任何一句话。当然他"读书"这件事，又成了狱友们新的笑料。

在青东农场，劳教人员一般都按重体力劳动的标准确定粮食定量，也就是每月40斤粮食；每天三餐按4、5、4或4、5、5两分布，如果家里带粮票，每月还可以增加6斤，按大月小月每天4、6、5或4、6、6两；每5天吃一次肉，每次二两，肯定饿不着也冻不着，我想周围的农民未必能达到这个水平。过年过节，会发少量零食。到那里一个月后就到了元旦，记得大约发了14～15颗软糖；春节时就稍多一些，除糖以外还有鱼皮黄豆等三、四个种类的零食。一年365天，

364 天的早餐是少量稀饭加上若干隔夜的干饭，加上一些酱菜；第 365 天即大年初一，早上有一两个甜的糯米点心；当天中午一定是一大块粉蒸肉（当然这是本队司务长的安排，其他中队未必同样）。

劳教人员还有工资，一般是每人每月 16 元。根据个人的表现，有时极少数人可以拿到 17 元，但必须有同样数量的人只拿 15 元；这都是一月一定，没人能经常拿 17 元，连续拿 15 元倒是可能的。到年底还有"年终奖"，每人 8 元。每个月都会公布伙食账目，劳教人员日常最简单的一些需求，肥皂牙膏手纸什么的，也可以从这里开销。劳教期满时如有剩余，会如数发给带走。

下田干活是最苦最累的，但大多数人都只能干这个。也有一些相对轻松的工种，例如炊事班，电工班，还有饲养场。大田班里的老弱病残，具体派活的时候会作一些照顾性的安排。

我想一定是有人特别关照，那些看守最终放弃了让我过"劳动关"的努力，不久后又让我回到了那个"老弱病残"组。那时已到了冬天，以后两个多月的劳动就是搓草绳。那几十天里，每天 8，9 个小时坐在田间的工具房朝阳的一面，5~6 人分工协作，负责完成一定长度的草绳以交差。我的任务就是用一个木榔头把稻草捶软。那当然也是一个聊天的场所。管理那个工具房的是一个瘸子，被判了 5 年劳教。据说他的事由是在南京路掏了一个外国人的钱包。但当他拿了赃物开溜时，后面上来一人，悄声命令他把钱包重新塞回去，当他完成这一要求后即把他交给更后面的人，被送了进来（那时的安保才叫到位！）。他坚称这是他第一次出手（谁信呢？但也没其他证据），就按劳教最高期限，判了 5 年。就这么砸着稻草，渡过了在这个劳改农场最初的日子。即使已经够轻松了，但手上还是起了泡，长了茧。

那时候劳改场所每月安排一次家属探望，叫作"接见"。狱友中有不少人家境困难，基本得不到外部的任何支持，但也有始终受到家里宠爱的；南市帮中尤多。很多人穿着比我都好，有很多时髦的衣

第七章 劳改岁月

物,如当时很前卫的化纤服装,特别是毛衣类的。每次接见时,不少家属都会冒财物损失,冒丢失脸面的风险,给自己的儿子带来劳改场所严禁的烟、酒和现金等等(估计多数是劳教人员隐匿的赃款,或其他道上朋友的资助)。因此,每个"接见"日,警察都会严防坚守,如临大敌,但还是难以杜绝。有关的原因后面再说。

但我和我父母从一开始就得到了特殊的照顾。我父母接到第一次"接见"通知就按规定的时间赶来了。那时到我那个中队,先要从家里坐公交车到徐家汇,从那里的长途汽车站坐车到青浦,然后转另一辆郊区线坐一站(约2—3公里路程),最后还有一、二公里要步行,进入劳改农场边界时还要坐船渡河,往返需要至少5个小时吧。而"接见"的时间就10分钟。父母第一次过来时,按规定填写了表格,排着队等着。这时我在另一端也排着队,远远看到父母在那边等待的身影。过了一会儿,看到中队的指导员(姓沈)走到队伍中把我父母叫了出去。又过了10来分钟,把我也从等待的队伍叫到他的办公室,让我父母就在那里"接见"我。后来父母告诉我,沈指导员告诉他们,他原先在市委警卫处工作,见过我父亲,偶然认出。但我想,沈指导员确实是对我父亲有印象,但他应该是事先知道,特地到那里等着找我父母的。以后我们一直享受这样的待遇。最初还有人旁边坐着算是"监督",后来就特地给我们安排一个私密空间,再不给我们什么干扰。以后又给了进一步的优惠,我父母可以在自己方便的任何日子来看我,不必等"接见"的日子,也不必持"接见"的通知。以后的好多年,我父母还对沈指导员,以及他调离后接替他照顾我们的宋教导员赞不绝口。我母亲日后还多次说起,我去劳改后,她觉得挺好。一方面我能见天日了,特别重要的是她们每月能见到我。以后两年多时间里,无论严寒酷暑、刮风下雨,父母每个月都会来看我。

普通的"接见"我经历过,但仅仅经历过一次。那是1975年春节前,我的家人回来过年,哥哥姐姐几个骑自行车过来探望,就进了普通的"接见室",那是我第一次见识也是唯一的一次。一间大房间中间隔着乒乓桌,家人已经在对面坐下,带来的物品经检查后以放在各自的身后,被接见人之间横向只有半米的间距,接见人与被接见人之间倒有一米半以上。一坐下就人声鼎沸,只能跟别人比着嗓子。一会儿哨子一吹:时间结束。于是回身拿着东西,看着家人的身影,再回监室。那次以后,看管我的警察(也就是接我过来的)专门跟我说了一次,说是我父母来肯定是特殊待遇,但其他人来就不照顾了。但不久以后,我家其他人也能受到特别的照顾。

　　劳教人员差不多每月可以吃一斤肉。每隔一两个月,还会宰杀一头自己的饲养场的猪,让大家吃新鲜猪肉;通常会在家属"接见日"安排。等待"接见"的家属可以听到挨宰的猪的嚎叫。那时看守就可以说:你们听,今天又杀猪吃肉了!让家属知道对我们这些犯人的"恩惠"。有一次,负责杀猪的"老改造"不在,伙房的领班"老改造"就希望我们中有人做这个屠夫。一个因打架获刑的跃跃欲试,拿起刀就做杀人状上前。那个"老改造"看着样子不对,还是自己动手了。简单的一刀,一秒钟就解决问题。怎么个杀猪,也算见识了。

第三节　有价值的劳动

　　按当时的建制,那时已决犯的监狱省市一级最高的叫总队,如"上海市劳动改造总队",下辖支队,再往下是大队、中队、分队。青东农场即上海市劳动改造总队第六劳改支队;因规模较小没有大队这个层级,支队下辖4个中队,还有一些场部直辖单位。中队有三个平级的职务：指导员、中队长和教导员。指导员是最高的领导，既负责与犯人有关的事务，也负责管理干部，而教导员就负责犯人的管教工作，中队长主要负责生产，还另有负责财务管理和生活安排的司务长。我所在的三中队有三个分队，我在一分队。担任看守的警察都是队长，最基层的也就是说谈不上任何官职只能看管我们这些犯人的是分队长。现在的警匪片中犯人通常称看守为"政府"；当时我们就叫"队长"。

都知道中国是一个等级制的社会，劳改单位更加典型。干部即警察之间自然有上下级的等级，但还有另外一种受信任的和不受信任的差别。那些年里，劳改部门不少干部就是在不同时期的政治运动中从核心部门排斥出来的干部。例如我们中队的沈指导员，以及后来的宋教导员，就是在"反右"时期"犯错误"没戴帽但从核心部门发配下来的。我们能看到的，最高当然是警察即看守即"队长"，下一层是留场就业的"老改造"，我们自然处于最底层。

几个月后，也就是1975年2月底，我被调到了养猪场——一个令人羡慕的劳动场所：劳动相对稳定，也不经日晒雨淋。那里原先的队长是一个所谓的"老革命"，至少参加过解放战争吧，但既没有能力也无心工作，或许是到了退休年龄，也可能是工作实在太差，不能独当一面，调到其他不必负责任的岗位去了。

把我从四中队接来的就是一个分队长（姓马），我到养猪场不到一个月，他也调到那里，专任那里的"队长"，既负责看守也负责生产。我们这个养猪场最高的也是唯一的领导自然就是马队长。我不知道他以前的经历，不像有过军队服役的经历，看起来就是从农村招募的干部，基本以生产为重，对管辖下的"犯人"评价的标准也以劳动表现特别是劳动贡献为先（"表现"和"贡献"的区别，我想大家都懂吧）。

当时养猪场有三个"老改造"，也是高我们半头的"领导"。一个是兽医，当时已 50 岁左右，叫朱厚修；江西人，是养猪场唯一的技术骨干。他原先是国民党骑兵部队的兽医，正牌大学科班出身，父辈是"大地主"，据说家里拥有好几个山头。解放后以"留用人员"的身份，到浙江省畜牧兽医研究所担任研究工作，有不少研究成果。每年过了梅雨季，他都会把一些刊登着他的论文的期刊拿出来晾晒；经他同意，我也读过其中几篇论文。1955 年"肃反"运动时他被以"历史反革命"的罪名被判 7 年徒刑，刑满后就到了青东农场。另一个叫李妙林，也近 50 岁了。他"解放"前就参加了地下党的工作，但曾被捕并有写"悔过书"之类的轻微变节行为；解放后经审查在政府部门任职，1957 年被定为右派。听他说的，好像是为凑指标被拉进来的，以他的身份和性格，不像会有什么特别的言论。有一天他突然被通知参加右派分子的集中劳动即建设徐家汇向南的漕溪路（修成后是当时上海最宽阔的道路）；修路结束后又到了青东农场继续劳教，解除劳教后一直留场。在以后的日子里，朱和李都跟我比较详细地说过他们的一些经历。另一个姓吴，30 多岁，据说是因"投机倒把"进来的，绰号叫"葱姜"，意思是象卖葱姜的小贩一样，一分一厘都会跟人计较。

养猪场里人住的房子在最南面，是一栋草顶的砖房；最西端是警察住的房间，向东是一间小会议室，隔壁是两间是留场就业人员也就是"老改造"的住房，再往东是两间监室，住着十五六个劳教人员；最东面是兽医的宿舍。房子前面是一条二三十米宽的河流，也是农场的鱼塘；不远就是河流的分叉，那里水面更加开阔。那栋草房，一两年后我参加过草顶的翻盖，但表现非常狼狈。

在我们中队，三个分队各有一个养猪场。农场与上海食品进出口公司（我不能准确说出全称）签过合同，所养的猪主要直供香港。二、三分队的两个猪场是肥猪场或曰肉猪场，我所在的一分队猪场是苗猪场；我们这里养公猪母猪，产下的小猪养到断奶就转送到肥猪场继续养。每个分队设一个养猪场,一个重要的考虑是可以给各个分队的大田提供肥料。

与肥猪场或肉猪场相比,饲养苗猪技术含量更高,工作也更加辛苦,更是决定后续养殖成果的关键。原先看守那里犯人同时管理猪场生产的那个"老革命"无心工作,生产搞得一塌糊涂。那时有个指标,苗猪到 60 天断奶时应达到 35 斤,在他的领导下,平均水平基本就是 31.5 斤左右。一个明显的原因,就是猪场里经常发生全场性的腹泻。不足月小猪的腹泻,对以后生长会是个怎样的影响,大家都能想象。

我去养猪场时,分配给我的是一个非常轻松的工作,就是饲养 5 头留种的公猪。那都是外国的种苗,分别是英国的约克夏、巴克夏(所谓"夏"就是"shire"即郡,也就是英国约克郡、巴克郡培育的品种)、苏联大白猪(苏白),以及丹麦的"长白"(身体特别长),还有一头是怎么回事记不得了。饲养种母猪和苗猪需要从早到晚花很多功夫伺候,养种公猪工作就非常简单,喂好一日三餐,加上附加的每天清扫猪舍包括外面的一块空地和五六十米的一条道路,花不了多少时间。

刚过去不到一个月,马队长就来了。与下大田时不一样,刚到那里,我很快就熟悉了工作,轻松快捷。记得在一个风和日丽的春日,一早进猪舍,9 点多就做完了该做的工作,拿着一张报纸就在房舍前读了起来。马队长走过看着不舒服,但还是克制着脾气,吩咐我打扫一下卫生。于是公共部位的卫生工作也就由我承担起来。另外,养猪场没有单独的厨房,到 1.5 里外的炊事房取一日三餐并打开水,也是我的工作。俗话说"百步无轻担"。虽说 10 来个人的饭菜、水瓶没多少斤两,肩上还是有感觉的。所有这些加起来,我的工作量还不算很大,感觉还很轻松。

马队长来了以后就把抓好生产当作第一要务。他第一时间就看到了猪场生产上不去的一个重要原因，就是饲料仓库管理不善。全场性的腹泻导致苗猪发育不良，不抓好这个龙头，生产就不可能达标。

原先管理饲料仓库的是一个很老实的青年，被收容的原因也就是与一个女孩子有性关系（按以后的标准就是正常的恋爱关系）致其怀孕。他从小有踝关节外翻的残疾，幼年时动了两次大手术因而经历了两次全身麻醉，脑子略显迟钝。他非常希望做好工作，但有点力不从心。马队长来了摆出把生产搞上去的架势，大家精神状态都很振奋，都有好好工作，把生产搞好的决心。他自知缺乏管理饲料仓库的能力，积极要求做第一线的饲养员，于是被换了下来。仓库管理就由我接手，同时兼养公猪和送饭；当然公共部位的卫生就不归我管了。

什么工作都要做了才能知道。苗猪场的饲料管理比肥猪场要复杂得多。那时的猪饲料大约有 10 种左右，包括主食如大麦粉、元麦粉、玉米粉、高粱粉、麸皮、米糠等，副食配料有豆饼、鱼粉、钙粉（也就是烧化的牛骨），还有青饲料，豆渣等等。母猪每年怀胎、生产、哺乳两个周期；除哺乳和怀胎之间的间歇期以外，不同阶段的配方、数量都不相同；怀孕期的母猪和哺乳期内的苗猪还要按不同的月龄日龄配制不同的饲料。每天拿一个象猪八戒兵器似的钉耙按个性化的配方调制各种饲料并按需求供应，就是我的例行工作。以前猪场老是流行腹泻，基本原因就是饲料配料不准确或搅拌不均匀。那时一个饲养员管理 12 头母猪，哺乳期时管理 6 头母猪连带苗猪。每次喂食前饲养员都要带着若干大桶小桶前来领料，每天都不相同。接手这项工作后，我一点没觉得有什么困难，做得井井有条，很快得到每个饲养员的高度评价；马队长当然也看在眼里。那时我还练就了一个功夫：饲养员来领饲料，10 斤以下的，多少斤就是多少斤，一锹一个准，秤杆就稳稳地停在中间，不偏上也不偏下。10 斤以上的不是不能准确，而是超出了一锹的极限。

按生产的节奏，一年有两个忙季，上、下半年各三到四个月。每

第七章　劳改岁月

当母猪陆续生产，工作量就逐步大了起来。那时饲养员每天要工作14—15个小时，仓库管理员也要配制好十几种不同配方的饲料随时等着，满足饲养员的需要。养公猪的事就抽空去做。忙的时候，青饲料不归我管。那时青饲料就是养猪场前河面上的水花生，是那种盘根错节的，长在河岸边；每天需要撑着一个小舢板出去，用大刀将水花生砍成三、四平方米的块状，用船拖回养猪场的小码头，拖上来后用一个搅拌机轧碎，由饲养员自行领取并将其与精饲料拌匀。负责提供青饲料的是一个大我两三岁的小伙子，人称"龙门路小山东"，也就是上海大世界附近地面上的小混混；他父亲是龙门路派出所的所长。据说他父亲第一次来"接见"也受到了礼遇，但第二次，他父亲穿着警服戴着大盖帽开着警车神气活现地过来，立即被取消了待遇，被责令去大"接见室"跟多数人混在一起，搞得灰头土脸的。一开始我就跟他建立了良好的关系。有空时我就不时坐在他的舢板上出去游河；暮春时光，很暇意的，也有几分浪漫；虽说没有姑娘陪伴。

青东农场三中队的耕地。虽然当年是劳改农场，景色同样美好。

几个月后小山东期满释放了，适逢闲季——对仓库管理员来说，每天基本只需要配制一种饲料，批量供应，毫不复杂。他走后，准备青饲料的工作也由我承担起来。每天我会花一个多小时撑着舢板出去拉水花生，回来轧碎备好。春夏之际，用钉钯（与仓库里用的不同）把水花生拉上来的时候，栖息其中的黄鳝就会顺势向水里溜，这时我就会抓起放进桶里，当然都送给队长和各位"老改造"了；他们一点也不会谦让，也从未请我吃过一口半口。

就这样，我差不多就承担了以前三个人的工作，但一点没觉得应付不过来。这么说来，前任队长管理下，真的太人浮于事了——在中国，劳改部门也会有这个问题啊！还有一件事要吹一吹。管理仓库每天要做饲料进出的日报账，每月要做月报账；当然每年还要做年账。我的前任做日报账要一小时，月报账要三天。我接任后做日报账仅需5分钟，月报账仅需1小时。约一年半后有过一次盘点，进出几十万上百万斤的饲料，仅少了100斤左右；误差率极低。

很多人都问我，那个时候我是不是挨过打。我整个牢狱生涯中，总共被打过一拳，就与那个"葱姜"有关。有一次我因事与他发生了争执（这差不多也是那段时间仅有的争执），动静搞得很大。那个马队长过来问原因，他胡说八道一通，我也说了情况，后面说"他还把手指点到我鼻子上"等等。"葱姜"立马说，点了怎样，就是打了你又怎样？！都说"官官相护"，马队长当然要维护地位在我们之上的"老改造"，于是跟着说，就是打你又怎样呢？我当即说，"打我是不符合政策的"。这就批了逆鳞。于是马上来打了我一拳，打在右眼眼角。当时他用他家乡的苏北话说："小贼，政策倒是蛮懂的，你知情不报符合政策啊？"我刚到饲养场时，他对我的期望不是我能干什么活，而是做他的眼线。我也算有些坐牢的经验，深知告密的事是最犯忌的。故有"知情不报"一说。以后我的地位是靠干活赢得的；这才是做人之道。后来"葱姜"养了一条狗；我觉得那条狗被他养得就像

第七章 劳改岁月

他一样贱。我不能打他这个人，但总可以打狗吧。俗话说打狗看主人，我就是冲着那个主人打那条狗。于是看见那只狗就打，以至于那狗老远见到我就尖叫着疯跑。

我的工作跟兽医关系更为直接密切。照说饲料等等不归兽医管，但我们这个饲养场，或许我们中队的三个养猪场也就他一个专业人士，因而所有的饲料配方，不同阶段的营养方案等都出自他手。我总能非常准确地领会他的要求，遇到任何问题决不需要他说第二遍，就能贯彻到位，因而形成了非常默契的工作衔接。虽然我工作上还是称职的，但有一件事没做好。按要求，公猪每天必须放出去走路锻炼，但我有些懒惰，以致那头巴克夏猪越来越肥胖，最后废了，丧失了做种猪的价值，被拉出去卖给附近农村的饲养场。朱兽医虽然指出了我的过失，但没有特别责备的意思。卖出那头种猪时我参加扛笼子；那头猪大约有800斤重，加上笼子，总重超过1000斤，四个人扛。朱兽医焦急地阻拦，不让我参加扛；不停地说："年轻人，骨头嫩着呢"，等等等等。

他对我总有特别的关心和照护。以后的日子里，我也越来越多地参与了他兽医的工作，例如母猪生产时做接生，给小猪阉割时也给打下手，等等。原先，母猪生产时的接生是兽医一个人的事。我去了以后在一旁看了几次，兽医让我试试，很快我就能熟练地操作了。小猪出生时首先要头冲下，用绸布将口鼻内外的黏液擦干以利呼吸（这件事做得不好黏液吸进去了会伤及小猪的肺）；然后要称重，做好记录，最后用钳子将八棵尖牙剪得齐平（否则会咬痛母猪的奶头，不能顺利哺乳），做完这些就可以让小猪吃奶了。据说"初乳"非常重要。喝过几口奶，小猪就能站起来满地走了。不久以后，我就承担了很多这样的工作，只是在遇到难产时才请兽医来处理。除了准备留种的以外，小猪到1个月大的时候就要阉割；除了方便管理，阉猪的肉更鲜嫩。朱兽医告诉我，1950年代来中国指导畜牧业苏联专家发现了后面一点，专门学习了这项技术。这似乎是畜牧业中国给予苏联的唯一指导。按照中国人"吃啥补啥"的理论，猪睾丸自然应该有壮阳的作用。我们这里的这种产品，都是奉献给负责生产的谢中队长——一个解放战争时期参军的"解放战士"（据说是炮兵）。这个技术我没有学，只是在兽医工作时给他打下手。记得有一天夜里我在猪圈里接生时，他过来打消毒药水。他走后我感到越来越难受，就走到猪圈外面。一会儿看到圈里的猪都在吐白沫，马上去叫他。于是挨个给每一头母猪打了解毒针。事后他说，配药水时看错了一个小数点；如果不是我正在那里及时发现了，就可能发生重大事故，后果真的不堪设想；对人对猪而言都是如此。当然人总有犯错的时候。

不久以后，他把以前他亲自担任绝不敢疏忽的一项重要工作也交给了我，那就是饲养场水塔的管理。要知道，上海市的自来水厂是军事化管理的哦！那个水塔是1960或1970年代设计的简易水净化设施，经五六级的过滤吧，加上适量的消毒剂，就能把河水变成基本合格的生活生产用水。我们养猪场里，猪喝的是这里的水，人用的水也来自这里。

猪友也有一些故事可以说。现在时兴养宠物，狗啊猫啊什么的特别得到宠幸，都说智商怎么高之类的。其实猪的智商也不低。我养的几头公猪，都各有名字（一般就是它们的品种）。每天带它们遛弯的时候，到圈门口叫一声就会在里面应，叫了"出来！"才会翻身起来走出。遛弯有固定的路线，有时我想偷偷懒，到一定的地方我就停下不走了，让"猪友"自己向前绕个大圈子转回来，然后再跟着我回去。

和人们想象的不同，即使是家养的，公猪的脾气也很大，有时非常凶猛。我接手养公猪时，朱兽医专门跟我交代每一头猪的脾气，特别告诉我，那头苏联大白猪有一个怪脾气，就是不能打它的额头。我刚接手时进猪圈打扫那头猪就会过来挑衅。一开始我也没办法，后来发现，所有猪都特别害怕用粪铲戳它的面部；于是就把它治住了；以后几头年轻的公猪也是这么被我治住的。以后遇到我轮休,别人接手几天就治不住这些公猪。一天某人带那头苏联大白猪出去遛弯,回来时该猪脾气大发,失去了控制。我听到外面的声音连忙赶出去,那个李妙林带着几个人正奋不顾身与该猪搏斗。李挥起木棒向其额头打去,我连声大叫但已来不及阻止,于是该猪猪脾气大发,把李顶了个大跟斗。在众人的努力下,好不容易才制服了那头失控的公猪。还有一次我轮休,接替我的临时饲养员制服不了两头年轻的丹麦种公猪,放猪时被它们追着,吓得撒腿就跑,竟致大呼救命,我出去救援时看到他已在河边抱着一棵向河水方向斜着长的大树,勉强躲过;直到我过去喝住那两头公猪。

母猪不能随时喂奶,通常要一个小时左右喂一次。到了差不多的时间,就会有一两只小猪跑到母猪的耳边,用一种特别的声音轻声叫唤,于是母猪就会翻过身子露出奶头,一群小猪就各认一个奶头上去喝奶;吃饱以后,又会有一两只小猪跑到母猪耳边,用另一种声音轻声叫着表示满意。母猪喂完奶就会翻起身子。这种时候就容易压着小猪。不加留意的话,就会有小猪被压死;特别是在夜间。于是就需要有人值夜班,喂奶前后巡查。当然还是会发生这种情况,值班和巡查只是把这种事故降到最低限度。我曾经值过几十天夜班。有一次,一个比较负责的饲养员告诉我,某一窝猪中一头小猪老是要抢另一头较瘦弱的小猪的奶头,他白天就在矫正,夜晚让我也配合一下。如不矫正的话,那头喝不足奶的小猪就会长不大。我值班时果然发现了,吃第一个奶头的小猪一会儿就会拱掉第四个小猪,在那里喝几口又跑回去。于是我跳进猪圈,把那头调皮的小猪拉出来,扇耳光,然后再让它在自己的位置继续吃,如此再三再四。第二天晚上又发现这种情况,这次我不进入了,只用手中的柳条在调皮猪的头上拍打两下,该猪就乖乖地回去了。第三夜,那头猪还是忍不住,但想过去时眼睛向上瞟着瞟着的,我大咳一声,它就不敢动了。这样三天三夜过去,这种坏习惯就彻底矫正了。那个饲养员是个非常乖巧的人（以后我们一直是很好的朋友，直到最后一天；说来也巧，尽管我期满的日子跟他不同，但我与他同一天出狱，后面再说），没忘记在别人面前夸我几句；我也绘声绘色说了三夜来渐进的管教办法，把大家都说乐了。我不知道那时马队长正站在我的身后，我的故事也把他说乐了。

就这样，大家齐心协力，生产马上搞上去了。马队长来以后（也是我去以后）的第一季，60天断奶的小猪平均头重就超过了35斤，达到了指标，以后逐季提高，到我离开前最后一季，达到了38斤以上；最重的一头，竟达到了49斤多。原先管理仓库的那位，做了饲养员以后，不怕吃苦，花比别人更多的力气，干得非常出色。

还要说一句，第一个忙季过去以后，马队长看到大家闲着从不会再说什么，更不会布置什么事情让做。以后饲养场又来了几个年纪稍大的，环境卫生等杂事就归那些人专管；挑饭送水的事也让他们负责了。那时劳改农场不允许喝酒抽烟，但人们都有办法弄到。马队长发现有人抽烟也不会多说什么，最多走过去时咳一声提醒有关人不要太张扬，或不要在草帘子后抽烟以免失火。他是个看重生产、尊重劳动的人，不搞什么"政治挂帅"，一般的违纪在他眼里也不那么重要。

第四节　劳改时期的生活

虽说以前被隔离时已经一个人过了两年八个多月，但还不能算是完全的生活自理，很多事情还是不会做。到了这里才是慢慢地学会怎么过日子。

第七章 劳改岁月

饲养场里有一个水塔，我过去不久就由我管理，所以大家用的还是自来水（喝的水还是到一里半以外的中队部炊事房打），洗衣服等等很方便；洗被子就更方便了。我们通常在屋前的平台上涂上肥皂用刷子刷干净以后，就由一人撑着舢板，后面一人拉着被单到河里转上一圈，基本就漂清了；上岸再用自来水过一过，这就完成了。第一年梅雨季过后，我洗好被面大太阳下晒好被褥，收到一个塑料袋中就放了起来。原以为事情做得很好，没想到秋天拿出来时，被褥全发霉了。问了才知道，晒过的被褥需要吹凉了才能收藏。晚上睡觉时，突然一阵刺痛，起来一看，才发现被子里有好多臭虫。于是一只一只地抓，花了半个多小时，竟然还一鼓作气都抓完了，以后再没闹臭虫。

夏天来临的时候，饲养场蚊子特别多。当时家里没送来驱蚊剂，别人给我也没要；晚上关门前在外面乘凉，我就让蚊子咬着，坚持不用手去抓，过一个多小时让红肿自然消退。这样就让我产生了抗蚊的能力；过了若干天家里送来了驱蚊剂，我竟用不着了。

原先那个仓库管理员非常喜欢与我凑在一起，帮我做了很多事；那两年缝被子的事都是他做的；因此我就没有学会。每当这个时候，他缝着被子，我在一旁坐着或站着，他就会跟我慢慢地说他的故事，他的家庭。他说他特别羡慕我，看到我就特别亲切，心里一直把我当弟弟看。那时农场里一两个月能看一次电影，有些电影插曲，如"闪闪的红星""海岛女民兵"的插曲还挺好听（至少按当时的感觉吧），我看过就学会了，他不会，就让我教他；边上有人嘲笑，我也不好意思了；但他仍然缠着要学。这样的日子，想起来真很温馨。

一年两次送走了苗猪的时候就是闲季，那时就开始安排轮休。轮到休息的人常常会白天晚上长时间躺在床上休息，特别是第一、二天。轮到我休息的时候，我也会躺在床上看书；但那时看严肃的书就少了，看小说较多。那时出版了一些新写的小说，特别无聊。这样的书我一天可以看七八百页。

夏天是个闲季，那时不管是不是轮到休息，我们有空了就会撑船到前面那条河里去（除了舢舨我们还有一条较大的船），很多人就会乘船出去，围在船边上游泳。那条河是农场的鱼塘，有机船开过就会有鱼跳起来。有一段时间，每到星期天，我们对岸经常会出现一个40来岁的中年人坐在河边钓鱼（想必他认识农场的什么人）；我们则会等着欣赏他钓鱼的成果。有一次，一条大鱼咬了他的钩，他把鱼线收收放放，眼看鱼要挣脱了，我们撑船出去，让他上船继续跟鱼斗，折腾了约半小时，才把那条鱼搞得精疲力尽，拉到船边，最终捕获，看着足有3—4斤重。

那时的夏天，整整两三个月，我们这些青年基本就穿一条短裤，一双拖鞋，干活、休息都这样。一天，我穿着拖鞋挑着担子，看到前面路上横着一条蛇。于是放下担子，用扁担打蛇的"七寸"（其实是三寸，因为那条蛇并不长，大约在十分之三的地方），打死了叫人过来；用"老改造"的煤油炉把那条蛇煮了吃。我吃了一小截，没觉得有什么特别的滋味。

说到扁担就有一件事情要说。到饲养场后的一年多，我对自己用的一根扁担十分满意，结实、光滑，用起来非常称手。有一天几个青年在我的仓库里闲聊，说着说着就发起了负重比赛。我那里有标准的磅秤，于是50斤50斤地把份量加上去。两百斤时，我挑着向外一口气走了一两百米（不算太差吧，当然与今上相比差老远了），又过两轮，加到300斤，还可以跄跄着走步，别人也能做到。于是又加。到350斤，一用力，咔嚓一下扁担断了。我真的非常的遗憾。以后就再没有这么好的扁担。

在那条河边，有一次我发现一只金色的"青蛙"，想过去抓，那只蛙一下蹦入水中，就再见不着了。我那个仓库还曾有燕子试图进来做窝。应该是1977年的春天吧，有一天和几个狱友一起坐在门槛上聊天，几只燕子进进出出，往返好多次，原先那个管理员起了"坏心",想把燕子堵在屋子里;我阻挡不及,他突然一个关门,没关住那些燕子,但燕子就再也不回来了。不过燕子在那里筑窝真的不合适,因为仓库里老鼠太多。

那时,虽然大家都能吃饱肚子,但有时还是希望换换口味,我管的饲料有的东西还是不错的,特别是还有盐。有一两次,仓库新进了玉米粉,于是大家就策划晚上吃玉米团子。到夜幕降临的时候,偷偷从仓库搞出盐和玉米粉,又准备了返销的青菜(很不错的),用白天捡来的树枝等,到夜深人静时偷偷起来煮着吃。偶尔吃一次,味道真的很好。从一开始就知道,参与策划并一起享用成果的就一两次,但饲养场的狱友到我这里拿(偷?)一小点什么什么的,我也一直眼开眼闭的。有一次,一个狱友从仓库里拿或偷了些玉米粉之类,想到我管的公猪圈边上去烧,我答应了。那天下午,朱兽医到公猪圈去喷过消毒药水走后,我让那位狱友进去,锁了门我就出来了。过了一会儿,估计那狱友火已经烧起来,看见兽医回来了,说是喷药水时丢了一颗螺帽。我只能随他进去,一路上仔细找,没两步就找到了。朱兽医连连称赞,说到底年轻人,眼神好,就出去了。我真捏了把汗。

那时,劳改农场禁止喝酒抽烟,但烟酒始终不会中断。取得这些违禁品当然会有各种途径,例如前面说过脱粒时自伤的那个人员,听说送他去场部医院就"高兴地笑了",因为他就是想到管束较宽的医院,做接货转递的交通员——其实他是在为他人火中取栗。也有设法逃出去买了东西回来,偷偷埋在某个日后容易接近的地方然后自首。更多的是用家里偷偷塞进来的现金,让"老改造"帮着买——后者当然要大赚一笔。还有其他途径,后面再说。我从没参加过这类活动,但其他人搞这些从来不避我。我来饲养场后,殷志春希望我做他的交通员,我不愿意,勉强给他搞了一两次盐。以后与他就疏远了。我以前说过,我确实感到害怕,但我也确实认为,政治犯不应该搞这些偷鸡摸狗的事。在刑事犯的嘴中,政治犯是"有信仰的人",跟他们不同。在他们眼中我是，但没人认为殷志春也是。

　　劳教人员会有一个个圈子，他们叫做"船台"。一个船台3—4人，一般不会到5人。不是不能交更多的朋友，主要是人多了在一个蚊帐里挤了点。一个船台上的朋友有福同享，有难是不是同当另说。我是个没什么资源的人，照说没有参加什么船台的资格；因为我不会要求父母为我带违禁品，父母更不会为我违禁。但我们那个十五六人的小地方共五六个船台，我差不多都进去过。那时我不抽烟，朋友请我也不会抽，但我会喝酒，有人请就会喝一点。没有人对我这种只有享用没有贡献的"船台友"有过任何不高兴，还有人特地请我抽当时当地非常珍贵的牡丹烟；我抽了一口就让给别人了——那么的奢侈品，给我这么个不抽烟的享用就浪费了。

　　只有一个人从来没有做过朋友，那就是前面说过的徐金龙。他当时好像是37岁吧，但在我们这里已经算是"老头子"了，大家也这么叫他。据他自己说把他抓进来的原因是"倒卖黄金"；我想按现在的标准应该什么事都没有。但他总是特别有心机，希望讨好警察、"老改造"以得到好处。这让大家都非常反感。几乎没有人把他当朋友。他有烟瘾，于是策划了一次香烟（主要是一种简装的烟丝，五角钱一包，可以卷100支左右的烟卷）"走私"，但不幸被破获了。另外还有两个比他年纪更大的"老头子"，他们没有可能进任何"船台"，但都与世无争，在我们这些青年中虽然不受待见，也不遭人挤兑。特别是一个50岁左右的，来了以后专门负责环境卫生。他做事认真，来了以后我们的生活环境、特别是厕所就搞得干干净净的，大家都很满意。这是个属于存在着让人感觉不到，不在了立即会让人感觉不便的人。

　　前面说过，刚来农场时我就问农村什么时间最漂亮，说是4—5月。到了那时，果然感觉非常好——菜花黄、红花红，麦苗绿的。我从小生活在城区里，以前真没机会到外面转，农村的景象真给我一种新鲜感。那个时候,上海市郊没太多的灯,没什么光污染,夜空也非常的美丽。满月就不说了,上弦月或下弦月,空气清新时甚至可以看到另半边月的轮廓;在我值夜班的几十天里,我注意到月亮起落的规律;从新月出现,基本每天推迟 40 分钟升起——所以每个阴历月都有半个月有或长或短的时间"日月同辉"。没月亮的夏夜可以清晰地看到银河。我小学时曾仔细看过一本星座图谱,晚上我就会从天上找到我熟悉的星座,例如银河两边的牛郎织女;北斗星不用找,我很熟悉;沿着北斗星的勺,我找到了北极星。在我值夜班的几十天里,我会看着斗转星移,那是此前此后都没有的享受。我还会特别注意观察长庚星或启明星(那是不同日子出现在不同位置的同一颗行星即金星),以及其他的行星,观察其在天空中位置的变化。一年以后,我还学会了看云识天;那时我凭经验对天气作出的预测,还是有相当的准确率。

另外还要说一说劳改农场的文艺生活。当时与现在不一样,监管方在这方面没有专门的考虑;所谓"文艺生活"当然指犯人中的地下文艺。那时,差不多每一个犯人、即便是几乎完全没有文化的人,都会哼上几首歌。较多的是文革前"合法"但当时已经不"合法"的歌曲,例如 1950 年代传入中国的苏联歌曲等。因为不少歌曲涉及爱情主题,文革中被定义为"黄色歌曲"而被禁止,正因为此更能得到犯人的欢迎。国内的一些爱情民歌等也同样,例如王洛宾的歌曲特别受欢迎。港台歌曲也开始流行。台湾的"绿岛小夜曲"的普及率也极高;经由港台重新流行的 1930 年代上海的流行歌曲——不知道通过什么渠道进入了大陆,也进入我们这个劳改场所。那个时候,"知青歌曲"开始流行;各地都有知青歌曲的创作,就我听到的,最优美、最深沉、最动人心弦的是"南京知青之歌",这也是我所在农场中最流行的歌曲之一;重庆的知青歌也非常好听、伤感。也有专门的"上海知青之歌";不得不遗憾地说,至少是我听到的那首上海"知青之歌","小市民"的情绪特别突出，就象各地传说中的"上海人"的杰作。警察和"老改造"都不会禁止犯人唱这些歌。我还见过一些手抄的歌词或曲谱。

前两年单身监禁时，我一直盼望着生病但未能如愿，但到了农场，一年一次大病。1975年11月中旬，我突发高烧，体温达40度以上。到医务室看病，就给了一天的病假，配了一天的"安乃近"，是单纯的退烧药。那时中队的医生是一个刑满的"老改造"，他那里没什么好药，也就是按给他的权限办事。回去吃了药，晚上就发一夜的汗，天亮时体温下降了。但到了9～10点钟，体温又上来，到下午又升到40度以上。于是又拿来一两粒"安乃近"，如是者六七天。到22日吧，一早起来就感到体温非常的高，到医务室一量，达到40.3度。这次医生认为我得的可能是疟疾，给我配了一种药粉，吃起来非常的苦。到了下午，自我感觉体温比上午还高，到晚上则更高。当时我想，今天晚上我可能就要死了，于是静静地等着。当时我是一个人住在最后一排猪圈最边上，也就是在猪圈前面砌起一道墙，是值班人的临时住所。我就一个人在那里躺着，当时心里挺平静的，想起一些往事，想起家人和朋友，又想着会怎样告别这个世界？有没有传说中的"白无常""黑无常"？那是个无月之夜，乌云很低，只听到风吹着杨树的飒飒声。突然我看到门外有个影子一闪，以为黑白无常来了，吃了一大惊。从这一刻起，脑子就清醒了，体温逐步恢复正常，到第二天再没有重新上升。体温恢复后，就不断地要喝水，喝了立马撒出来，一连喝了5～6热水瓶；又过一两天，身体才真正恢复。那次得的什么病，到今天也不知道；最后那天吃的什么药也同样不知。那个时候，离我20岁生日就一个星期。

饲养场里有一个突击性的工作，就是进饲料。买进的饲料由船运来，从仓库门前的所谓"码头"上，用杠棒通过跳板抬进仓库，倒进饲料池里；还不时地有湿的豆渣船运过来，卸到外面青饲料棚的池子里。有一次装豆渣的船漏了水，豆渣怎么都卸不完，搞了大半夜，最后决定放弃。我在船上还一下跌进了饲料仓，好在没怎么伤着。

1976年的春夏吧，有一次进饲料，卸了三分之二左右下起了雨，于是就抢着把饲料包扛进仓库，来不及一包包倒进饲料池。那天没完成的工作就由我慢慢完成。第二天早起就觉得浑身酸痛，但没明显的病症还得干活。于是拖着200斤的饲料一包包往池子里倒。到了10点左右，觉得体温上来了，去医务室看病，体温又到40度以上，这就请了病假，人也整个地垮了。这次的病症也有蹊跷。与我一起发病的还有当时与我一个"船台"上的朋友，当时我们约好共同临时承担另一位有机会"探家"的朋友的工作，我病倒就倒下了；但他还撑着，几天高烧后引起角膜发炎，瞎了一只眼睛。后来他很恨我，我也很内疚。但我当时真的是撑不起来了。几天后高烧退了，但腰痛得厉害，向前稍倾一些也不行。这就落下了以后几十年的腰痛老伤。

第五节　"探家"

坐监的犯人每半年要填写一个表格，除了一般的信息外，还要写自己的总结和体会。我实在不愿意动那个脑筋，所以总是老三条：能学习毛泽东思想，但联系自己不够；能完成劳动任务，但积极主动不够；能认识自己的问题，但深刻不够。基本也就是那么几个字。基本信息的栏目中，有一栏是"所犯罪错"，开始一两次我还有点羞答答的，填的是"政治罪错"，后来也无所谓了，就直接填"现行反革命"。当然在我们那个小单位的组织文化氛围里，谁也不在乎这个。

那个时候遇到一件不同寻常的事。突然市里来了几个人，要求深挖"犯罪"的思想根源，一定要特别认真、仔细。我借机要挟领导，让给了几天休息，写了十几页纸的"汇报"。基本的意思与以前审查时说的一致，也就是说家里从来有读书的传统，也有"唯有读书高"的封建（？）思想，文革阻断了这个前景，所以对文革产生了反感等等。后来知道，若干时间前东安二村发生了一起恶性案件。就是在我家同一排的一个楼号里，一个八级干部被自己的女儿杀害了（他家对此一直有异议）。好像听到一个说法，该女儿"挖根源"时说到因父亲受审查自己不能被推荐上大学。这与我说的暗合。让我"挖根源"是当时上海"市革会"组织的一个项目；据说当时老干部子女犯罪犯错的还不少，他们要作系统的调查。四人帮等肯定就此做了一些文章。我写的或许也会纳入有关文件，被充作"反面教材"。

1975年11月21日，黄山旭劳教期满获释。此前几个月，他母亲突发脑溢血去世。我父母来看我时跟我说过，并说他父亲没有告诉他，怕他知道了情绪波动，闹出什么事"不利于改造"，其实是怕影响他按时出狱。我所在的三中队与他们二中队隔河相望，那年秋天，我在河边看到他一次。那时他担任那里的大组长，也就是带着别人劳动，自己的劳动压力不大。那时我已经知道他妈妈的噩耗，但没敢告诉他，只能强笑着跟他招呼。

黄山旭获释后才9天，就发生了一个重大的变化。农场突然接到通知，没有单位接收的劳教期满的人员暂时不能返回原户籍，暂时继续留在农场劳动，按以前的刑满留场就业人员即"老改造"的方式管理。一开始以为所谓"暂时"只是几个月甚至几天的事，甚至还有说只是因为当时的美国总统福特访华采取的临时措施，直到一次大会，宋教导员说"不是福特来了而是'复杂'来了"，主因是劳教期满人员重新犯罪率太高。这对所有教养人员都是一个闷棍。

但在此前几个月，推出了一个福利：按一定条件可以安排劳教人员"探家",每个月都有一定的名额,开始非常的少,后面稍有增加。1975年12月,我得到了一个机会。

那是一个三天的假期。第一天上午出发,要到下午两三点钟到家。到家后的第一件事是到居委会报到;第二天有一个整天,第三天上午就踏上回程了。

那天回家途中,看着沿途的景色,虽说与当年到农场时季节相似,但感觉很不一样,特别是感觉这路怎么那么遥远,车子那么地慢。几经转车终于到了家,于是去报到。居委会干部说了几句"普通话",但在我听来就是那么地刺耳。黄山旭家就在居委会隔壁的门洞,但就是不能去找他。

母亲当然早就等着我回家;晚上父亲也早早地回了家。那天晚上家里只有父母和我三人。晚餐时,同一楼层的邻居老张知道我回家也过来了,父亲邀请他坐下一起喝酒。老张是上海市科学委员会的干部,他的儿子是我的童年伙伴,叫张孟生,小我一级,这时也在吃官司。他的"罪行"主要有两个,一是用弹弓弹射女同学,二是他叫嚣要为"万陈反革命集团"翻案。为这两个罪名他被判大约两年少年教养。后来知道,该为前一件事负责的是他的朋友,不是他。

喝酒时气氛非常沉闷。只记得老张说,他一直想不通,像"我们"(包括他自己)这样的家庭,子女怎么会发生这样的问题。他找到的一个理由就是自己总是忙于工作,对子女教育确实疏忽了。我父亲似乎没怎么赞成他说法的意思,只是敷衍着。老张走了以后,父亲问我事情的来龙去脉,我把大致的情况说了一遍。我当时确实认为自己是犯有错误的,但我明确地跟父亲说,错是有的,但罪是没有的。

晚上关上了灯。我已经有很长时间一直在灯光下睡眠。关上了灯,感觉到一种久违了的和平宁静的感觉。

第二天家里安排我去看我的外婆。以前几乎每个月都要去的,外婆家邻居都知道。突然几年不去了,且我的年龄还不应该到外地工作；外婆家只能搪塞说我因为什么事跟她老人家闹矛盾，赌气不去了等等。那次去，见到那里的邻居非常地不自然，真不知道他们是不是看出了破绽。与二哥一起去的。去的路上二哥买了两根厄瓜多尔大香蕉，剥了皮手一抖就掉在了地上；二哥马上把他手里的给了我。

1976年的8月又一次给了我"探家"的机会。那时我二哥已经结了婚，家安在东安二村父母的家中。进门就看到二嫂坐在门口洗衣服，她是二哥当年上海中学的同学，文革初期与其他同学一起也来过我家，我认识的。

过了一会儿，父亲请了假赶回来，因为他晚上还要开会；一进门开口就问我那个案件的情况。我愣了一下，父亲感觉到了，立即解释说：不是跟你过不去，也不是不相信你，而是心里实在没底。他说文革初期自己被审查，一点没有紧张，因为自己有什么问题自己清楚，我究竟是怎么回事，到了什么程度，要给他交个底。这时我已经想通了很多问题，特别是经过了四.五天安门事件，我对文革是怎么回事，政治上的是非曲直有了清晰的、全新的认识。我就向父亲作了一个"无罪"陈述。我比前一次详尽多地说明了我们"案件"的全部事实，对于"决定书"上每一句话对应的具体是些什么事、什么话，一一作了解释。最后说，如果我们有什么错误的话，就是议论了张春桥等几个具体的人。毕竟他们现在还算是"无产阶级司令部"的。父亲听完后沉默良久，然后问道：那么说，对你们的处理是不符合政策的？我说，你当官那么多年，"政策"是怎么回事，还会不知道？空气又凝固了。一两分钟后，父亲突然站起身，走到里屋拿了公文包又出了门，出门前甩下一张纸，说："你自己看"。我以为父亲是生气了，甩下的是我那张决定书，让我反省。一看，原来是一张宣传材料。当天正是肉类开始定量供应，那是解释发行"肉票"的因为所以的。父亲刚回家时听到我们正在说这件事，所以有后面一出。那时我二哥的女儿已有9个月大，二嫂说，我们兰兰（他们女儿的小名）长大后，只怕咸菜也要凭票。母亲则叹息着说，我说的那些都没错，但"现实不为人所说"；意思是我们没办法讨论真实的情况。从家人的言语神态中，我看到了民意的变化。

父母给了我10元钱消费。第二天我就一个人上街去了。从家里走到南京路，主要是找书店，买书。那时已经有一些教学书，我好像买了几本数学、物理的教材，还有其他一些书。回来的路上，老远看见那个凶恶的王汝光迎面走来，真怕被他一把抓住扭进派出所公安局，立即转个弯避开了。

下一天，我带着新买的书又回到了监所。回去时担心被检查时扣下，首先直接回到饲养场，把东西放好后再到中队部报到。

顺便说说另一件相关的事。那时我们分队有一个"队长"，一直被称为"徐大队长"，应该是50岁左右吧。按说就是最基层的干部，比他更低的也就是"老改造"及我们这些犯人，"大"队长从何而来？知道底牌的人说此人原是静安区交通警察大队的大队长，因索要、收受他人财物多次受处分降职，到了青东农场。刚来时还是中队长，以后又受处分成了警察中完全没有级别的分队长。到了这时他还没有收手。一度跟我同一"船台"的朋友说，徐曾到他家"主动"联系，说些没什么意义的废话，以后似乎又"随意"地说他儿子要去外地工矿就业，什么什么的，朋友家连忙买了衬衣外套等奉上。这些，大家都懂的。后来，居然找到我的父母。我父亲当时任上海市体委办公室主任，那时体育事业正在恢复，国际赛事也多了起来。于是我父亲利用职务便利，不时地给他一些票子什么的，他也就投桃报李，提供了一些便利，给带些食品之类的；我从没有提出过什么其他要求，如果我提出了，估计他会给办的。那时我父亲给他的那些票子比起衬衫什么的不知贵重多少倍。说起来，我父亲这么一个有身份、讲原则的人，为自己的儿子，竟然也同这样的小人物、小人做交易——谁让我这么不让人省心呢？当然，这时我在"船台"上也有了些许贡献。

第八章

天地翻覆

从 1972 年到 1976 年,中国的政治发展特别是社会变化与我就很隔膜。我能看到的就是报纸上极其有限的信息。当然我知道伟大领袖要批"极右",知道后面又有"批林批孔",知道有"白卷英雄",有反师道尊严的英雄等等,但都限于报纸上能看到的,所有这些,剔除水份后最多总共几百几千个字的真实信息。那个时期观念、经济社会和时尚的变化更一无所知。但 1975 年开始的一些变化,还是透过高墙,渗透到我这个"有信仰的人"这里,例如关于"天安门事件"、关于"火车头"的病态,关于"红都女皇"(英文原名好像应该就是"江青同志")那本书,等等。从我听到的信息及知道的信息来源,就让人感觉到世道变迁在一天天迫近。那年 9 月 9 日中午我与我的朋友讲到这个话题就不忍分手。

1976 年元旦,发表了伟大领袖两首词,一首是"水调歌头·重上井冈山",一首是"念奴娇·鸟儿问答"。前者写于 1965 年 5 月,他看到的"到处莺歌燕舞……高路入云端"等等,应该都是真的,恰如 7 年前的 1958 年看到的"遍地英雄下夕烟"一样。但在他视线之外,整个中国怎么说,另当别论。在那两年以后"二月逆流"时,领袖也表达过"重上井冈山"的什么"志",那时表现的是一种忿激的情绪。至于"鸟儿问答",则是一个超级大鸟(展翅一飞九万里的大鹏)和一个蓬间小雀的滑稽对话;最后那只九万里大鸟敕令小雀不须放屁,并请看天地翻覆。一时间全国舞台上老大的淑女到处大亮嗓门禁止别人放屁,也算是一个奇景。但等着看"天地翻覆"的倒大有人在。我也是一个。我心中还不时响着另一个声音:"万家墨面没蒿莱,敢有歌吟动地哀。心事浩茫连广宇,于无声处听惊雷。"鲁迅的很多诗,读过以后就一直镌刻在我的心中。

第一节　时移世异

　　1975年,以我一个"反革命"的感觉,形势向不好的方向发展。3月号《红旗》杂志登出姚文元长文《论林彪反党集团的社会基础》;4月号《红旗》杂志紧接着发表张春桥的《论对资产阶级的全面专政》。11月,又开始了"批邓"运动,形势就更趋紧。对于我们这些"专政对象",特别是我这样的政治犯,感觉就特别不好。有一个叫乔红根的期满劳教人员,因"政策"的变化只能暂时留场"就业",有空时会到我们这里来串门。

　　他就是那从某一个"宽严大会"上被宣布免于刑事处分当场释放的"从宽典型",与他一起被"公判"的十几或几十人当场就押赴刑场枪决了——这也是难得的人生经历。但他没有真的获释。回家不到一个月,又把他抓了进来,以原先那些罪名判了5年劳动教养。他给我们解读姚文元和张春桥的那两篇文章,结合批邓的形势,说以后我们没什么好日子过了。因为我们都是林彪、邓小平的社会基础,就是以后"全面专政"的对象云云。但说这些话的时候他还是眉飞色舞的，没有一点沉重的心情。当时我就想，那些普通的刑事犯跟政治什么边都沾不上，我这样的"反革命"倒真有可能变成什么什么的"基础"。当时期满的人员要"暂时"留场，这样的形势下要"暂"到什么时间还真不好说。我们饲养场里已经有一两个期满人员留场了。他们对我们说，我们现在还有一个期盼，而他们就是在"度死日"，毫无盼头。说得人心灰意冷的。

我到三中队直到我离开，一共有四个"反革命"。除了我和前面说过的殷志春，还有一个老马和一个"小反"。

我刚到青东农场就知道那么一个"小反"，中队给他的任务是养牛，每天都能看见他骑着牛在外面悠哉游哉的，牛也养得很好。有那么几天我不知道后面那个"fan"对应的是哪一个字；问了就知道：fan者"反"也；也就是反革命的意思。他来自长江口的横沙岛，他那个案件是民风纯朴的横沙岛上文革以来第一个"反革命"大案（非常可能也是最后一个）。案情非常简单，就是某一天夜里一些小伙伴玩耍时，不知哪一种荷尔蒙上来了——可以确定的一定不是"反革命激情"——"小反"鼓动说：你们有魄力吗？有魄力的话就跟我喊："打倒某主席"（即伟大领袖）。估计在场的也有些有魄力的孩子吧，于是事情就闹大了。当地领导不敢护着，交到上面，这么着就成了一件反革命大案，小反被收容劳动教养 5 年（当时劳动教养的最高年限）。在劳改农场，让他养牛是给了他发挥专长的机会，牛养得很好；估计生活也不会比家里差。每月 16 元的收入，与当地农民比不会低。我认识他不久，他收容期满，回家去了。

那时刑事犯都说政治犯是"有信仰的人"，有一种敬意。小反肯定不是这种。殷志春，尽管他有见识，有头脑，但出于功利热衷普通犯人间的利益来往，估计多数人也不会以有信仰的名义敬仰他。不好意思，我是大家公认的"有信仰的人"；另外还有一个，不知道别人怎么看他,至少我认他是我的同道。

他就是当年徐汇区"文攻武卫"监狱中单独关押在黑屋子里的"铁面人",姓马。他是戴帽的"反革命分子",以反革命的罪名被判劳动教养5年;当时在三中队的电工班。大约从1975年年中,我与他有了断断续续的往来。我每天去炊事班打饭挑水时可以有短时间的交流,较长时间的交谈只能是一两个月集中看电影的时候。我不知道他确切的罪名更不知道确切的罪行,但至少有一个罪名是听取并传播"敌台广播"。到青东农场以后,他在电工班工作。那是一个相对轻松的工作,有相当的自由度;与我们饲养场一样,也不住在大监区内。

与老马认识以后,每当到大监区看电影,我们一定坐在一个角落里窃窃私语;电影演些什么不太关注了,除非是那些能反映当时政治动态的纪录片。1975年的"七、八、九谣言"从老马那里听到不少——文革后期,国内政治呈不确定状态,大约在1974年7、8、9月就传出了毛批评"四人帮"的传闻,虽经整肃,1975年那几个月又有对"四人帮"不利的高层内幕传出;后来知道,那些"小道消息"真不是谣言。那段时期发生了太多的大事:那年3月底董必武逝世,一个星期后蒋介石去世(董必武逝世后,殷志春准确预见了蒋介石将于一周后去世);12月,康生去世。

进入1976年,人们都感受到了不寻常的气氛。1月8日,周恩来总理逝世。尽管这早已有前兆,不能算是突然的事件,但还是引起了很大的震动;在我们这样的劳改农场同样如此。那时每到冬天都要组织开河,非常辛苦不说,还经常要加夜班。消息发布那天(应该是1月9日吧),我们饲养场有一人参加了晚上的加班,他回来说,那天工地上没任何闲聊的声音,大家都象憋着一股劲,埋头干活,进度很快。我和老马极为关注谁会接替总理的职位,这对中国未来走向至关重要。我们当然希望邓小平能继任总理,但当时邓的处境让人感到很不乐观；自然这也会成为其他人的谈资。那个"葱姜"特别喜欢自作聪明，到处嚷嚷："肯定是张春桥"。说句公道话，这倒不是他喜欢四人帮或张春桥，只是脑子简单。翻牌那天，一个年纪较大的"老头子"去中队部挑饭，回来拿着一张报纸，我立即迎上去问：怎么样？他故弄玄虚逗了一会儿才说：华国锋！大家都非常意外。这么一个结果，未来的不确定性就大了。

这个时候，同样这个劳改农场，同样这些人，不经意间，气氛发生着微妙的变化。首先是犯人们之间的交流多了起来，也越来越不把各种权威放在眼里。所谓"权威"，近的就是看守我们的警察，远的就是那些中央领导。谁都能对各种人、相关的问题说上几句。兽医朱厚修原先是一个沉默寡言的人，这时也开始会和我们一起闲聊；以前讳莫如深的家世和他本人的历史，也会在不经意间流露出来。李妙林也跟我说起他当"右派"及押送劳改时的一些细节。二是人们政治意识都浓了起来，中国政治走向成为一个重要的话题。当然公开场合随便议论的就是类似"葱姜"那样没脑子的人；比较接近的犯人之间私下里议论的就深入得多。除了老马，饲养场里我也有一两个可以讨论这种问题的朋友（因为见到老马的机会毕竟不多）。按照抓我进来时的标准，这种讨论中的言论一旦被揭发，肯定会受到严厉得多的制裁。我把握两个原则，第一是要看准人，也就是说确定不是那种会以此邀功的人；第二是只在两人之间说，讨论时也逐步深入，看着对方的反应慢慢接近核心；这与我和老马的交流不是一回事。三是警察看守好像也变得不愿意惹事，对犯人的管束变得有点松弛，只要不发生大事就行，有点得过且过的意思。我不能准确地说为什么会有这种感觉，在中队部被打、被吊的犯人的惨叫声仍然每天都能听到，但那只是针对有些小过失的人；有一点想法如我这样的人，只觉得自己行动和思想的空间大了很多；相信有这样感觉的不是一人两人。有一次从市区送新犯人过来，一个佩枪的押送警察嗫嚅地在我们这些老犯人前走过,没想到听到一阵又一阵的哄笑,搞的他手也不知道怎么摆,脚也不知道怎么迈。又记得有一次由"老改造"带着排队去大监区看电影,路上看到一张报纸,很大的一张伟大领袖的像被撕成两半,面朝上扔在地上。大家心有灵犀似的,走到那里随意的聊天立马结束,一声不吭地分两边绕过。带队的"老改造"也不发一声,事后也没听说有什么大惊小怪的后续。这在早几年是不可思议的。

那个时候,我从狱友那里听到了《红都女皇》的事件,听到了维特克的名字,听到了其中的一些细节。虽说几年前黄山旭说过一些关于江青的"小道消息",但"蓝苹"及其演员生涯,江青在延安时期与毛的关系等,还是这时第一次听到。需要作专门说明的是,这些我都不是从老马那里听到的,而是从以前的仓库管理员那里。他并不是一个政治敏锐、交友广泛的人。

到了 4 月,发生了举国震惊的天安门事件,大约 7 日,听到关于天安门事件的定性及对邓小平的处理。其他地方怎么个情况不知道,但我们中队发生了一个"重大"的"事件"。"南市帮"的一个重要的人物,也是个有血性的人,因屡犯监规当天被告知在原有 5 年刑期基础上又加刑 2 年。他的朋友晚上邀他一起喝酒以示慰问并表达朋友情谊。这位仁兄闷着一肚子气,酒喝多了放出豪言:就是为邓小平的遭遇不平,以后一定要为邓小平翻案!此事被同一监室与其有隙的一个人称"辣椒皮"的"人员"举报。第二、三天就开了全体大会,宣布其为"反革命分子",重新逮捕。会议不长,简单说明情况,宣布逮捕后就将其带离。该分子神情镇定,安静地听完全部揭发和指控,被戴上手铐带离会场时语调平稳地说了一声:"辣椒皮,我在提篮桥等侬(你)!"——提篮桥是上海市监狱的俗称,通常重刑犯才关押在那里。会场上尽管有三四百人,但极为安静;看守警察也没有一言半语,更没有申斥。这是我前面说的整个社会环境的变化和我们这个监狱的小环境中政治生态衍变的一个注解。

不久又有了一次看电影的机会。我和老马又在某个不可见人的角落里说话。老马告诉了我天安门事件的真相，虽然只是些基本框架和粗线条的素描，但总的与后来我们知道的基本一致。那时的报纸的批判文章中还列举过一些"反动"言论和诗词等文字，如"秦皇的封建时代已一去不返""洒血祭雄杰"之类，让我又嗅到了"五七一工程纪要"的气味。当时我们一致的想法是，一个时代应该结束，也接近结束了。

5月，他又告诉我："火车头"已经不行了。他说中央办公厅已经发出通知，火车头同志不再参加接见外宾等活动；估计已经躺下了。我第一秒钟就问：大概还有多少时间？他说，这就说不清楚了，三天、三个月、三年都可能。我什么心情，这里就不说了，"防扩散"吧。

7月6日，朱德逝世。7日清早起床，走过刘兽医的房间，只见他把自己的半导体收音机放在窗前，播放着新闻。我过去时正听到讣告后讲述逝者生平的稿件，没听到名字，就听到"他创建了井冈山根据地和中国工农红军"等等，于是腿就不会挪动了。这时，刘兽医打早饭回来了，看我那模样，告诉我是朱德逝世了；半夜就开始播报讣告。在以后几天晚上乘凉时，他跟我说起当年在国民党军队那个视角对朱德的认识。他说那时朱德是如雷贯耳，而对毛则比较生疏；只知道"朱毛"，很多士兵还以为"朱毛"是一个人。

天安门事件后，很大范围内有一个清查运动；我们这里也受到了波及。8月的一天，宋教导员到我这里，象是闲聊似的，问起殷志春的情况。他说知道我有一阵跟殷志春话很多，都说些什么？我就用他给我讲的古诗词等敷衍，另说他提醒我这里的人很复杂要提防之类的。教导员没有为难，随便聊了半个小时就走了，没要求我写什么，也没作记录。我想当时上面一定要求他们关注、调查管内的"反革命"的动向。他似乎随意地问起不久前我"探家"时家里说了些什么。

我就告诉他一些"普通话",例如家里关心我的身体、生活状况,让我安心改造之类。说不定他在其他地方也会问起我的情况。但他不愿意多事,走走过场也就交差了。换个人或许就会不一样。

那时候我有了一个东安二村的狱友,名朱卫星,是比我小两级的东安中学学生,父亲是厅局级干部,跟我们家很熟。他的案情非常简单。某天他和几个朋友夜晚在外面游逛时在暗处撒尿,突然发现附近有一对谈恋爱的男女,感觉受了侮辱,于是打了那男的一拳并从其钱包中拿了5元钱算是"精神补偿"。那对恋人脸上挂不住,立马报了警,于是被定"抢劫"罪,判了两年劳教。我与他自然成了最好的朋友,无话不谈。前面说过的那个徐"大队长",通过我父亲也跟他家建立了联系。徐第一次为朱卫星偷带东西时,让我通知他去办公室取。当我告诉朱的时候,他两眼瞪得铜铃般大,刚进口的满嘴饭差点把自己噎死。

1976年9月8日正是农历八月十五,是那年的中秋节。与往年一样,中队给每人发了两只月饼,当然是能打死狗的那种。那天晚上,皓月当空(有人还会跟上"繁星满天"四个字,但实际上,可以见到的只是几颗明亮的行星)。我拉着朱卫星到饲养场的水塔顶上——那是我的地盘。我们一边赏月,慢慢啃着那只石头般硬的月饼。虽说都是犯人,朱卫星还算是新犯人,但心里也没有一点阴影。这样就过了9月9日0时,过了0时10分。

第二天也就是9月9日上午,一个原先在徐汇区"文攻武卫"就认识的劳教期满暂时留场的朋友,文革初上海邮电学校的毕业生到饲养场来看我。说了说不完的话,送他到几百米外,在田头上又站了半个多小时。当时我们说的主题,就是一个时代就要结束了,世道一定要变,世道也一定会变!与两年前比较,我们活跃的物理和思想空间都大大扩展了。

第二节 "那一天"

自从老马跟我说了"火车头"怎么怎么的情况后,我一直等着"那一天"。这说起来太不厚道。但如果不是那种权力垄断的制度环境,如果不是那种垄断权力下对人民专政的螺丝越拧越紧,如果大家都好好的就能实现变革,社会能逐渐进步,就能进入新的时代,谁会诅咒神坛上的伟大领袖呢?不管怎么说,很多人没看清的什么什么,我看清了,老马看清了,还有一些无名无姓的谁谁谁,例如我身边能与我交流想法的劳教人员是看清了,告诉我《红都女皇》的那个略显迟钝的青年也部分地看清了;我相信沈指导员、宋教导员也看清了;我的父亲也看清了;我的母亲、我的哥哥嫂嫂等,至少也朦胧地看清了。从我们以后听到叶剑英元帅说的"投鼠忌器",知道叶帅等也在等着不必忌那个器就可以投那些鼠的"那一天"。

"那一天"终于到了。那天下午 3 点 50 分左右我们听到河岸对面的大喇叭播放了通知:今天下午 5 点有重要广播,请同志们立即收工!再三再四。那里是青浦县农业科学研究所,有时我们能从他们的广播里听到些不重要的消息。

听到广播,我立即去找平时一起秘密讨论政治问题的"船台"上的一个朋友(姓顾);那时他正在饲养场北缘外干活。到北门口,我首先看到一两百米外有十几个人在干活,殷志春也在那里。只见殷志春非常激动地向其他人说着什么,手势幅度极大。我悄悄地问我的朋友:你怎么看?他迟疑地说,我想……,可能……?我打断他的话,说,你想的和我一样!他有点不敢相信的说:不太可能吧?或许……?我说或许什么?他说例如重大灾难。我说唐山地震那么大的灾难，也没那么着急，再说组织救援首先需要通过组织体系，不需要那么紧迫地广而告之。我说，除非发生了外敌全面入侵，再没有排除"那一天"的其他理由了。

对岸的通知广播了几遍以后，广播室从本地播音员的直播切换到了电台播音；传来了中央电台播音员的声音："下午4点有重要广播"，请注意收听等等。这就更证实了我、我们原先的猜测。心绪没来得及平复，4点就到了。听到中央电台广播员吐出的第一个字，就知道该来的已经来了。听了第一句（中间的顿号逗号很多，我说的以句号为标志），就回想起当天凌晨0点10分我在什么位置，看着天上明月，吃着什么，说着什么。

这时我还站在饲养场的北缘。第一句话音刚落，就看到不远处殷志春手舞足蹈，极为兴奋。我虽然听不见他的声音，但我知道他说的肯定是：你们看，我说对了吗？！我真的为他担心，担心他会不会因此吃枪子；同时我也想，他坐过的那5次监，都学会了些什么？刚认识他时我觉得他深沉无比，现在怎么就那么浅薄呢？

没想到老马也按捺不住内心的冲动，众目睽睽之下第一时间从1.5里外的中队部赶到饲养场，一把把我拉到僻静处，语无伦次地跟我唠叨起来，内容不过就是以后一段时期一定形势非常复杂，一定要保护好自己等等。我当然知道这些。他来的时候我已经从第一时间的震荡翻腾中平静了下来，与很多狱友一起回到了监室，大家都沉默着，也不知道有什么话可说。被老马拉出去时就想，这样的时刻我们两个反革命凑在一起，对我们都非常危险；况且他还是从1.5里外赶来的。我试图打断他的废话但毫无效果，只能一甩手走回人多的地方。他悻悻然走了。我想不久他也能想到我是怎么个意思。

我知道，老马、殷志春和我一样，都在等着这一天，也都有思想准备。但怎么他们都那么沉不住气，偏偏只有我这个最年轻的还知道些轻重？

有狱友说看到我们那个马队长,当时正爬在梯子上上屋顶检查什么,听到广播立马下来,似乎还掉了眼泪;另一个年轻队长怎么怎么就痛哭了起来。我听了就说:"假的!"主要说的是后面那个人。

当然要组织全体集中听取广播。当晚就集中到大监区。到晚上八点,周边各个中队的广播陆续响起,但我们这里就是没有声音。因为没有任何其他干扰,外面传来的广播我们倒听得很清楚。不管怎么着,我们这里是发生了重大的事故,或许就是"事件",当晚就组织了侦查。不久发现,某一个地方广播电线断了,第一时间就假定是人为破坏,于是开始追查破坏分子。有虹口帮的举报说当天傍晚看到殷志春曾在断线处出现过,于是殷立马被控制起来。如果换位思考,有什么人会阻碍大家听这个广播呢?能阻碍什么?阻碍了又怎么样?但当时负点责任的人就象被绑架了一样,不小题大做就会让自己陷于险境。

听说殷志春1976年9月9日当晚就被关进一个黑屋子,不知道白天黑夜、东南西北。直到1977年,政治环境发生了明显的变化。以前因政治原因搞的一些案件也低调处理。那个张扬要为邓小平翻案的又回来了,也就是说他服完原有的刑期就行了,没有新的"反革命罪"。殷到1977年春也回来了。那次给他安了一个帽子,叫"传播封资修文化"(也就是讲讲故事),被加了两年刑。没有人指控他讲"反动话",估计除我以外确实没人能听懂,就是当时听懂了日后也记不住,不能有效地揭发。

"那一天"就这么过去了。尽管有准备甚至期盼着,但其意义还需要消化,以后的走向,还需要观察。

以后的几天,不时地听到人民群众,领导干部怎么怎么悲痛,痛哭流涕的传闻,什么什么人哭得死去活来晕过去的消息也多得很,都说的有鼻子有眼的。看管我们的警察有哭的,有哭得很激烈的也有就掉掉眼泪的;"老改造"也有抹眼泪的。所有那些人,是不是装的都完全无从知晓；但我们这些劳教人员中没哭的也没有抹眼泪的，装的也没有。当时我们倒是讨论过一个问题。那两年国家遇到多次重大丧事，董必武、康生、周总理、朱老总，现在又有伟大领袖。当时的惯例，两三天后报纸要刊登国外政要吊唁的电报等，都有通栏标题。刊登董必武、康生的吊唁信息时的通栏标题是"沉痛哀悼＊＊＊逝世"；周总理、朱老总时是"极其沉痛地哀悼＊＊＊逝世"。于是我们为中央报刊的总编操心，为伟大领袖应采用怎样的文字？我不得不说人才就在底层。我是没动出什么脑筋，一个狱友（葛扣明）倒是想出来了，说是"无限沉痛地哀悼＊＊＊逝世"。大家一致认为正确。或许是中央媒体的领导有其他考虑，更可能的是偶尔落后于我们这里的臭皮匠，吊唁伟大领袖报道的通栏标题还是"极其沉痛"。在我看来，伟大领袖就是"一人"；与其他主要领导不拉开距离，毕竟是不太妥当。

那时候全国上下停止娱乐活动。我们这里本来没什么娱乐，这时也没什么失落。伟大领袖去世后全国戴孝。我们这些"反犬旁"的没这个资格，没让戴。当时就不想戴，事后看来真的幸运。

老马从最初的激动中回过神来，也知道了我回避他时的用意，以后一段时间也没有再来找我。那时候公开场合下不会讨论敏感的话题（上面那个为领导着想的话题除外），但看得出人们三三两两都在窃窃私议。我与我的朋友也会议论现在的局面、危机和可能的前景，但没有什么可以参考的信息，再说与那里的朋友也说不深，也就天天注意报纸的报道，什么人出席了什么活动之类。对有关报道的字里行间我也会注意，但那时还没有功力，看不透什么。那个时候，外面都哭得昏天黑地，但我们这里还是该说的说该笑的笑，有点不同的就是尽可能不要大笑；真有什么必须大笑的就找人少的地方，或躲在蚊帐里面。

到了9月18日，举行伟大领袖的追悼大会，全国人民都要在遍布 960 万平方公里的分会场参加。这次没把我们遗漏了。那天差不多的时候，所有犯人都集中到了大监区的操场，警察、"老改造"等也都在了；他们站着，我们都坐在地上。

追悼会开始后命令我们站起来。王洪文主持的追悼。开始是奏哀乐，默哀。然后王洪文宣布下一道程序：向伟大领袖……三鞠躬！我们大家都没见过这个阵势，不知道丧事该怎么办——估计文革时期民间办丧事也极其简单，没太多的讲究。于是大家就鞠了三下躬，看守的警察一声喊：坐下！我们刚坐下就听到王洪文慢条斯理地说：一鞠躬……！以后又是二鞠躬……，三鞠躬。我们这些犯人就坐着了，那些警察、"老改造"急忙转过身去，屁股一撅一撅的，非常好笑。我真忍不住要笑出声来；但心里对自己说，不能笑、千万不能笑！不然脑袋就没了；一边咬住舌头，使劲忍住。然后又听着悼词等等，与 9 天前听到的"告全党全军全国人民书"应该没什么太大的差别；就是有，我们也听不出来。

因为没有什么情感的投入，整个追悼活动现在能想起的就这些。不久也组织我们看了追悼活动的电影，看到了江青的打扮有些人有议论。

追悼会后，日子恢复了正常似乎又没有恢复。我仍然尽可能避免与老马来往，如果不是特别需要，就不去中队部。但在饲养场，大家都在猜测以后会是怎么一个格局。那个"葱姜"又在大庭广众下发表他的"高论"："肯定华国锋当主席、王洪文当委员长、张春桥当总理"！给江青也安排了一个职务，具体忘了。他在外面咋呼的时候，我正与 9 日那天一起议论的朋友在蚊帐中谈论同样的问题，我跟他分析，张春桥王洪文等在中央没什么根基，目前的形势对他们并不有利。王洪文、张春桥不是当什么什么的，现在应该正担心能不能在中央呆下去呢！

以后的一段日子发生了很多的大事，江青、张春桥策划下发表了一系列重头文章，发起了宣传攻势。但我们平时没充足的时间读报纸，光听广播也难以对字里行间的隐喻等体会研究。但"既定方针"这个词还是引起过我们的注意。我们的议论中，认为这至少说明伟大领袖去世前有过一定的安排；但既然如此，应该有个渠道让大家知道啊？当时又看不到什么有信息含量的说法。当年国庆，好像还是有大型的活动，当时的报道中好像也没有什么特殊的内容；尽管我已经花了很大的精力去看、去猜。

那时我注意的重点是高层人物的出镜，对重要文章倒没有细读。大约10月4日或5日有一个外事活动，我发现张春桥、王洪文、姚文元都没有参加。那天我遇到老马，跟他说起此事，意思是上层是不是可能有变化。老马断然地说，极左派的代表是江青，江青还在，上层的格局不会有变化。从他的语言和分析看，他当时仍然在偷听"敌台"广播，有他独特的信息来源和分析方法。

我们饲养场青饲料供应的一个来源是从市区拉来的"返销菜"。那个时候，农民每天按"计划"把足够数量的蔬菜拉到市区，旺季时卖不完，又让农民从市区把菜按低一些的价格买回来，做饲料用，有些就直接沤肥了。我们的饲养场也有这样的供应。当时跑市区拉返销菜的是"老改造"和一两个暂时留场的劳教期满人员。大约10月9日或10日，那天早晨我走过他们的房间，一个绰号叫"大（du）块头"（意思就是大胖子；我当时的绰号叫"小大块头"）的期满人员刚从上海回来，正和几个人说着什么，我就凑了过去。他说，现在上海重要的场合到处都有背着枪的人走来走去的，特别是人民广场；同时那里还聚集着很多人，一堆一堆的，什么"反动话"都可以讲。我当然急切地向他打听都有些什么"反动话"，他打住不说了。

当时就想，这不就是动乱的迹象吗？又想到一旦发生战乱，监狱中的犯人是最大的弱势，而政治犯又是首先要被制裁被镇压的，于是警觉了起来。找到老马，商量着一旦有进一步的迹象，就要设法出逃，然后分头去找游击队。接着，连续两夜梦见打仗。当时想，如果第三夜又做这样的梦，说明战争肯定就要打起来，必须出逃了。幸好，第三天没再出现同样的梦境。当时马天水、徐景贤、王秀珍已被招到北京听取中央决定，留在上海的王洪文的小兄弟，如陈阿大等一伙人正开会策划"571"。当那个梦境消失时，他们的计划已经胎死腹中。

后来知道，四人帮在上海的那些喽啰们策划搞武装暴动时，有三个个老干部参加了。一个是王少庸，一个是张敬标，另一个就是冯国柱。在一片叫嚣声中，张和冯提议说是不是缓一缓，等马、徐、王从北京回来再决定。这就停止了关于武装暴乱的讨论。我想，张、冯的动机是制止暴乱，客观上也达到了目的；虽然没有他们的劝诫，那些人也未必真有举事的魄力。以后的清算中，考虑到冯在关键时刻的积极作用，对其处分只是开除党籍，行政降三级；没有定性为四人帮集团爪牙，更没有追究刑事责任。文革初期有造反派揭发冯国柱对他解放后十几年始终未获提拔很有牢骚；到1971年后，终于获得了提拔的机会，担任了上海市革委会副主任，因而也有了参加那种会议、参与那类决策的机会，不料恰恰给他留下了污点。真是福祸相倚。被处分以后，他就住进了东安二村附近的宛平新村，离我家不远。1980年代初，我父亲去看望过几次。在我们的反革命集团案中，他曾给我们不少保护。

现在想来，10月9日或10日开始，北京已经在欢呼粉碎"四人帮"了，但上海盖子还捂着。那几天，报纸上连篇报道首都群众欢庆中共中央关于修建"毛主席纪念堂"和筹备出版《毛泽东选集》第五卷的"两个决定"。报道的规格非常之高，群众游行的规模又很大，反响非常热烈的样子。中央报刊上的报道除了报道两个决定，还就是透露了北京的人民在欢庆着什么。感觉有些奇怪。于是私下与朋友讨论，是不是中央有另外两个更为重要的决定？

这样的决定还真有。如以前的传统，公开上报还会有一个时滞。

10月14日上午，那个"大块头"从上海回来，带来了粉碎"四人帮"的消息。"四人帮"这个词确实是出自伟大领袖之口。1974年7月，在中共中央政治局会议上，毛泽东说江青"算上海帮呢！你们要注意呢，不要搞成四人小宗派呢。" 1975年5月，进一步对江青等四人说："（你们）不要搞'四人帮'，你们不要搞了，为什么要照样搞呀？为什么不和二百多个中央委员搞团结？搞少数人不好，历来不好。"正式提出了"四人帮"的概念。毛泽东当时这么说只是批评规劝，但人民群众中不少能动分子对这些人已经十分反感，甚至憎恶。抓捕王、张、江、姚四人的消息一经传出，全国一片欢腾。

那天傍晚，看到河对岸的青浦县农科所员工在他们屋子墙上刷标语，我就站在那里看着他们一个字一个字慢慢地写出来贴上去。我那些朋友都觉得我有些反应过度：不就是那么回事吗？不是已经知道了吗？但我还是不那么放心，要看到他们贴出的每一个字，直到最后一个字。我看到的那第一张标语与后面的标准口径有所不同。我们现在看到的"四人帮"排名，是按职务高低排列的，在第一时间看到的，是按实际地位和作用排序的，前后顺序是江青、张春桥、姚文元、王洪文。看到他们刷完标语，又放了爆竹，才彻底踏实了；心里就那么高兴。

那时仍然不停报道首都和各地群众大规模游行的消息，不过主题已经是拥护中央另外两个决定，一是华国锋同志正式担任中共中央主席、中央军委主席、国务院总理；二是粉碎四人帮反党集团。

过了两三天，9月9日中午与我长谈的邮电学校毕业生又来看我，一见面就兴奋地说：还记得那天中午我们说的吗？那么快就兑现了！真的让人高兴。

我当然也与老马交换了意见。他给我泼了一盆冷水。他说从来没有给政治犯平反的先例。现在的格局，即使对大家是好事，对我们也没什么意义。听他这么一说，又有点心灰意冷的感觉。如果真这样的话，能交流、互助的需求也就少了；以后与老马也开始疏远。说起来有点不好意思。

第三节　申诉和等待

大约 10 月 22 日，报纸上公开了"粉碎四人帮"的消息；以后又是各地游行庆祝和拥护。据说 1967 年 8 月被王洪文镇压的上海柴油机厂革命造反联合司令部即"联司"的残余分子，在游行时率先冲进上海市委领导官邸爱棠别墅，冲进张春桥等的家中（不知道做过什么，做到什么程度），也没人敢阻拦。以后的几天，很多游行队伍也都跟着冲了进去。那个时候黄山旭已经在上海电动工具研究所工作，他兴高采烈地随单位同事参加了游行，也去张等的住宅里转了一圈。

就那一两天吧，我的父母赶到农场。那一次，他们是完全不遵守任何规矩，没到中队部与宋教导员等打招呼，就找了徐"大队长"，让他安排我们在大田临时值班的小房子里见面。在那里，父亲第一句话就问我，除了两个多月前我"探家"时说的，还有没有什么遗漏没说的。我想了想，说最多就是说文化大革命不好吧（可能那时我在家说的不那么直接）。父亲说："那没关系；毛主席自己说文化大革命'三七开'"。母亲跟我说："你爸爸要给你争取平反"。我说，那我写一个详细的材料。于是约好一周后父亲来取。

后面几天，我每天完成劳动后就躲进蚊帐，把我们的案情，特别是给我们定罪的所有依据详细写了一遍；写完后把这些都藏进以前家里给我的一本书的包书皮里,等着父亲过来。那次父亲胆子更大了,直接就到了我所在的饲养场(那里没有专门的警卫),拿到了我写的材料,简单说几句就匆匆返回。第二天一早徐"大队长"就把我找去,转交我父亲的回信。原来父亲看了以后立即给徐"大队长"打电话。让他连夜赶回,第二天一早把自己的意见立即转交给我。徐"大队长"还真的好使唤,那么几个月珍贵的票子,看起来还不算是喂了白眼狼。

我原先写的,是让父亲知道我案情的全景,供他判断并决定后面的行动。父亲给我的意见,就是让我写成一个控诉和申诉的材料,还给我起了一个题目:控诉四人帮及其在上海的爪牙对我的迫害之类。我很快就按这个精神作了修改。我父亲与黄山旭的父亲也建立了热线联系,他们差不多就成立了工作班子吧,黄山旭是当然的机要秘书,依据我写的材料,黄山旭自己能提供的材料和其他途径得到的材料等,整理成符合规范的申诉材料,正式递交了。

那个时候,万晓光离期满释放还有一个月左右。那时,他也每天空闲时就躲在蚊帐里,用一本黑色封皮的笔记本(上海人叫"黑面抄"),写了2—3万字的心路历程,标题是"髫幼者笔记",意思是当年还未及冠的少年的特殊经历及内心体验。他的文笔很好,以后我读到那本笔记,也很受感动。

万晓光的父亲在我们正式处理后,经检查过关,也被调离了核心部门市委"组织组",到黄浦区担任了区革委会大约第十一位也就是排名最后的副主任。据说在以后的一次干部大会上,他专题报告了送三个女儿去黑龙江农村的先进事迹,很快被举报他刻意隐瞒了还有一个"反革命"的儿子,因而被发配去"上海知青慰问组"黑龙江分组担任组长。1976年11月被召回上海,时任上海市委书记的王一平代表组织谈话(当时有第一书记第二书记第三书记,书记是书记处书记,略高于现在的常委),准备安排担任徐汇区区委书记。万晓光的父亲提出自己儿子的案件就在徐汇区，这样安排是不是合适？王一平同志说，你就回去交接工作，其他事组织上会考虑。万晓光父亲完成交接工作回来后，中央已下发了当年的 23 号文件，宗旨是平反文革中的冤假错案。内称："中央认为，凡纯属反对'四人帮'的，已拘捕的，应予释放；已立案的，应予销案；正在审查的，解除审查；已判刑的，取消刑期予以释放；给予党籍团籍处分的，应予撤销。要认真做好这部分同志的政治思想工作，鼓励他们积极参加反对王张江姚反党集团的斗争。"王一平对万晓光的父亲说："这下你应该没有顾虑了吧？"

那一年 11 月 21 日，万晓光劳教期满，回家休息了两三天，按规定要暂时留场，只能又回去。到元旦再次回家，感到不堪其辱，一发狠就不回农场了。劳改队在几次警告未果后，派了一辆警车一副手铐又把他铐了回去。以后设法给办了一个"保外就医"，他就算是非正式地离开了那个劳改农场。

我父亲也非常急切地期待着我及时获释。刚官复原职的上海市公安局长黄赤波，当时还住在我家附近的东安一村——那里文革前后都安置过一些被处理的干部；十几年后徐景贤等刑满后也在那里住过。据我姐姐说那时我父亲差不多就踏破了他家的门槛：大年三十上门，大年初一又上门。黄局长只能耐心地说，要经过程序，没那么快的。

其实，平反的程序过了春节才正式启动。二月，徐汇区确定了第一批冤假错案复查案件，共 7 件；我们的案件是其中之一。

就在那个春节，当年中学红卫兵团的一些同学并不知道我们为争取平反的积极努力及进展，曾议论过我即将期满释放的事。以我的小人之心，推测那些君子心中还有一定程度的紧张；但据说张珉非常宽宏地说，只要我能认识错误，改正错误，还是要欢迎等等。

那时万晓光虽然办了"保外就医"（其实也就是请了"病假"），

但还算是农场的留场人员,可以进出劳改支队。那时,他有空就会过来看我,还会给我带些食品,带些我爱喝的酒之类的,这很给我在"船台"的朋友中长脸;在我的朋友中他也很受欢迎(主要不是因为他带的酒)。第一次他来的时候,当时在场的几个朋友就仔细观察了他,后来告诉我,我的这个朋友比我聪明,观察力、机敏、警觉等等都比我强得多。

那个时候我还在管理饲料仓库。万晓光过来,我们常常会在仓库前河边的石条凳上坐着聊天。他告诉我他在最后几个月写的"髫幼者笔记"(后来也带给我看了);他说他写这个就是为了追于晓梅。

补充说明一下:1972年8月于晓梅获释后回到学校学习;在班主任老师的诱导下,同学们很孤立她。1973年毕业分配,到了位于市郊奉贤县的星火农场,那里我校毕业生很多。后来有个机会,就调到了位于江苏徐州的"上海后方基地"大屯煤矿。1977年春节回上海探亲时,万晓光去她家看她。当时以给我们平反为目的的复查刚启动,他们见面时的气氛肯定不会非常自然。万晓光当然将他的作品当作敲门砖。万晓光肯定跟我详述了那时几次见面的细节。事关隐私,这里也"防扩散"吧。

大约到3月底的一天,万晓光告诉我,复查已基本完成,以后的工作日程也有了具体的安排。已经确定4月14日举行平反大会,原先什么范围,现在仍然什么范围。我当然喜不自胜。但过几天我父亲来信,说此事卡壳了。因为中央有关文件规定,平反冤假错案,原先哪个层级批准的,原则上现在也要同样级别的组织审批。我们这个案子是当时的中共中央副主席批的,现在虽然不会要求副主席批准,但必须经过上海市委常委会。父亲说,我们这个案子由市委书记王一平负责,常委会讨论这个复查时,必须王一平到会;但最近的一两次常委会会期时,王正有事外出,不能出席。于是父亲让我再耐心地等一等。有什么办法,那就继续等吧。

5月1日，万晓光又来看我，带来了两瓶酒还有熟菜，晚上跟我和三个同一"船台"的朋友一起钻进蚊帐喝了起来。为赶末班车他喝了一会就走了，我与那些朋友继续喝。那个时候，我们这些老资格的，每个"船台"都在聚餐喝酒，那些新来的有工作的那批人，则只能躺在蚊帐里发呆。我们这里酒足饭饱，我刚跨出蚊帐，另一个蚊帐中伸出一瓶白酒，招呼我喝。我豪情万丈地喝了一大口。

这下坏了。都说到了极限一根稻草就能把骆驼压死，这最后一口酒也把我醉倒了。于是呕吐不止。这是我有生以来第一次醉酒。那些新来的年长的劳教人员或许以为伺候我们这些老资格是他们的责任，不敢麻烦我船台的朋友，三四个人在我床前忙着，接呕吐的秽物，端茶送水递毛巾什么的，忙的不亦乐乎。照说我怎么也该记个好吧？但这些人第二天马上向马队长汇报，说我违禁喝酒，醉得怎么怎么的。他们没想到的是，马队长听了只是在喉咙里嘟哝了半句："真是，怎么……"，什么下文都没有了。

以后，万晓光还是不时地会来看我，带给我东西；我中学时的副班主任于老师给我写了一封长信，又给了几本数学教材，也托他带来。万晓光还随时给我通报外面的情况；特别是那一时期形势的变化。如邓小平给中央的信，高层的一些变化，一些重要的讲话等等。有一次万晓光在我这里呆到很晚（那天他准备到他的四中队过夜），我和他躲在我的饲料仓库里喝酒说话，出来时与马队长迎面撞上；我有点尴尬，但也向马作了介绍。马队长嘟哝了半句"搞的那么晚……"，就走了。

6月29日，是万晓光21岁的生日。那天万晓光又来了，还带来了一个好消息：市委常委会前一天的会议上，已经通过了我们的复查报告，接下去就按程序办手续了。——实际上那次会议是29日当天开的，万晓光说这些话的时候，会议还没有开或正在开。虽说已经等了那么长的时间，听到这个消息，还是心急火燎最好立刻能走。当然也知道这不可能，首先是没有心情继续干活了。于是让万晓光向马队长传达这个消息，同时提出我想轮休了。这时候刚出忙季，我们都已经连续4个月没休息过（一天也没有！），连同下个月的，我已经积累了10天的休假。马队长这时打起了官腔，说他也正考虑轮休，等眼前的什么什么事做完立即安排。我知道他这是对万晓光不信任。送万晓光的时候，我让他回去第一时间就请我父亲立即写一封信来说明此事。

万晓光当然不辱使命，但那时邮路还没有现在那么便捷。到7月3日，父亲的信终于到了。马叫我到他的寝室兼办公室，把信交给我，说"你们的事"终于"解决"了，祝贺等等；又说，你就休息吧。

从他房间出来当然马上看信，信是父亲在万晓光来的当天写的。感觉是我父亲写信时并不知道详细的情况，只是复述了万晓光告诉他的情况，为了满足我的需求草就的急就章；读过后心里当然还不是非常踏实。

那时，饲养场西头的一排瓦房刚竣工，新来的劳教人员又多，需要迁几个人先过去。因为不用担心我逃跑或有其他问题，首先就让我第一个入住；那里就没什么门锁铁窗之类的。朱卫星等经常到我这里来，象在家里一样轻松自在。那时天气热，夜里睡不着，有时会半夜11~12点又起来，在外面坐到2~3点再睡。等着等着又没了消息，慢慢地又沉不住气。当时监狱里已经有了扑克牌，休息中的我每天摆牌"通贯"。当时想，如果三次里就能通了，那就表明第二天我就能回去。但摆来摆去，愣就是不通。外面也一点消息没有，当时真的想，万晓光的消息究竟靠不靠谱（我父亲信中说的明显是转述万晓光传达的内容）。那时候，我的焦虑只能与朱卫星说，有什么打算的话也只能与他商量。7月10日，星期天，我跟朱卫星说我打算连夜出逃（要逃出去其实是很容易的），去问个究竟。不管能不能顺利逃脱，我这个情况谁也不能把我怎样。朱卫星极力劝阻，让我再等一两天。

第二天即 11 日上午，又收到父亲的来信，详细说明了市委常委会开会的日期，以后走程序的大致环节，最后说，应该周三或周四（13 或 14 日）就能回家。这次信里说的有鼻子有眼，肯定不会有差。但我想，我已经失望了那么多次了，我暂且就认为会拖延到周五、周六吧？

这么着，我还是天天摆着纸牌，到 12 日摆纸牌时，第二副就摆通了。心想，明天我真的能回去了？再验证一下？一副又摆通了。怀着希望，但又不敢当真。

那时的规矩，"船台"里的朋友获释后，第一时间就要到青浦镇买一些烟酒熟食等等，回来送给朋友，这叫"回马枪"；杀了回马枪才能赶路回家。13 日，恰逢我当时的"船台"朋友邓庆国（也就是前面说过工作上我们衔接很好，也很知道交往之道的朋友）教养期满。12 日夜他与我们做彻夜之谈，肯定有吃的喝的，当然也要说"回马枪"的事。他问我要些什么——当然他知道我喜欢喝酒，他要准备得好一些。我说，我什么也不需要——你上午走，我下午就回了。他非常不放心，说，你总不能就把这几副牌当真了吧？我说，你放心吧，一定的！当晚尽欢而散。

13 日上午，邓庆国早晨起来就收拾行李，8 点多到中队部办了手续，正式期满释放的时间是上午 9 点整。他离开农场时必经的那条路，离饲养场有三四百米。我们就在远处目送他回家；虽然几天后他又要回来；但与劳教人员身份已有不同。从那个时候开始，我也一直在等着通知，什么音讯都没有。吃完午饭，有点理想破灭的感觉，倒头就睡了，睡得还挺沉，到下午两点被徐"大队长"叫醒。他把我叫到马队长的房间里；那时马队长正在生病。等马队长坐起来，他说："陈江岚他们那个案子平反了，他们区里来车接，现正在场部办手续"，然后又说已经联系了让马队长跟车回去看病。回过头让我回去打点行装，并叮嘱不要跟别人乱说，什么什么的。

第八章 天地翻覆

我一口气回到我的房间，朱卫星等马上围了上来，问："怎么样"？前一天晚上我说今天要走他们都知道。我只感到浑身无力，坐在床沿，说：我要回去了！据说我当时脸色"格撩似白"（也就是上海话"煞白"的意思，"格撩似"应该是来自英语 glass 吧）。传说中的"喜伤心"，大约就是这个情景吧？大喜过望，尽管已经有思想准备，但小心脏还是真的承受不了。朱卫星和其他朋友七手八脚，帮我把行李准备好，簇拥着我到了中队部。到那里知道，徐汇区过来接我的车子已到场部，办完手续后先到四中队取万晓光留在那里的行李，最后到我们这里。这时已让财务给我结账，办理这里的其他手续。

那时宋教导员已经调回上海市的公安部门，虽说还没有正式的平反或纠正。当时中队新任的指导员把我让进小会议室，算是开了一个短会。他首先祝贺我得到平反，对我在中队的表现等给了应该说是高度的评价，劳动表现、贡献怎么怎么，又帮助他们工作，作了什么表率等等；又让我给他们提意见啥的。后面说了两个主要的意思：第一，这里的情况不要向外人说；第二，以后不要再跟这里的人有什么来往；不论是劳教人员、期满留场人员（即"老改造"）还是警察。他特别说，他们知道我父亲给了徐"大队长"很多好处，以后就不要再来往了。当时我真想搧自己两个大嘴巴。就是因为我，让我父亲这么个高傲、有身份的人不得不向那样的小人陪笑脸。

开完简短的会，车子还没有到。我就到外面张望。看到老马，交流了情况，他的神情不是太自然。他的情况肯定比我复杂一些，那时也还没有处理那些积案的政策。非常遗憾的是，当时没有留下继续联系的办法。说起来，这时我有点势利。

到下午 4 点左右吧，看到远处有一辆面包车驶来，想着应该是接我的车了。不知怎么的，就能熟练地像以后电视剧里看到的那样练了起来。我自然而然地退回中队部会议室，等着那车在院子里停稳，一干人下车走来，我在指导员的陪伴下向那一干人走去。对方走在最前面的就是原先专案组的潘季贤，我一看就气不打一处来，但也没办法。对方有人介绍说：这是徐汇区复查组的潘季贤同志。我这里的指导员也介绍：这就是陈江岚"同志"。

后面的情节没有照通用剧本展开。我一点没有激动的感觉，更没有泪崩，只感到有点恼怒。然后到会议室分宾主坐下，指导员向复查组报告我在那里的良好表现——不是在介绍一个表现很好的犯人之类的，而好像是介绍英雄模范人物。潘则告诉我，我们这个案件经过复查已经得出了结论，撤销对我们的处理。那时他端坐在主座上，气派还挺大。我不太记得我说了些什么，也就是几句"普通话"吧。接着就在一小群人的簇拥下，走向汽车，劳改队的警察干部与我一一握手告别。

汽车向外驶去时，看到朱卫星和饲养场几个朋友光着膀子穿着拖鞋走出三四百米，到大路边向我挥手道别；虽然他们都还是受管制的"人员"，但大家的表情都非常阳光。复查组来接我的有一个东安中学的女教师，问我刚才那群人中有没有一个叫朱卫星的？我说正是，也告诉了我知道的情况。她慨叹了一番，说是太可惜了。

回去的路上，潘告诉我，先休息几天，考虑一下，有什么要求，下周找个时间再讨论。年初我知道很快会平反，就没有再剃光头；这时头发已经很长。潘说，还是留着头发好吧？听到这样的话又出自他的口，就像吃了苍蝇一样。我一秒钟以后才想出回击的话，但已经太迟，只能把苍蝇吞下去。

不管怎么着，牢狱生活是结束了。从 1972 年 3 月 10 日到 1977 年 7 月 13 日，被关押整整 5 年、4 月、3 天。分为差不多相等的前后两个时期。前面是两年八个月十二天，是受审查特别是单身监禁的时间；后面两年八个月缺九天，是劳改的日子；如刚判决时的直觉，没有服完后面三年的教养期。前一时期中，差不多有整整两年不见天日的漫漫时光。这整个过程中，我从一个 16 岁的少年变成了近 22 岁的青年。遣送站时那个狱友说的"黑一点、瘦一点、语言粗一点、人野蛮一点"的简单预见，有对的也有不对的。这些年的变化，更多是在内心，在内涵，在思想深度，在社会体验。

第四节　还是有美好的记忆和体会

即使在劳改农场，农村风光还是非常能吸引我。春天的花红柳绿油菜黄，夏天大片大片深绿的农田，秋天的滚滚稻浪，都能给我带来愉悦的心情。夜晚的月色星光，也是城市里难得一见的。春风夏风秋风，都让人舒适暇意；也就是冬天单调一些。我没有参加过大田里的劳动，没吃过插秧拔秧割稻开河那种苦，一直在饲养场劳动，面对的是一天天生长着的活物，更能让人感到有趣。

1976年初，因饲养场要扩大规模，马队长将原先饲养场西侧大约5—6亩地要了过来（我想能伸手要地，与他的业绩，也就是在我们支持下饲养场工作的明显进步有直接关系吧？），在北侧造了一排猪舍，前面又造了一排瓦房（可住人也可做库房），前面还有几亩地，估计中队没给什么指标，于是就作为"试验田"，随便玩玩。当年我们种了一季西瓜，好像并没有指定什么人专门负责，种是一起种的，平时的管理，谁有空都会参加；最上心的就是马队长本人。到了结西瓜的日子，看着小西瓜一个个多了起来，大家都非常高兴，每天都会去看几眼。没想到，这是一个失败的尝试。西瓜在拳头大小时会维持好多天，不知道哪一天，一夜之间就会膨大好几倍。西瓜小的时候什么都好好的，一旦膨大了，立刻就有田鼠咬个洞吃空了里面的瓜瓤。

半年的心血付诸东流。于是我们把尚未被田鼠糟蹋的小瓜摘下，不管好吃不好吃多少尝几口。

然后，把西瓜全部翻了改种西红柿。如同前一季一样，大家都很关心也很踊跃。这次，种的季节不对，没等西红柿成熟，天气就转凉了。于是又把已经结了很多青西红柿的植株翻了，安心种冬小麦。那两天，每个人都吃了不少青西红柿。人们可能并不知道，青西红柿的味儿是甜的；但据说有一定的毒性，不合适多吃。好在那次大家都没发生什么问题。这两次种植试验，感觉就是让大家玩了两把。

1977年，农场开始试验种猪的人工授精；这项实验的基地在二中队，他们那里配备了必要的设备。我们这里的朱兽医跟他们商量，我们也借他们的材料一用。于是在配种季节，每天我都要到那里走一遭。先是撑船到对岸，然后步行3—4里路，到二中队饲养场，拿了东西再回来。对于一直在很小范围内活动的人来说，这种田园散步也是一种让人愉快的事。一个必经的路口有二中队的一个工具房，一个"老改造"在那里管着；他养了一条很凶猛的狗。平时那条狗就趴在地上，看见有人走近就会一跃而起，"狗视眈眈"并开始吠叫。我第一次路过那里，看到那只狗就不敢继续向前走了。狗主人闻声出来，跟我说不用怕，按原来的节奏走。于是我慢慢地向前，过了一定的距离，那条狗就站住了，目送着我。原来狗有它的势力范围。与狗打交道有两个要诀：一是不要怕它，二是不要吓着它，特别是千万不能逃跑，据说见到狼也一样。我想，对有狗性的人也差不多。有一次，我们那里的一个朋友说想跟我一起去玩；我们一路闲聊着，到了那里那条狗一跃而起，我的同伴大吃一惊，撒腿就跑。那条狗奋勇追上去，也不顾势力范围了。好在狗主人及时喝住了狗，要不然我的同伴就惨了。

那个时候，我真感觉是爱上了农村，当时和以后的好多年经常对人说，要不是农业生产收入太低，我真愿意就留在农村。在那里我能遇到一个尊重劳动也通人情的警察，还真的是幸运。我的同伴们也都有同感。

当然也有不愉快的事。我们中队有一个禁闭室，狭小、阴暗、终年不见天日。据说有一人在这样的地方关了大半年，非常受折磨。一天为打扫消毒，把关押在那里的人暂时关到卫生室。他见到门后有一瓶消毒药水，一口喝了下去。虽然马上被发现进行了抢救，但因身体太弱，一会儿就死了。

1976年，劳改队从附近农村新招了一批警察。与原先的那些队长们不同，新来的队长基本都有一个特点，即突然可以做"人上人"都很得意，把我们这些劳教人员真的当作"阶级敌人"，当作可以随意训斥折腾的下等人。在二中队，那年发生过劳教人员被殴打致死的事件。据说就是某一个新警察让两个劳教人员死命打一个或许有些过失的"人员"，并在一旁不停地叫嚣：狠狠地打！打死了我负责！等等；结果真的把人打死了。那个警察先是停职被看押劳动，后来怎么处理就不清楚了。真正倒霉的是动手的那两个劳教人员。警察命令他们往死里打，他们不打也不行啊（但什么人让我打的话我不会动手），出了这样的事，不判死刑也要判个20年或无期什么的。我们中队一个姓袁的新警察，每日每时都凶神恶煞似的，好像我们每一个人跟他个人都有深仇大恨，跟以前那个王汝光眼神也非常相似。

顺便说说那些留场就业人员，也就是劳动改造"完成进行时"的"老改造"。那些人来源比较复杂，有刑满就业人员如我们饲养场的朱兽医，还有人曾指着一个人告诉我，那人最初被判的是死刑缓期一年执行，最后被减到有期徒刑7年，期满后到了青东农场。但多数人都是期满的劳动教养人员；其中有在不同时期犯有轻罪的，也有不过有些过失甚至连过失也谈不上的。我去饲养场前据说那里曾有一个英俊潇洒的高个子，他说他进来的原因就是给领导提意见。从那时的政治和社会环境看，这种可能是存在的。那个朱兽医，虽说是曾被判刑,但在我看来其实还是什么坏事都没干过。还有不少是 1957 年及以后的"右派";我们饲养场就有一个,中队里也有好几个。

那种"老改造"的身份其实也是耻辱的标记(那个名称就是);因此,对他们的一种激励方式,就是按极苛刻的条件,让极少数人"升级"为"职工"也就是类似国有农场的普通员工。我在那里时就有一人成了"职工",但那是被"追认"的。某天大清早他出门去买菜,巧遇另一个"老改造"偷了队里的粮食,于是上前扭住送官;后者苦苦哀求,在升任"职工"前景的激励下,前者绝不妥协。于是发生搏斗导致殒命。当然他的"职工梦"是实现了。

那些"老改造"中,有些有家庭且没被抛弃,也有不少年轻时就进了监狱或被劳教,没有家庭。不少人打熬不住,就娶了附近的农村妇女为妻,有的可能还是寡妇或二婚(我们那里的"葱姜"就娶了这样一个老婆)。对过去的城市居民来说,自然都不太可能多么地幸福。

在我们中队,经常可以看到一个忧郁的中年(?)人,37—38 岁,17,18 岁就打成右派,一晃 20 多年。他坚决不走那些人的路,宣称不回上海决不结婚。我一直想,这样他可能就要打一辈子光棍了。粉碎四人帮以后,大家都有了希望。后面的过程大家都知道,他应该有一个好的结局。

我到饲养场的时候,一起劳动的年轻人居多,基本都没什么城府,不管原先有没有、或有什么罪错,大家都相处的挺自然的,从没有什么特别的冲突,甚至值得一说的矛盾也没有。虽说我是"有信仰的人",也没有因此与他们拉开距离。有时他们会搞一点小小的赌博,我在场的话就会劝阻,也没有人认为我是在装正经。1976 年开始,好像社会上犯罪形势(或许是其他形势)发生了一些变化:新进的劳教人员中,社会闲杂人员少了,正常就业的多了。于是我们这里就来了一批保留工作岗位的。这批人年龄偏大一些,多少都有些城府,与我们这些青年形成明显的对比。我们坐牢的资格当然比他们老,虽说我们没有欺负他们的意思,但他们对我们还是有点怵。

回家以后,我的母亲多次说起,在我坐牢的那些日子,她最担心的就是两件事,一是怕我自杀,二是怕我将来落下一身病,特别是精神问题或心理疾病。有一次我问:在很长的时间里,我一直和一些犯刑事罪的人在一起,你就没有担心我学坏或曰"轧坏道"?我母亲愣了片刻,说确实没有想过,因为我们家的孩子底子好,没有这种可能性。事实上,我的同案朋友也无一"轧"上"坏道"。尽管因坐牢很早就中断了学业,依靠在牢狱中和释放后的自学,都考上了全国重点大学。这是我们引以自豪的地方。

这就是我要说的一个体会:一个人只要自尊、自重,无论在何种环境下都能得到他人的尊重。在其他犯人眼里,我始终是"有信仰的人"——并不是每一个政治犯都保持了这种尊严。刚到第六劳改支队时,同狱犯人中差不多我年龄最小,但不仅我没有向多数人靠拢,在很多情况下,因各种原因进监狱的人还愿意听取我的批评、规劝,有时我也能帮助别人改掉一些不良习惯。诚实劳动、肯负责任也是赢得尊重的重要原因。

我的童年和少年时代是在一个干部家属区度过的,虽然生活并不优裕,但接近基本群众的机会确实较少,使视野和思维方式都受到很大的限制,可以说缺少很多普通常识,考虑问题常常一厢情愿,不遵循基本的逻辑。这方面的启蒙是在劳改农场完成的,在那里我知道了什么叫生活,理解了诚实劳动的价值,初步学会了如何评价人的各种需求,怎样评价自己、评价他人;知道了任何人、任何时候都不应该自认比他人更重要。

我在劳改农场的经历让我认识到,在任何环境下,"三人行必有我师"都是至理名言。这不仅是指每个人都有自己的特长或专门的技能。每个人的内心都是一个广阔的世界,每个人都应得到尊重;在道德、见识、思维方式和生活体验等等方面,每个人都有其闪光点,劳改农场的芸芸众生也是如此。

人是各种社会关系的总和。没有绝对意义上的好人，也没有绝对意义上的坏人。我总结出一句话：所谓好人，就是还没有做过坏事（也包括做了坏事还没有被发现）的坏人；而所谓坏人，就是做了坏事而且被发现、被惩罚了的好人。我在"文攻武卫"和劳改农场认识的许多人，就是后一种人。

我并不想搞乱人的思想。马克思喜欢伊壁鸠鲁的名言："我是人，人所固有的我无不具有"。我想表达的确切意思是：任何人都有向善的愿望，也有作恶的冲动；在不同的环境因素作用下，人的本性就会有不同的表现，某些倾向会得到加强，另一些则会削弱；这造成了人们之间道德和人格的差别。但是，对任何人都不要轻易下定论。不要轻易地追捧什么人，更不要随便否定他人。对他人是否尊重是衡量一个人道德水准的基本尺度。

我在劳改农场的一个最大的收获，就是学会了尊重人。

还有一个意思要说。在我监禁生涯的前面两年八个多月，虽然名义上是"学习班"、审查什么的，也就是说还不能正式算是什么什么的"分子"，但人格是不平等的，不时见到那种鼻孔出气、眼角看人的睥睨，随时能听到"必须老实交代"、认罪伏法之类的训斥，也听到过"死有余辜"之类的冷静判词——很多来自昔日的老师、同学兼朋友。但被定性为"犯反革命罪行"，到正规的劳改单位后，感觉到了一个平等的地方：不仅是与其他"犯人"之间"脚碰脚"（意思是大家都差不多），与看守的警察之间，或看守警察与我之间也基本平等相待，互相尊重人格。沈指导员、宋教导员和以后的中队指导员，以及饲养场的马队长与我之间一直都保持着这种相互尊重的关系，那个徐"大队长"甚至还要高看我一眼。虽然那个马队长曾经打过我一拳，但那是在互相不熟悉的情况下话赶话赶出来的；当时我并没有被压服，他也知道我没有被压服；但他没有试图一定要把我压服。他们对我的管束，也就是不让我擅自离开监狱的物理空间；这不过是履行他们的职务责任。除此以外，他们给了我很多帮助，提供了很多机会；粉碎四人帮前就如此，在此之后，更给我的申诉提供了很多便利。我和其他劳教伙伴和"老改造"们，特别是朱厚修兽医，也始终保持着互相尊重和帮助的关系。随着时间的推移，这种尊重、理解和相互间的帮助与日俱增。这也是我的母亲在我到了劳改农场后感觉宽心和欣慰的非常重要的原因。当然，这在当时，只是她们一个模糊的感觉。

为什么会有这样的反差？在我想来，在我到劳改农场后的时期，我遇到的都是朴实的人：包括以前的"运动"中被贬斥的干部，如沈指导员、宋教导员；包括一些"右派"、劳教释放人员，以及因不同原因被判刑或劳教的人们（很多人不久以后都被平反甄别），包括文革前后无辜受害的人们；也包括多少有一些过错的劳教人员，他们其实都是些普通人，即使做过些错事也都有具体的原因。但在审查时期我遇到的，都是明白人。那些人的作为，都是经过头脑，有意为之的。我想这不会有错判。

第五节　平反；平反？……平反！

回家的路上，只觉得车子太慢，又有两个突出的感觉：与三年前相比，路上车子多了，很多也老化了；不少车子尾气都是黑的。天快黑的时候，汽车终于停在我家楼下。外面没什么人，只有一楼一个邻居兼同学正在门边，看着那些人跟我握手话别，非常吃惊。我父亲下来接我上去,同那些人也说了些"普通话"。家里没有其他人;一问才知道,那天我外婆身体不好送医院了,我母亲等都在医院。于是立即与父亲一起去医院。再回到家里,父亲拿出笔记本,逐字逐句向我念了市委常委会关于我们平反的复查结论。对我们的平反是不彻底的。基本结论是:这个案件"主要"是反对四人帮的,"原定'组织反革命小集团'和对他们的组织处理,是'四人帮'及其余党马、徐、王对他们的迫害"。市委的批示是:撤销有关处理和处分,但还有一句"对所犯其他政治错误,不再给予处理"。那个时候,"主要反对四人帮"和"纯属反对四人帮"是非常巨大的差别。当时我们就知道,那个潘季贤极力反对给我们平反。"复查"的过程,很多时间就是上上下下很多人说服他放弃自己的反对;最后拖不起时间,先有了这么一个让我们吃苍蝇的"结论"。让原先的专案组负责人做复查组的组长,算是一个什么考虑,让人不太懂。当年除王一平书记以外,恐怕其他领导都比较认同复查组提供的我们"犯有其他政治错误"的报告。彭冲任上海市委第一书记时,一次见到我父亲,还说"怎么没有教育好自己的儿子",虽然不一定非常严肃。

那时万晓光家已经搬到了太原路。前几个月父母来看我的时候,母亲曾说他家所以搬走,也带有不希望我们继续交往的意思。但我们管不了那么多。第二天第一件事就是朋友见面。那时黄山旭要上班走不开,我联系了万晓光就去了他家。我去他家,他等不及也出来迎我,走的是同一条路,鬼使神差愣是没有见到。到他家敲门没应,到外面找公用电话再打他家电话(他家已重新装了电话),他刚回到家中。一激动忘了付 4 分电话费急忙又赶过去(这是我第一次,也是唯一的一次"赖账")。中午,我们一起去他家附近的乔家栅酒家喝酒,喝到半醺,回去登上他家楼房的房顶,两人对着莽莽天空大叫,一腔浊气一吐为快。以前在劳改农场我经常在河边这么朝着虚空处大叫。精疲力尽了,我说:从明天开始不能再这样,要做文明人了。

离开农场时给我结算了 50 多元余款,也算是我的劳动所得。出来了总要想到小兄弟,关照一下"船台"上的朋友。下午马上赶到邓庆国家,他住在福建中路近福州路,事先给过我地址。我在楼下叫他,他探出身子发现我果然在昨天下午回来了,真的高兴异常。我给了他 30 元,让他回去请大家好好吃一顿。这样我与里面的朋友也算有了交代。

　　那几天,当然要"出门见伙伴",当然"伙伴皆惊忙"。当年的小伙伴们听说我吃官司回来了,都要来看看我经历了水火是不是黑了瘦了话糙了人野蛮了,结果发现我"白白胖胖"的,都笑翻了,几何级数地传播。当然,白是白的(我就是晒不黑,怎么办呢?),胖却不是虚胖,肌肉非常发达的。话没变糙,人没变野蛮。但讲话变得直截,也变得不畏权威——不是平反后才有这个勇气,之前早这样了。

　　最初的几天当然要做好布置给我们的"功课",也就是提出自己的要求。万晓光、黄山旭和我一起商量了一个提纲。当然多数要求基本大家都能想到,最关键的,是我们都希望上大学。那以前还一直是经推荐的"工农兵大学生",我们的意思就是让有关部门"推荐",作为对我们的补偿。考虑措辞的时候,怎么也想不到合适的表达。还是万晓光最后说了一句,就写:"要求上大学!"。几天后向他们提了,与其他任何问题一样,得到的都是些含糊其辞的回应。只有一条是明确的,按规定给我们安排工作。

　　另一个重要问题是平反会。原先说的是按当时的范围宣布平反;因有"其他政治错误"一说,这个也做不到;最后安排了零陵中学教师范围内作这个宣布。我搞反革命活动时候曾经放言:一些遭受迫害恢复名誉的人们,出来就高调"感谢组织"等等。要是我的话我就不感谢!什么"事出有因查无实据",与秦桧的"莫须有"不一样吗?没想到轮到自己,也还是那么没出息;在那个"平反"会上,这些"普通话"还得要说。什么"革命的骨气""反革命的骨气"都没了。这么多年我曾有 5，6 次真的想搧自己的嘴巴，这是最后一次，而且真想重重地搧。会前，部分教师和干部强烈要求我们借此机会揭露一下某些教师干部文革中迫害教师学生，现在还自鸣得意的行径。我们的发言中也说了几句，但我们知道得不是太具体，因此说得有些生硬。只觉得会场上鸦雀无声，没什么人有冲动说上几句——照说几十个人的会，可以很随便地插嘴的。还有一件事特别要说，那个会议上我没有听到任何人对我们遭受迫害表示遗憾，更没有参与迫害者表达歉意；那个潘季贤，恐怕他最遗憾的就是没有最终阻止我们这个不彻底的"平反"。

以后的几十年中，我也始终没听到任何一个在整个过程中积极参与的人任何一句道歉的话。倒是那个把我带到第一个拘禁点的老师，虽说当时他并不知情，也没有参加以后的整个过程，告诉我在那以后他始终心有不安，直到听说我进了复旦大学，知道我们已经从蹉跎岁月中走了出来，才真正放心。那些特别积极同时也是非常聪明的人，怎么的也有主观故意吧？虽说那时有那时的环境，普通人会象心智不全一般做出伤害人的事，也有人会一时被利用做牵线木偶，但日后知道当时做错了，总该说上一句半句的。几十年假装不知道，一声不吭，政治品质和做人的道德，是个什么问题，大家评论吧。我等了那么多年。现在，我就像那个如《一千零一夜》中被封在瓶子中几千年，等待太久的……"魔鬼"一般，谁再说什么，我听到了不再会有什么感觉了。

给我们开"平反会"的那天，是 1977 年 8 月 18 日。原先预定的 4 月 14 日没开成，变成 8 月 18 日，不知道是不是真有冥冥中的寓意。那天，中共十一大结束。两天后发表的关于大会的报道中说，"以粉碎四人帮为标志，伟大的无产阶级文化大革命胜利结束了"。听到这句话，万晓光说：这说的是，伟大的无产阶级文化大革命"胜利失败了"，真的是精辟。当时我说，当年抓我们进去的时候，我们

第八章　天地翻覆

不是什么反革命而是热血的"革命"青年；现在给我们平反说我们是革命青年，我们倒真的已经变成"反革命"了。现在我们都知道，"革命"与正义并不能划等号，"反革命"和非正义也同样。

一个多月后，我和万晓光被"分配"了工作。万晓光去了上海秒表厂，我被安排去了上海缝纫机二厂；我去的那个厂的产品是全国闻名、非常抢手的蝴蝶牌缝纫机。虽说这都"符合政策"，但很多我们同学的去向，比我们好的多了去了。到工厂后，就如我去劳改农场时一样，我的想法就是以自己的人品，靠自己的劳动表现和劳动贡献取得大家的承认。一天上班路上遇到在同一个厂工作的王章应同学。他问我是怎么个打算：是过过渡，还是准备工人做下去。我说我有踏踏实实长期做工人的准备。

不久就传来了恢复高考的消息。象无数能动青年一样，我当然也涌入了高考的人流。但我从小学到中学只受过8年半的教育，且文革中无论是教材还是教育都非常地不合格。虽然我通过了厂校组织的初选，最后的考试中理所当然地名落孙山了，而且还不知道离孙山是多么地遥远。那年与我同样名落孙山的还有万晓光。黄山旭比我们出狱稍早。粉碎四人帮后兴起了学文化的热潮，他及时参加了补习班，第一次高考后就考上了全国重点院校上海第一医学院（现复旦大学医学院）。第二年我没参加高考，万晓光考上了中国人民大学。为送万晓光去北京上学聚会的那天，我学会了抽烟——在劳改农场90%以上人都抽烟的环境里都没被拉下水，这次因为高兴就抽上了。

1978年12月，有两个大消息。一是中美宣布建立外交关系；二是十一届三中全会。三中全会前的中央工作会议上，陈云等老同志提出了一系列重大问题如彭德怀问题、1976年的天安门事件问题等，并就这些重大事件的平反达成了一致，特别是康生也成了反派人物。黄山旭于是又串联我们，就我们复查结论中的"其他政治错误"提出申诉。于是我们各自写了申诉报告。我的报告先是被转到了徐汇区公安局。公安局的同志找我约谈（当时没有咖啡，就喝了几口茶水），说是在他们那里找不到我的案卷材料。我告诉了来龙去脉，于是又转到徐汇区区委。不久区委又立了案，专案组长由一个姓宋的老同志担任。老同志到我家来过几次，问了一些细节。从他的问题看，两年前潘季贤一定要加上"其他政治错误"的判词，所依据的也就是一些鸡零狗碎的片言只语。在粉碎四人帮以后，还一定要把几个十五六岁孩子的话断章取义，罗织罪名，真的有点下流。

1979年，我又一次参加了高考。进考场前我就知道今年肯定是能进大学了，如果有悬念的话就是进北大、复旦还是进上海财大、华东政法。六场考试中，两个半小时的考试时间，有四场我是提前半小时到一小时交卷离场的。一个月后公布考试成绩，我的成绩在整个上海市也算名列前茅。当时与我一起复习的另有三个同学：周雪芬、梁虹、陈文军，成绩都非常出色。周雪芬的成绩比我还高10多分。一起复习时她们

图1：1979年的最终平反结论。文件中有些奇怪的字，这是当年匆忙推出、不久又撤销的第二批简化汉字。

说，虽说我比她们更有政治见识，但我政治考试成绩一定比她们差：因为我对政治有真的认识和自己的思考。果然，我的政治成绩是我所有科目中最差的，比她们每个人都足足低了15分以上。

高考结束以后，我们再度复查的结论也出来了。新的结论是："陈江岚同志在'四人帮'横行时，能勇敢地起来反对'四人帮'的革命精神是可贵的，应该受到赞扬。他的行动是纯属反对'四人帮'的，不存在其他政治错误，将他进行非法关押和劳教处理，完全是'四人帮'及其余党对他的迫害。是一起冤案。予以彻底平反，恢复政治名誉。推倒一切诬陷不实之词，有关迫害他的材料予以销毁"。

当时，我的档案已经移交给了高校招生办，专案组追到"高招办"，将这份文件递进去。一个月后，我收到了复旦大学的录取通知书。这就翻开了我人生新的一页。

图2：摄于1979年。自左至右：黄山旭、我、于晓梅、陈笑玲。

第六节　再多说几句

　　文革初起时，从表面看造神运动极大地限制了人们的思想，但在一个不长的时期内，只要还没有被打成"牛鬼蛇神"，人们的自由其实是大大地拓展了。这首先是因为伟大领袖以其不同凡响的巨大"魄力"打碎了原先已经相当完善的权力体系，包括行政权力，也包括人身和思想控制的系统。在一段时期内，包括党组织在内的各种政治组织甚至行政组织基本瘫痪，人们不必参加拥护现行路线的政治学习；事实上也已经没有这样的场合。个人可以自由决定参加或不参加什么活动；自由地在或大或小的范围内发表自己的"观点"；在不同的场合经常会有不同观点之间的辩论；红卫兵等非正式的出版物也给人们揭开了高层神秘的帷幕——最初的红卫兵很多都是所谓"高干子弟"。除了必须拥护毛主席、林副主席，"革命""造反"似乎是每一个"革命群众"的神圣权利。"对立派之间的激烈辩论和深夜与朋友的讨论激励着人们深刻地思考他们的社会。城市居民有一个相当普遍的反应，就是感到文化大革命前他们太天真，太容易上当"（麦克法夸尔）。

　　作为一个早熟的政治动物，我就是在这样的社会环境中开启了少年时代。在前面所说的"逍遥时光"中，我曾和那些中学生讨论过"怀疑一切"的合理性——这在当时是一种被批判的错误思潮，但我对此持肯定态度。我特别认同伟大领袖的一句名言："共产党人对任何事物都应该问一个为什么，都要经过自己头脑的周密思考。绝对不应盲从，绝对不应提倡奴隶主义"。这是我几十年来毫无保留地认同的几条"最高指示"之一。当时围绕一个伪命题有过激烈的辩论：伟大领袖及其思想能不能"一分为二"（我认为"一分为二"这个命题本身就很可疑）；我以为要保持思想的一贯性的话，对此当然应该肯定。类似的问题上，12-13岁时，我与周围那些比我大4-5岁的中学生就有很多不同的看法。这也是几年后事态进一步发展的主观基础。在"九一三"以后的政治环境下，那种更深刻的怀疑必然会产生。

在1972年，那一群少年的集聚和议论演变为一个"反革命集团"案的过程，看起来是由一系列偶然因素串联起来的。我们可以说出一大串"如果"，如果缺少其中的几个甚至只是一个环节，整个链条就串不起来。但这只是表面现象。只要起了一个头，以后一定会按照那个剧本演下去。在我们，是"初生牛犊不怕虎"，"不撞南墙不回头"。那些文章一定会写，而且时间越长，文章也就越多，越直接和尖锐。以我们的幼稚和张扬，暴露只是迟早的问题。事实上，当时我们是不清醒的，也是我们自己亲手将把柄交到别人手里。

启动这个案件的是当时的教师/领导/工宣队等等，有些此前还可算是朋友。他们都是些明白人。他们知道他们面对的只是些15—16岁的少年，他们也能看得懂整个的实情，能够判断事情的性质。他们可以把小事变大，也有可能选择把大事化小。所以选择前者而没有选择后者，是那种以整人为荣的文化；是不是以整人为乐因人而异，不好随便评论。但能够亲手抓出几个反革命，对某一类人肯定是一件兴奋的事；而事情闹得越大，有关人物的功劳就越大。都说上行下效；文革期间整个中国就是整人为荣、甚至整人为乐者当道。我们的案件正给那些希望掀起新的整人高潮的上层人物提供了新的机会；好在他们没有得逞。遗憾的是，现在仍然到处能发现那种整人为荣者的踪迹。文革结束后的几十年，不止一次有人试图按下思想整肃的启动钮。每当这种时刻，我都近距离清楚地看到某些人难以掩饰的内心蠢动。我早已不是初生牛犊，看到这些人就会感到害怕。既为自己，更为中国的前景担忧。

最后再说一句：这五年多的牢狱生活，我始终认为是我的人生财富，这造就了我的独立人格。无论未来会怎样，我还是要大声疾呼、呼唤独立之人格，自由之思想，倡导怀疑精神。我衷心希望，每一代人、每一个人都能有一段"不怕虎"的美好时光。

后　记

　　"一战"以后，好像就有了前辈给后辈贴标签的习惯。例如海明威在《太阳照常升起》的扉页上，就引用了美国女作家格特鲁德·斯泰因的判语："你们是迷惘的一代"；以后我们又听到"颓废的一代""毁了的一代"……等等等等。在1970年代末到1980年代，什么迷惘、失落、丧失信仰、挑战权威乃至丧失道德底线等等也曾经是老一辈什么"家"对我们这些1950后的评判，至于是什么什么的"一代"，似乎还没有什么公认的准确并简洁的判语。但在1950年代和1960年代，我们头上的桂冠似乎应该是"纯洁的一代"，是"生在新社会、长在红旗下"的一代，是"早晨8，9点钟的太阳"，是共产主义事业的"接班人"。

　　始料未及的是，原本阳光灿烂的一代人，竟成为一场巨大灾难的见证人甚至受害人。而这场从1950年代就开始酝酿、逐步深化并在1966年突然爆发的灾难，也与当代造神运动相伴随并互为因果，互相推动、互相促进。

　　这个造神运动在当代国际共产主义运动的政治辞典中被称为"个人崇拜"。这个概念源自赫鲁晓夫1956年2月25日在苏共二十大上的秘密报告"关于个人崇拜及其后果"，至少这个概念广泛流传，应该源于这个报告。这个报告没有给这个概念作演绎和阐释，但从有关的叙述中，可以多少有些理解。例如个人迷信、歌功颂德，"一切主张迷信权威的东西"。"个人崇拜"的后果，则是"任性和专横"，"把他的思想强加于人，要别人无条件接受他的意见。凡是反对他这种做法的人，或者力图证明自己的观点，证明自己正确的人，都必然会被开除出领导机关，接着就会受到精神上的折磨和肉体上的消灭"，等等。

在 1970 年代末和 1980 年代的对文革的反思中，很多集中在文革期间及文革前逐渐升温的"个人崇拜"，并将造成"个人崇拜"的根源归于 2000 多年的中国封建专制制度及思想传统。中共十一届六中全会上通过的《关于建国以来党的若干历史问题的决议》，在对文革相对直接的原因做了分析之后，对产生文革深层的文化和环境的分析中是这么说的："中国是一个封建历史很长的国家，我们党对封建主义特别是对封建土地制度和豪绅恶霸进行了最坚决最彻底的斗争，在反封建斗争中养成了优良的民主传统；但是长期封建专制主义在思想政治方面的遗毒仍然不是很容易肃清的，种种历史原因又使我们没有能把党内民主和国家政治社会生活的民主加以制度化，法律化，或者虽然制定了法律，却没有应有的权威。这就提供了一种条件，使党的权力过分集中于个人，党内个人专断和个人崇拜现象滋长起来，也就使党和国家难于防止和制止文化大革命的发动和发展"。能写出这样一波三折的文字，真难为了有关的"专家"。来自民间的批判和分析一般也没有突破这个认识；包括资深的专家学者，也包括文革中成长起来真正有知识、有见识、有责任感的青年。

但从国际共运的历史背景看，当代中国的造神运动或曰个人崇拜虽说与传统中国的皇权崇拜即所谓的"封建专制主义"有一定的传承关系，但其来源、性质以至社会效应、表现形式等都有根本性的区别。

伟大领袖在论述文学艺术时曾说，文学艺术的真正根源在于生活，而历史的传承只是"流"而非"源"。同样的意思也可引申到政治领域。中国封建传统固然是当代个人崇拜的肥沃的土壤，但其真实来源并非秦始皇，而是国际共运、苏联以及斯大林，在国际共运在中国的实践造成的新的环境。

首先，这种崇拜普遍存在于所有社会主义国家，无论这些国家历史传承有多么地不同；崇拜的内容与形式同样共性大于特性。特别值得一说的是：国际共运中的个人崇拜与什么阶级的专政是同一理论的孪生子；伴随着个人崇拜的强化和深化，针对全体人民的专政螺丝也越拧越紧。

其次，当代的个人崇拜与中国历史上的皇权崇拜性质完全不同。后者与其说是"个人崇拜"，不如说是对皇权制度的崇拜或认同。皇帝虽然是这种制度的集中代表，但作为个体的皇帝并不会被无条件地"崇拜"，对具体某个皇帝的批评、对皇帝某个特定主张的否定，在专制政治中也是常有的现象；"自我批评"（罪己诏）也是皇权政治的一个经常性工具。另有君权神授的思想基础，皇帝如同常人一样，必须也必定"畏天命"。当代个人崇拜则将领袖个人直接塑造成神，不仅不能挑战，甚至不能有任何的质疑甚至犹疑；同时也让领袖个人"无所畏惧"。

第三，历史上的皇权崇拜虽说也是控制社会的基本方式，但政治权力和统治思想不能渗透到社会的每一个角落，每一个人；特别是没有"统一思想"之类的全面、经常、贯穿时空的要求。希望当官的才需要表白自己的忠诚；对君主的崇拜敬仰通常只是贵族官僚集团的特权和义务，如大臣上朝要山呼万岁；普通百姓自己过自己的日子，除非皇帝巡游经过眼前，不必跪拜欢呼。如果不是不幸遇到打官司等等，也不必跪各级官员。正常情况下，除了必须的兵役徭役赋税等等以外，皇权还不能直接干预到基层的生产生活，例如一般不会有官员亲自命令人民怎么从事农业生产商业交易等等。"王权止于县治"，基层还有很大的自治空间——在中国就是宗族自治；当然其利弊因环境而异。当代共运中的"个人崇拜"则渗透到社会的任何角落，挤占了每一个人的所有空间，完全窒息民间社会，窒息了任何自主的活动和独立的思想。

简而言之，一个人就是一切，亿万人什么都不是。当代"个人崇拜"环境下的专断权力，比封建皇权更专制、更专断，能力更强，造成更大的社会灾难，最终在更短的周期内导致自身的政治危机乃至经济、社会危机。

另外，封建时期没有列－斯主义政党的"宣传部"，无论对官僚、士人还是百姓都没有系统的洗脑计划，也没有刻意隐瞒真相、编造谎言以加强对皇帝个体崇拜的努力——官僚向皇帝隐瞒真相倒是时常发生。

1956年赫鲁晓夫揭露斯大林"个人崇拜"及其后果的秘密报告，是摒弃国际共运个人崇拜的制度文化，从而走出专制专断政治制度的一次尝试。那个时候，中国已经在"个人崇拜"的道路上走得很远，但这也给中国扭转这种制度和文化带来了契机。1956年4月发表的经政治局讨论通过的人民日报编辑部文章"无产阶级专政的历史经验"，对苏共反个人崇拜的努力给了谨慎但积极的呼应，并对斯大林做了非常有限的批评；同年9月中共八大通过的党章也部分地体现了弱化个人崇拜的意思。由于不久发生了波匈事件，半年多以后的《再论无产阶级专政的历史经验》，即发生了大弧度的转弯。该文大力肯定斯大林（"斯大林始终是站在历史潮流前面指导斗争的……"，等等），并以整体性的"社会历史"、个体性的"思想认识"等名义为这种当代专制制度及专制文化进行辩护。扭转个人崇拜和个人专断等努力即告结束，成为当代中国造神运动中几乎不具影响的一个短暂的休止符。从那个时候开始，造神运动就走上了快车道。这也是不断强化"无产阶级专政"的过程，专政的"铁拳"开始越来越多地用来打击普通人民，成为思想控制的有力武器，也越来越在党内、在高层运用这种手段。

文革初起时，正是现代中国绵延30多年的造神运动的巅峰时期；1966年8月18日可以认为是这个巅峰的标志。文革开始前，林彪已经编辑了《毛主席语录》并在其主掌的军队中推行,那时标志性的政治口号是"读毛主席的书,听毛主席的话,照毛主席的指示办事"("做毛主席的好战士"是文革开始后加上去的)。文革开始后,个人崇拜的口号迅速丰富、生动起来。如"三忠于"即忠于毛主席,忠于毛泽东思想,忠于毛主席的革命路线,"四无限"即对毛主席要无限热爱、无限信仰、无限崇拜、无限忠诚等。到1966年12月,在将《毛主席语录》推向全体人民的过程中,林彪撰写(其实是秘书捉的笔)的"再版前言"中,对伟大领袖及其思想又有了全新的定位:"毛泽东同志是当代最伟大的马克思列宁主义者。毛泽东同志天才地、创造性地、全面地继承、捍卫和发展了马克思列宁主义,把马克思列宁主义提高到一个崭新的阶段"。"毛泽东思想是在帝国主义走向全面崩溃,社会主义走向全世界胜利的时代的马克思列宁主义。毛泽东思想是反对帝国主义的强大的思想武器,是反对修正主义和教条主义的强大的思想武器。毛泽东思想是全党、全军和全国一切工作的指导方针"。那一年的《红旗》杂志12期上,正式出现了"伟大的导师,伟大的领袖,伟大的统帅,伟大的舵手毛主席万岁"的口号(据说是中共历史上80句正式口号之一)。另外还有"战无不胜""精神原子弹"等形容词、副词和名词,还有伟大领袖挥巨手万众欢腾的照片、影片等等。所有这些,都编织起完整的一套华彩服饰,伟大领袖被装扮起来正式登上神坛。

本应是纯洁快乐的一代人,却首先经历了当代造神运动的整个过程,亲见了造神运动带来的动乱及祸及亿万人民的后果。这种造神运动及伴随其左右的专制和专政给国家人民造成了巨大的灾难,数以百万计的家庭和个人为此付出了沉重的代价,更多的人都或多或少为这场造神运动带来的灾难性后果买单。

在西方的剧本中,这种用华丽词藻编织出来的"皇帝新衣",应该是被一个天真的孩子喊破的,但在当代中国恰恰相反。毫无阅历的青少年恰恰被这种色彩斑斓的假象迷惑得眼花缭乱；这应该是文革初起时红卫兵运动的狂热最重要的一个原因。虽然我因为年幼没有参加那种狂热和狂欢，但对伟大领袖的伟大和神圣也是毫不怀疑。

回头看去，文革的一条线索，就是伟大领袖被捧上神坛，然后从神坛跌落，造神运动走向巅峰又落入谷底的过程。事实上，最迟从1971年林彪事件开始，造神运动就演变为"护神"运动；虽然力度不断加强，但效果却越来越衰减。中国故事最后还是照着安徒生的剧本继续往下演；最终喊破文革前及文革初给伟大领袖编织的新衣的，主力还就是那些当年的孩子，当年阳光灿烂的那一代人。我虽然无缘参加1976年的天安门事件，没有与那个群体在一个空间内一起呐喊，但我自认为也是他们中的一员。

如麦克法夸尔所说："大力提倡盲目信仰引来的恰恰是独立见解和深深的怀疑，这正是文化大革命一个歪打正着的后果"。我和我朋友的经历正是印证这种"后果"的一个个案。这十多年中，我们从毫无自主思想和怀疑精神，盲目崇拜和信仰的少年，置身文革运动的嘈杂和喧闹，历经水与火的煎熬，走出苦闷和孤独，成长为独立、特别是能够在权力面前站立起来的个人，这就是我的文革故事。开始是文革初期透过有限的缝隙（主要由当时失控的各种印刷品和大字报拓展而来）对权力中枢的窥视，到林彪事件后产生的朴素而简单的怀疑；在被当作反革命关押以后，"书斋"里的日日夜夜让我有时间对造神运动和权势意识形态作充分的认识、思考；在"民办"监狱和劳改农场的经历，也让我们进入了"社会"，知道了普通人的生活状态、情感和思想；理解了人可以有不同的生活方式和思想方式，理解了"落后群众"和"落后思想"存在的理由和权利。

后来知道，从一开始就清楚领袖的新衣是什么东西的大有人在：那些在1949年以后历次运动中历经水火的"老运动员"，那些过去时代略有资源，1949年以后生存空间（包括精神和物质）就被持续挤压的人们；更大量的是那些过程中清醒的旁观者。最后那类人中的一些能动分子（而不是红卫兵）成了支撑和推动整个文革的中坚力量；各个层级都有。在基层支撑并推动文革的，更多的是那种人。铸成我们这个"反革命集团"专案的，应该就是这样的一些明白人。

我说过多次，我不记恨任何人。这里我要说的是，我没有、也不会忘记这一段历史。我更知道那些明白人对这个事件，特别是自己在这一过程中的角色及应负责任的认识与我认为该有的还有很大的距离；不少人对当年的作为假装遗忘，甚至理直气壮。如果文革真的与我们渐行渐远，或许我也会淡忘当年的记忆。但当今中国，类似的人还随处可见，为数不少；近年来，这类人鼓噪之声愈来愈甚嚣尘上。特别要说的是，信息时代，人人都是明白人，特别是文革中及文革结束后加入社会进程的一两代人；人人都知道"从来就没有救世主"，"神仙皇帝"靠不住；但新的造神运动仍然轰轰烈烈。

有一个当代绕口令："他们知道自己在撒谎。我们知道他们在说谎。他们知道我们知道他们在说谎。我们知道他们知道我们知道他们在说谎。"……等等等等；"但他们仍然在说谎"。文革初期时情况并不这样。"我们"中的多数确实不知道他们在说谎，因而"他们"的说谎会越来越肆无忌惮。当"他们"知道有些人开始"知道"以后，"他们"就以暴力阻止这种"知道"的扩散（"防扩散"？）。今天，"他们""我们"互相知道早已"知道"的什么什么完全不是秘密，但"他们"还是能够继续推动那个造什么的运动。"他们"不能消灭所有"知道"的人，但仍然尽全力阻止"知道"者发出"知道"的声音。更高明的是，今天"他们"把更大的资源用于让"知道"者假装不"知道"并加入"他们"即撒谎者的行列。至少在所谓"哲学社会科学"领域，"我们"和"他们"的界限越来越模糊；"我们"中"知道"的人占比越来越大，也涌现出越来越多希望挤进"他们"那个群体的人（动力机制与50多年前那些明白人是一样的）。或许这就是伟大的导师马同志所说的正剧和笑剧之间的区别。正剧和笑剧的另一个区别，是"他们"中或许有个别人真的不知道大家早就知道那个显而易见的事实；所以真的还不知道，就是中国很多"哲学社会科学"领域从业者（原谅我使用"从业者"的概念）日以继夜给"他们"、确切些说是给"他"渲染这个假象——恰如 100 年前小袁刻意给老袁所做的渲染。

最近的 20～30 年来，这个领域的从业者扩张迅猛。在我看来，其中占相当比重的一个群体，没有哲学根底，不懂历史、政治、经济、社会等任何一个专门学科，既没有研究的方法也没有学习的动力，唯一的功力就是参透权势意识形态体系，并有能力驾轻就熟地运用其"新话"，在那里做循环论证并争相对那个笑剧做出更多的贡献。用 100 多年前的寓言说，也就是在那里极其认真地裁剪缝纫"新衣"。好多年来，我就处在这个群体的包围之中。我还听到一个似乎是标准化的解释，说这是一种职业，一种谋生手段。我觉得，这是一种恬不知耻的自欺欺人。那些不知道属于"我们"还是"他们"的人，竟能如此坦然地解释自己的攀附，仍让我感觉可怕。我们今天的"哲学社会科学"，是个什么生态啊？

伟大领袖曾经说过，对那些在错误的道路上越走越远的人们，要"大喝一声，猛击一掌"。但我清楚地知道，再大的声音也唤不醒装睡的人。那些试图喊破真相的孩子，或者被当作傻瓜，不然就像空气一样，被众多聪明人视而不见。这就是我认为当下是几十年来文革历史最具"当代性"的时刻的最重要的原因。对未来中国的前景，我看到了比当年更大的风险。这也是我写这个回忆的重要动力之一。

我不知道最终有多少人能读到这本回忆录，但即使"束之高阁"，我也希望能"传之后世"。因为这是真实的历史。

www.ingramcontent.com/pod-product-compliance
Lightning Source LLC
Chambersburg PA
CBHW071658170426
43195CB00039B/2229